NFC
edizioni

La mia prima volta in campo con la Juventus

a cura di Paolo Paoloni

Progetto grafico
Gianluca Puliatti
agenzia NFC

Edito da
agenzia NFC di Amedeo Bartolini & C. sas
via Dante Alighieri, 29 (Rimini)
tel. +39 0541 673550
www.agenzianfc.com - info@agenzianfc.com

Ringraziamenti
Spinosi - Pasta di Campofilone
La Brusca - Ristorante
Annalisa Tittarelli

ISBN 9788867262465

La mia prima volta

IN CAMPO CON LA JUVENTUS

a cura di

PAOLO PAOLONI

NFC
edizioni

Vincere
non è importante,
è l'unica cosa
che conta

Giampiero Boniperti

Vorrei dedicare questo libro a tre persone che sono state fondamentali nel mio diventare Juventino.

Il primo, per ordine cronologico, è stato Bartolini Oliviero, un barbiere di Santa Maria Nuova. Abitavo con la mia famiglia in una piccola frazione di Jesi, Mazzangrugno, dove mio padre e mia madre gestivano un bar-ristorante e l'alimentari del paese. Mio padre era sempre oberato da mille lavori, non trovava il tempo nemmeno per "riordinare" la sua chioma. Quando non era più possibile rimandare l'appuntamento dal barbiere, "convocava" Oliviero a domicilio. Il buon Oliviero, barbiere di campagna, arrivava puntuale con il suo "sidecar"e con gli strumenti da lavoro, per sistemare barba e capelli a tutti gli uomini della famiglia. Quando toccava a me, che non amavo tagliarmi né la frangetta, né la zazzera da Beatles (all'epoca si copiava il look dei 4 cantanti inglesi). Il buon Oliviero, per farmi "stare buono", mi raccontava le storie della Juventus; e io lo ascoltavo in religioso silenzio, così preso da quei meravigliosi racconti, che se anche mi avesse, per errore, tagliato un orecchio, non me ne sarei nemmeno accorto! Ero totalmente rapito da quelle storie.... posso affermare che sia stato proprio il caro barbiere Oliviero a iniziarmi al tifo per la Vecchia Signora, in un certo senso è stato il mio "padrino Juventino".

Un'altra persona che ha influito positivamente al mio amore per la Juventus, è stata l'insegnante che avevo in 4a e 5a elementare, la carissima Adele Giombini. Un giorno, giudicando positivamente il mio tema dal titolo "Il mio campione preferito", in cui mi dichiaravo innamorato calcisticamente di Pietruzzo Anastasi (grande centravanti della Juventus), la maestra mi chiese: "Paolo, ma per te esiste solo la Juventus?!", e ricordo che le risposi: "Ma no! Esistono anche le altre squadre: per giocare e perdere contro la Juve!".

La terza persona che ha inciso sul mio essere Juventino consumato, è stato Nazzareno Romagnoli. Lui, così esperto e saggio, lui che ha vissuto dentro alle "cose della Juve", lui che ha respirato quell'ambiente magico, che riesce sempre, con poche frasi, a rapirti, a farti sognare ad occhi aperti come un bambino. Lui, che è innamorato della Vecchia Signora, e che con le sue parole trasmette una carica unica, e fa capire che quella della Juventus è una storia meravigliosa.

Paolo Paoloni

PREFAZIONE
DI GUIDO VACIAGO

Se non ti ricordi della tua prima partita allo stadio non sei un tifoso. Punto.

Non c'è modo di dimenticarsi quell'emozione se ami il gioco più bello del mondo.
Per chi vive il calcio con passione è un battesimo laico, un rito di passaggio, un momento cruciale della propria esistenza perché spesso, praticamente sempre, esiste un prima e un dopo nella propria vita. E il dopo viene sempre fortemente condizionato da quel primo epifanico evento.
Quel giorno si capisce di essere parte di una comunità, se ne accettano le leggi emotive, si impara a riconoscersi membri dello stesso branco, anche solo annusandosi. Ciò che capita in quel giorno è indimenticabile. Perché anche nell'epoca del calcio televisivo e degli e-sports, lo stadio resta un luogo dalla magia più potente di qualsiasi schermo al plasma o consolle. E dico qualunque stadio: dal Santiago Bernabeu al campetto spelacchiato con annessa tribunetta arrangiata.

Prima la passione, poi il mio mestiere mi hanno portato in tutti gli stadi del mondo, posso vantare una collezione che conta impianti di quattro continenti (mi manca l'Australia) e che comprende le grandi cattedrali del pallone e piccoli stadioli di provincia: cambiano i rumori, i colori e i profumi, ma l'emozione che regala una partita da vivo resta sempre la stessa, la sensazione di essere parte di una celebrazione della passione, una sensazione che non si misura con il numero dei partecipanti, ma resta intensa ovunque e dovunque. E forse è la ragione per la quale il calcio non morirà mai. Ci si potrebbe anche stufare della riproduzione televisiva del calcio che tende a omologare le emozioni, ma lo stadio e i suoi riti non stancheranno mai. Come capita, in fondo, con la musica che, nel più disastroso momento dell'industria discografica, non ha visto mai andare in crisi i concerti. È la differenza fondamentale fra assistere e partecipare che rende l'esperienza di una partita vissuta allo stadio sempre diversa, sempre imprevedibile, il più delle volte indimenticabile.

In queste pagine troverete molte prime volte, alcune divertenti, altre commoventi, qualcuna tragicomica, tutte emozionanti. Sono tanti incipit di altrettante biografie calcistiche, che da quel momento hanno attraversato momenti gloriosi, cadute infernali e passaggi intermedi, tutti popolati da campioni e brocchi, allenatori geniali e idioti con il patentino, gol spettacolari e altri meno belli, ma che si sono piantati nel cuore per sempre.
E poi centinaia di amici, milioni di abbracci, decibel gridati sotto chissà quanti cieli, molta pioggia, molto freddo, qualche lacrima e tanti, tantissimi chilometri, perché qualche stadio è vicino e qualche altro è lontanissimo, ma si può sempre trovare il modo di arrivarci, allungando così quella strada che è iniziata esattamente quel giorno. Quello della prima partita allo stadio, il punto da dove siamo partiti tutti.

Mi ricordo la mano enorme di mio padre che conteneva la mia e il brillio, quasi abbacinante, del verde del campo, quando al termine delle scale mi ero affacciato all'interno dello stadio. Avevo nove anni, vivevo a Roma da quando ne avevo uno e stavo iniziando a innamorarmi del calcio, sul quale avevo idee confuse ma una certezza: mi piaceva da morire. Era stato proprio mio padre a introdurmi sia al pallone che alla Juventus, vissuta da lontano fra tanta radiolina, poca televisione e qualche giornale (a volte anche quello per il quale scrivo da quasi un quarto di secolo). Quel giorno, però, esordivo allo stadio. Un esordio consapevole, perché ero perfettamente conscio del momento epocale e profondamente emozionato. Era il 5 aprile 1980, sono passati 40 anni e forse avrei dovuto celebrare la data che in qualche modo ha segnato la mia vita, perlomeno quella professionale. Era il sabato di Pasqua e, quindi, con la mia famiglia eravamo tornati a Torino: l'occasione ideale per il mio battesimo, aveva pensato mio padre. E così quel pomeriggio mi ero ritrovato a salire le scale del vecchio Comunale, dal lato della tribuna numerata, ero rimasto rapito dalla sua grandezza (forse immensità agli occhi del me stesso novenne) e mi ero fatto travolgere dalla partita. Due a zero: Tardelli e Bettega, che è stato il mio primo idolo, soppiantato un paio di stagioni dopo da Michel Platini, ma questa è un'altra storia. Della partita ricordo poco, anche perché poco penso di aver compreso, ma lo spettacolo mi aveva definitivamente rapito. Da quel giorno vedere il calcio aveva iniziato ad avere un ruolo significativo nella mia vita. Quanto importante non lo sapevo ancora, ma oggi, dopo aver assistito dal vivo, in uno stadio, a poco più di 850 partite, percepisco con chiarezza che quel giorno era comunque stato piantato un seme. Innaffiato subito dalla folla, dal gioco, dai profumi, dalle grida e della sensazione di essere il conduttore di una scossa elettrica collettiva in grado di collegarmi al resto dello stadio, rendendomi parte dell'evento e non solo spettatore.

INTRODUZIONE
DI PAOLO PAOLONI

Questo progetto nasce in un periodo molto particolare, quello del lock-down imposto dalla pandemia. Il mondo si ferma, calcio compreso. La Juve è stata una delle ultime squadre a giocare, l'8 marzo 2020: bellissimo 2-0 contro l'Inter con magia di Paulo Dybala in uno Stadium vuoto. Porte chiuse. Per una vita che si chiude dentro i confini delle mura di casa. La ripresa delle attività, incluso quelle sportive, è rimandata a data da destinarsi.

Giorni pesanti, settimane cariche di pensieri e preoccupazioni. Il dolore per le tante vittime e il vuoto di ore da riempire. Tante le rinunce. Mi mancava troppo il calcio giocato e così ho "giocato" a scrivere, ad indagare il nostro amore per il calcio e per la Juventus: quando è nato; quando è scoccata la scintilla; quando l'innamoramento è diventato amore eterno.

Non l'ho fatto da solo. Ho coinvolto giocatori, allenatori, amici. Ho inviato decine di e-mail. Ho fatto centinaia di telefonate. A tutti ho posto sempre la stessa domanda: "Ti va di raccontare le tue emozioni vissute la prima volta che hai indossato la maglia della Juventus?". Agli amici-tifosi ho chiesto di raccontare le sensazioni provate nel loro "debutto in società" allo stadio a guardare la Juventus. Una prima volta vissuta dalle tribune o in curva, con il bianconero a dipingere il cuore.

La risposta è stata entusiasmante, sia da parte di tanti ex giocatori, sia dalle centinaia di tifosi che volevano far parte di quello che mano a mano stava diventando un libro sempre più corposo. Un libro che si presenta con una storica fotografia in copertina. È Michel Platini (lo scatto è del grande maestro Salvatore Giglio) che il 17 maggio 1987 lascia il campo nella sua ultima partita. Potrebbe sembrare un controsenso, ma non lo è. Anche questa è una prima volta. Chissà che cosa passava per la mente di Michel in quel momento.

La mia prima volta fu in una serata d'agosto, di tanti anni fa, precisamente del 1972. Una sera in cui il sogno, che sentivo come prigione, finalmente si tramutò in libera realtà. Mi sono sentito orgoglioso di essere riuscito a convincere i miei genitori a mandarmi a vedere la Juventus dal vivo. Come successe pochi anni dopo, quando non ancora 15enne salii sul treno, da solo, per andare a Torino, per "godermi" un derby contro il Toro. Al ritorno a casa, di lunedì, sapevo benissimo che mi sarei dovuto "sorbire" i rimproveri di mio padre e magari anche qualche ceffone per quella improvvisata "fuitina", ma poco mi importava, perché io quella "fuga per la Juve" l'avevo programmata da mesi.

"La mia prima volta", foriera di altre mille fughe per andare allo stadio ad assistere alle partite della mia amata Juventus, è dunque incastonata in quella calda serata di 48 anni fa. Da lì ho incominciato a sognare in grande, sono passato dall'essere semplicemente tifoso Juventino, a supporter "attivo" della Juventus. Ricordo bene questo passaggio. Una mutazione, una nuova nascita. Un giorno impossibile da dimenticare. Un giorno, quello della mia prima volta, che mi ha permesso di vivere le più importanti vittorie della squadra bianconera al massimo e che mi ha fornito un'armatura, una corazza necessaria per digerire anche "tragiche" sconfitte, come la finale di Atene del 1983 o di Amsterdam nel 1998, o ancora di Manchester nel 2003, oppure di uno scudetto buttato via sotto il diluvio di Perugia nel 2000.

In questo libro ognuno dei protagonisti racconta un pezzetto di sé. Lo fa con passione e sentimento, sposandone in pieno la finalità sociale e benefica (maggiori informazioni le trovate a pag. 253). E, per meglio darvi il senso degli scopi di questa iniziativa, mi piace condividere in queste righe di saluto, una delle prime e-mail ricevute.

"... è un onore per me scrivere di un libro dove si racconta "la prima volta" del tifoso Juventino allo stadio a tifare per la squadra del cuore e "la prima volta" del calciatore con la maglia bianconera. Un'iniziativa benefica i cui proventi saranno devoluti all'A.I.C.U. - Associazione Italiana Carlo Urbani - in questo momento in prima linea negli ospedali delle Marche per lottare contro un avversario, il Covid 19, completamente sconosciuto che tanto dolore ha procurato e sta procurando al nostro paese. Una polifonia di emozioni che ci aiuteranno a ricordare quei momenti straordinari che tutti custodiamo nel cuore. Una ricchezza per chi ha esultato sul tappeto verde con la maglia e gli scarpini e per chi lo ha fatto dagli spalti con al collo una sciarpa bianconera. La prima volta ci ha cambiati tutti, e in meglio...".
La mail è di Marco Tardelli.

Ci sono calciatori che lasciano il segno molto più di altri. Indelebili a loro modo, rimangono nella mente e nel cuore degli appassionati, ne conquistano gli elogi grazie alle loro migliori giocate e ai loro goal. È proprio il caso di Marco Tardelli.
Non uno qualunque, tanto per intenderci. Uno degli eroi, se non l'eroe principale di quella cavalcata trionfale del Mondiale 1982, che ogni tifoso di calcio italiano ricorda con soddisfazione. Tardelli non è stato solo l'icona della Nazionale, ma anche della Juventus con cui ha giocato per dieci anni, vincendo tutto. La sua carriera di calciatore parla per lui: Marco Tardelli e il suo urlo al cielo in quella magica notte di Madrid nell'estate dell'82. E sotto l'azzurro dell'Italia, il bianconero della Juve.

La prima volta di un bacio, la prima volta di un esame, il primo giorno di scuola, il primo giorno al lavoro. Ognuna di queste, ti rimane dentro come un marchio indelebile. Alcune prime volte sono più "prime" di altre, perché giungono inaspettate, anche se alla fine di un percorso. Si finisce, col tempo, di ricordarsi con un po' nostalgia le "prime volte" più belle, e quelle faranno parte di te per sempre. Avranno un significato importante e fondamentale per la tua vita.

LA PRIMA VOLTA

DI PAOLO PAOLONI

Correva l'anno 1972, un torrido 20 agosto... la Juventus di Torino, neo Campione d'Italia, doveva disputare un'amichevole estiva con l'U.S. Anconitana. La partita si sarebbe svolta nella nostra provincia e mi ero ripromesso che, vista la breve distanza da Jesi, quella sarebbe stata la MIA PRIMA VOLTA. Avrebbero dovuto giocate allo stadio "Dorico" di Ancona, ma la città, capoluogo marchigiano, era ancora in ginocchio dopo il tremendo terremoto di mesi prima. Aveva interessato tutta la sua provincia; il vecchio "Dorico" era stato trasformato in una tendopoli per gli sfortunati senza tetto. Per questo motivo, l'amichevole era stata spostata allo stadio Comunale ROCCHEGIANI, della vicina Falconara. Era il lontano 1972, ero piccolino, ma già ero molto malato, MOLTO MALATO DI Juve (ovviamente!).

Avevo acquistato il biglietto d'ingresso per lo stadio la settimana prima di ferragosto, dopo una lunga ed estenuante attesa, più di due ore in fila sotto il sole cocente di agosto, accompagnato da un mio amico e da suo padre. Mi ricordo benissimo che ogni notte mi svegliavo preso dal panico; temevo di perdere il preziosissimo biglietto, riuscivo a riprendere sonno solo dopo aver controllato che fosse ancora al suo posto, solo dopo averlo "toccato con mano". L'ansia era tale, che ogni mattina ragionavo se era il caso, o meno, di metterlo in un cassetto più sicuro, più nascosto, proprio perché quella sarebbe stata "LA MIA PRIMA

VOLTA", e non volevo sbagliare nulla. Quello straziante nervosismo mi ha accompagnato fino a quel 20 agosto, il giorno della partita! Un'ansia pazzesca, come uno studente la notte prima degli esami. Era un agosto afoso e caldissimo e la sorte volle che, proprio in quel giorno, si scatenasse il classico temporale estivo, ma nemmeno questo fu un ostacolo per la mia IRREFRENABILE VOGLIA DI Juve. Ero così emozionato che, non avrei rinunciato a quella mia prima partita dal vivo, nemmeno se dal cielo fossero piovute delle pietre! Noncuranti del diluvio, seguiti dalla nuvola di Fantozzi, arrivammo finalmente fuori dallo stadio ROCCHEGIANI di Falconara.

Il mio sguardo incuriosito si focalizzò su l'immensa folla, moltissimi sportivi appiccicati gli uni agli altri, come fossero sardine in fila per entrare. In tanti con l'ombrello aperto, capimmo subito che il tempo non sarebbe stato clemente con noi, e che non avrebbe fatto sconti nemmeno ai campioni d'Italia di Čestmír Vycpálek. Poco importa, pochi minuti e su quel prato verde, come su un palco teatrale, avrebbe iniziato a recitare la mia Juventus. La fila era così lunga da non vederne la fine, fu allora che cominciai, con un certo timore, a "rubare" un po' di spazio qua e là e a saltellare per guadagnare qualche metro sul "serpentone" umano in rigorosa fila indiana. Cosa potranno mai dire a un bambino? Potranno al massimo rimproverarlo, pensavo. Intanto tenevo stretto in tasca il preziosissimo biglietto, ormai fradicio per la pioggia, all'epoca non possedevo ancora un portafogli, indosso avevo solamente un paio di braghette corte e una maglia a strisce bianconere (comprata a una bancarella). Quel caro e amatissimo pezzetto di carta esiste ancora, e rappresenta uno dei miei ricordi più cari di JuveNTINO.
Quel giorno allo stadio avevo con me una macchinetta fotografica, di quelle che (in quegli anni) si trovavano dentro ai fustini del detersivo DASH; volevo poter immortalare le gesta atletiche dei campioni dei miei sogni, dei miei eroi. Ancora ricordo, in maniera lucidissima, che appena vidi entrare in campo i giocatori della Juve, rischiai di pisciarmi addosso, tanto ero emozionato! Ero fradicio, incurante di tutta la pioggia che mi era caduta addosso, era il primo incontro con la MIA AMATA Juventus, E TUTTO IL RESTO NON CONTAVA NIENTE.
In campo c'erano tutti i miei campionissimi, dal biondo tedesco HALLER, al portierone ZOFF, al geometra CAPELLO, al maratoneta FURINO, al tamburino sardo CUCCUREDDU, al roccioso stopper MORINI, al barone CAUSIO, fino al mio idolo PIETRUZZO ANASTASI, centravanti siciliano dallo scatto bruciante e dal GOL FACILE. Il pubblico, in gran parte marchigiano (ma penso che alcuni fossero venuti anche da fuori regione), era in delirio per questa ghiotta occasione, entusiasta e festante per lo spettacolo sportivo che i Campioni d'Italia, di bianconero vestiti, sapevano offrire. Io ero basito e incredulo; davanti ai miei occhi si stava esibendo la Juve, ero così vicino, quasi da poterla TOCCARE, mi sembrava di vivere un sogno, e attaccato alla rete di recinzione, con un cappellino bianco e nero zuppo d'acqua, le mie lacrime di FELICITÀ si confondevano con la pioggia che continuava incessante.
Io, imperterrito, scattavo foto ai miei SUPEREROI.

I campioni in maglia a strisce bianconere erano quelli veri, i protagonisti dei miei sogni. CAUSIO, ANASTASI e CAPELLO scendevano giù in perfetta intesa, regalando emozioni fortissime a tutti i tifosi presenti, ed io? Io ero al settimo cielo! La pioggia non smetteva di cadere, ma a me sembrava che sopra di noi splendesse forte il sole, c'eravamo solo io e la mia Juve, il resto non contava più. La gente gioiosa partecipava urlando ed applaudendo, lo stadio era gremito di persone, io ero nella folla, lì davanti a tutti, ma era come se fossi stato solo, mi ero isolato, eravamo soli, io e la Vecchia Signora. Il risultato? Mi sembra un 4 a 1 per noi, ma poco importava era solo un'amichevole. Nei giorni successivi, portai il rullino dal fotografo per farlo sviluppare, scoprii con molto dispiacere che di foto non ne era venuta bene nemmeno una... colpa della pioggia che aveva danneggiato la mia povera macchinetta fotografica! Desolato e rammaricato avevo pianto un po', ma nemmeno più di tanto, perché sapevo con certezza assoluta che tutti "gli scatti" di quella PRIMA VOLTA sarebbero rimasti INDELEBILI nella mia memoria e nel mio cuore di inguaribile JuveNTINO, UBRIACO di quella SQUADRA e di quei COLORI sin dal primo momento! Dopo tanti anni, 48 per la precisione, e tante partite dal vivo, sono ancora più MALATO DI PRIMA!!!

Paolo Paoloni

Soci fondatori del "Juve Club Jesi"

"La forza della Juventus è che quando vinci una partita, per quanto importante, per quanto bella, per quanto spettacolare, il giorno dopo viene cancellata e si pensa sempre a quella successiva. All'inizio è frustrante, ma poi capisci che è il segreto del successo."

Marcello Lippi

INDICE

La prima volta di...

ANGELO ALESSIO

Nato a Capaccio Paestum il 29/04/1965
Nella Juve dal 1987 al 1992 (142 presenze, 21 goal)
Nello staff Juve dal 2011 al 2014 come vice allenatore
1 Coppa Italia, 1 Coppa UEFA
In questa stagione: allenatore del Killmarnock in Scozia

Esordio: 23/08/1987 LECCE-JUVENTUS 0-3 Coppa Italia
(Mauro 23' - Brio 37' - De Agostini 66')
Stadio Via del Mare

Passai dall'Avellino alla Juventus nella stagione 87/88. Appena arrivato capii subito in quale ambiente mi trovavo. Anche se ne facevo parte, guardavo la Vecchia Signora come la grandissima squadra blasonata piena di storia e di trofei.

La partita che considero il mio reale esordio con la maglia bianconera è la prima giornata di campionato, il 13 settembre 1987 contro il Como. Anche se avevo già giocato nelle amichevoli e in Coppa Italia, fare la prima in casa è tutta un'altra cosa.
Già prima di scendere in campo, accadde qualcosa che non mi sarei mai aspettato: il presidente Boniperti venne, come suo solito, negli spogliatoi per scambiare due parole con i calciatori. Io, appena arrivato, non ero a conoscenza di questa sua usanza, per questo quando mi si avvicinò rimasi sorpreso. Ricordo che mi stavo allacciando le scarpe e lui mi disse "Mi raccomando, il nodo della scarpa fallo esterno. Non si fa mai centrale anche perché potresti calciare in maniera imperfetta e farti anche male". Al mio arrivo mi aveva già rivolto la parola ma questo episodio lo ricordo con molto affetto.
Mi sedetti in panchina super emozionato non vedevo l'ora di giocare, per questo quando mister Rino Marchesi mi chiese se ero pronto, mi alzai elettrizzato. Entrai al 63esimo al posto di Renato Buso e dopo circa 10 minuti fui atterrato in

area e guadagnai un rigore poi segnato da Magrin che ci portò alla vittoria.
Nelle stagioni passate alla Juve ho vissuto tante partite importanti. Quella che mi è rimasta nel cuore è la finale di Coppa UEFA contro la Fiorentina giocata nel campo neutro di Avellino. Per me che ho iniziato proprio nell'Avellino, giocare lì una partita così importante fu una doppia gioia. In quell'occasione giocai con il 6 come laterale destro, un numero per me insolito dato che indossavo sempre il 7. La partita finì 0-0 ma la vittoria precedente a Torino per 3-1 ci permise di alzare la Coppa.
Quello fu un anno indimenticabile. Non era una Juve con personaggi di spicco ma era una squadra unita e compatta. Eravamo come una cosa sola, un gruppo che riusciva a giocare un calcio armonioso.

Nel 1992 passai al Bari. Sono tornato alla Juve per la terza volta (avevo passato il mio secondo anno in prestito al Bologna) nel 2011 da allenatore come vice di Antonio Conte. Avevamo già giocato una stagione insieme e avevo iniziato nel suo staff al Siena. Lo seguii anche alla Juve vivendo un primo anno incredibile. Non partivamo sicuramente favoriti dato che la Juve veniva da 2 settimi posti, invece fu un'annata incredibile piena di grande lavoro ma anche di grandissime emozioni. La più grande è avvenuta il 6 maggio 2012 quando, a discapito di tutti, vincemmo lo scudetto contro il Cagliari a Trieste, un altro campo neutro. Questa fu solo la prima pietra dell'incredibile Juventus che da quell'anno in poi portò a casa innumerevoli vittorie.
Prima di arrivare alla Juve sentivo parlare spesso di stile Juventus, ma da fuori non riuscivo a comprenderne a pieno il significato. Una volta arrivato a Torino e respirato quell'ambiente capii subito il perché di tanti successi, alla Juve ogni dettaglio è curato nei minimi particolari, nulla viene lasciato al caso, e questo aspetto fa la differenza.

Angelo Alessio ha rappresentato il classico giocatore eclettico, tanto comodo ad ogni allenatore, per qualsiasi modulo di gioco, sapeva giocare a centrocampo e all'attacco con gli stessi buoni risultati. C'era sempre un Angelo per la Juventus.

JOSÉ JOÃO ALTAFINI

Nato a Piracicaba (San Paolo Brasile) il 24/07/1938
Nella Juve dal 1972 al 1976 (119 presenze, 37 goal)
2 Scudetti
In Nazionale 6 presenze, 5 goal

Esordio: 30/08/1972 NOVARA-JUVENTUS 0-1
Coppa Italia (Causio (R) 91')
Stadio Comunale di via Alcarotti

Per quanto riguarda la mia esperienza alla Juventus, posso dire che quando arrivai alla corte della Vecchia Signora ero già un giocatore esperto, diciamo maturo avendo appena compiuto 34 anni. In Italia avevo già vestito le maglie del Milan e del Napoli. Avendo il cartellino "libero" scelsi di trasferirmi dalla società partenopea alla Juve nel 1972 per l'importante motivo che i bianconeri avrebbero disputato la Coppa Campioni e per me tornare a giocare nella competizione regina d'Europa rappresentava uno stimolo fondamentale. Nella stessa estate mi cercarono anche altre tre società importanti: Fiorentina, Sampdoria e Roma. Ad onor del vero, il giorno dopo la firma dell'accordo con la Juve, mi chiamarono i dirigenti del Milan e sinceramente avevano le giuste armi per convincermi ma avevo già firmato e dato la mia parola ad Italo Allodi, dirigente Juventino. Insieme a me quell'estate arrivò anche il mio compagno di squadra Dino Zoff.

Il mio debutto in A con la Juve è avvenuto il 29 ottobre 1972, contro il Milan, una delle mie ex squadre: finì 2 a 2. Ma la prima volta a cui sono più legato è un Juventus-Fiorentina del 3 dicembre 1972. Il risultato era inchiodato sull'1-1 e io, da subentrato, realizzai il goal decisivo del 2-1 definitivo. Questo mio esor-

dio ricorda un po' anche quello di un altro centravanti sudamericano che si è trasferito dal Napoli alla Juve nel 2016: Higuain, che realizzò anche lui il suo primo goal contro la Fiorentina, oltretutto proprio il giorno del suo esordio in campionato con la maglia della Juve.
Nel 1973 a Belgrado giocai la finale di Coppa Campioni contro l'Ajax, finale purtroppo sfortunata decisa da Johnny Rep all'inizio della gara.

La rete che ricordo con più piacere è quella del 6 aprile 1975 a Torino nella partita scudetto contro il Napoli, la mia ex squadra. A 5 minuti dalla fine della partita chiesi a mister Parola di farmi entrare. Appena sceso in campo al posto di Damiani, i tifosi napoletani hanno iniziato a fischiarmi, tali fischi sono aumentati quando realizzai il goal risolutore del 2-1 a due minuti dalla fine che ci permise non solo di vincere quella partita ma di portare a casa anche lo scudetto. Dopo quella rete per Napoli sono diventato "Josè core 'ngrato", appellativo che, ironia della sorte, è stato poi affibbiato anche allo stesso Higuain.
Nella mia ultima stagione in bianconero giocai poche partite quindi nel 1976 decisi di trasferirmi in Svizzera al Chiasso in un campionato di seconda divisione. Alla Juve ho trascorso anni bellissimi all'interno di una formazione sempre alla ricerca di vittorie sia in Italia che all'estero.

Pur partendo dietro i titolarissimi Anastasi e Bettega, risultò spesso risolutivo da subentrato dalla panchina: tale situazione farà nascere all'interno del calcio italiano il neologismo "alla Altafini" proprio per indicare l'impiego di calciatori maturi, quindi alla soglia del ritiro ma ancora decisivi.

NICOLA AMORUSO

Nato a San Giovanni Rotondo il 29/08/1974
Nella Juve dal 1996 al 2002 (105 presenze, 29 goal)
3 Scudetti, 1 Supercoppa Italiana,
1 Coppa Intercontinentale, 1 Supercoppa UEFA
In Nazionale U-21: 4 presenze, 1 goal

Esordio: 28/08/1996 FIDELIS ANDRIA-JUVENTUS
0 – 2 Coppa Italia (Vieri 7' - Conte 38')
Stadio Degli Ulivi

Durante la stagione 95-96 mi trovavo al Padova in serie B, ero in prestito dalla Sampdoria che deteneva il mio cartellino. Già nella prima fase del campionato mi ero messo in mostra segnando parecchi goal decisivi arrivando a "provocare" l'interesse dei maggiori club italiani. Mi contattarono Adriano Galliani per il Milan, Sandro Mazzola per l'Inter ma soprattutto, in quel mese di gennaio, arrivò la chiamata della Juventus. Quasi non ci credevo. Emozionatissimo accettai subito l'offerta della società bianconera anche se devo confessare che non era la più "ricca". Il mio essere mega tifoso Juventino mi portò a scegliere la Vecchia Signora per un quadriennale. Quell'anno, insieme a me, arrivarono Iuliano, Montero e Vieri. Per me fu come coronare un sogno.

Una delle emozioni più grandi è legata al giorno della presentazione dove ci fecero indossare una bellissima polo bianconera a strisce orizzontali. Fu in quel momento che realizzai veramente di essere diventato un giocatore della Juve e che, da lì in poi, ogni partita sarebbe stata un evento da vivere con grande entusiasmo. Ho vissuto il ritiro estivo come uno scolaretto alla prima elementare.
Subito presi parte ad un torneo estivo di grande prestigio contro formazioni

di livello europeo come Bayer Monaco e Deportivo la Coruña contro la quale segnai il mio primo goal in bianconero. Fu una stagione esaltante.
Ricordo con grande piacere la settimana che ci portò a stravincere 6-1 a Milano contro il Milan in cui realizzai un bel goal. Tre giorni dopo arrivò un'altra bellissima vittoria in Olanda contro l'Ajax in cui segnammo sia io che Vieri.
Ho giocato alla Juventus nei suoi anni d'oro, quando in Italia arrivavano i migliori calciatori stranieri. Se dovessi stilare una classifica in merito alle capacità tecniche, metterei sul podio più alto ad ex equo: lo jesino Mancini, il "re di Roma" Francesco Totti e il "Divin codino" Roberto Baggio; per non parlare di campioni insuperabili della difesa come Nesta, Maldini e il pallone d'oro Fabio Cannavaro.

Di Alessandro Del Piero, bandiera della Juve con il quale ho avuto il piacere di aver giocato, non posso parlare solo delle sue indiscusse qualità tecniche che sono riconosciute da tutti ma devo menzionare anche la sua personalità: mai una parola fuori posto, mai un comportamento oltre il limite. È la persona che, secondo me, rappresenta al meglio lo stile Juve.
Un altro collega da menzionare è Alen Bokšić che alla Juve fu quasi una meteora: devastante fisicamente, un po' meno sottoporta.

"Nick-Dinamite" Amoruso ha trascorso alla Juventus il periodo più brillante dimostrando grandissime capacità da attaccante puro capace di realizzare goal di ottima fattura e di duettare con qualsiasi compagno di reparto. Nicola ha vestito prima e dopo la Juve la maglia di tante formazioni, più o meno prestigiose risultando sempre decisivo.

ANDREA ARMELLINI

Nato a Porto Sant'Elpidio il 02/07/1970
Ex calciatore ed attuale allenatore dei portieri della Sangiustese Calcio

Da portiere professionista con Ancona e Cesena, durante la carriera non ho mai avuto il piacere di giocare contro la mia squadra del cuore: la Juve. Eppure ho incontrato molti campioni ex Juventini nella serie cadetta negli anni '90. Un evento che ricorderò sempre, a proposito del carattere Juve: una partita di beneficenza Ancona contro Vecchie Glorie Mundial, quando, all'ottantesimo minuto, Rizzitelli non chiude un triangolo a Gentile che era solissimo davanti a me e poteva segnare... ebbene, Gentile si "mangiò" letteralmente Rizzitelli, tale e tanta era la voglia di vincere, nonostante amichevole ed età. Cuore ed orgoglio da leone che lotta sempre per vincere... ora che alleno, questo è il messaggio che trasmetto ai ragazzi ogni giorno.

Attraverso i cancelli dello stadio e comincio a salire le scale del sottopassaggio. Come alla fine di un tunnel, in quel momento vedo davanti a me la luce che mi spalanca le porte della tribuna Monte Mario. Ho il cuore traboccante di felicità ed i miei occhi, già folgorati dall'immensità dello Stadio Olimpico, sono gonfi di gioia. Sono in trepidazione e non vedo l'ora di vedere la mia Juve entrare in campo, i giocatoti riscaldarsi e calciare il pallone. Salgo l'ultimo gradino e rimango di sasso, estasiato dalla visione di quegli spalti che cominciano a riempirsi di persone e di quel manto verde su cui avrebbero corso e lottato i bianconeri. È impossibile per me non rimanere a bocca aperta e non voltare intorno lo sguardo per vedere quello spettacolo. Quando i calciatori della Juve entrano in campo un brivido di eccitazione mi attraversa tutto il corpo. Anche se sono lontani, li riconosco tutti e comincio ad indicarli a mio padre che mi ha accompagnato e che ha permesso di coronare il mio sogno. Ho 17 anni e fino a quel momento ho visto i miei idoli solo in televisione. La giornata è splendida e ricca di forti emozioni. Vinciamo 1 a 0 con gol di Casiraghi: pur soffrendo, espugniamo l'Olimpico e battiamo la Roma. A distanza di anni, ripensando a quella giornata, ricordo ogni momento: la partenza in treno, il pranzo con mio padre in un Mc Donald's, il tragitto fatto per arrivare allo stadio in mezzo ad altre famiglie felici e spensierate come noi, il fatto che avevo preferito vivere quell'esperienza piuttosto cha andare in gita con la classe del liceo in un luogo che non ricordo neppure. Quella non era una delle Juventus più forti della sua gloriosa storia, ciò nonostante quella era stata per me una giornata indimenticabile. Per la prima volta avevo visto i bianconeri da vicino e mi ero sentito parte integrante di quello spettacolo. *(Federico Abbondanzieri)*

La mia prima volta allo stadio con la Juve è stata una partita di Coppa dei Campioni al vecchio comunale. Avevo 11 anni e vedere i miei idoli dal vivo mi provocò un'emozione ancora viva (dopo 47 anni), più di 68.000 persone che tifavano tutti la mia squadra del cuore! L'avversario era l'Ujpest Dozsa, campione d'Ungheria e nonostante il risultato 0-0, ancora sento il rumore, gli odori e i suoni di quella sera. Comunque, ci saremmo rifatti al ritorno, 2-2 a casa loro e passaggio in semifinale! *(Luca Abramucci)*

La mia prima volta... Non ricordo l'anno di preciso non c'era internet ne un social... ma ricordo che avevo circa 10 anni (1987). Mio Nonno di Viterbo ci venne a trovare ad Osimo dove io vivevo con la mia famiglia. A quel tempo, la Juventus, già pluridecorata, orfana di Le Roy e di Michel Platini, tentava di ricominciare una stagione da dominatrice come ci compete, facendo un grandissimo acquisto (sulla carta). Ricordo pochi nomi, Tacconi, Favero, Cabrini, Brio, Scirea, De Agostini, Tricella, Vignola, Laudrup, e il nuovo acquisto Jan Rush... Si giocava un amichevole a San Benedetto del Tronto, andammo, io, mio babbo e mio nonno x vedere il nuovo attaccante pagato a peso d'oro erede di Platini. Quella fu la mia prima volta! Forse abbiamo vinto 0 a 1 ma quella fu la mia prima volta! *(Mirko Achilli)*

La prima volta allo stadio è stata Juventus-Pescara il 19 novembre 2016 terminata 3 a 0. È stato come volare senza toccare mai per terra, un'infinita emozione e gioia mista ad ansia ed aspettative concretizzate. *(Leonardo Agostinelli)*

La prima volta che sono andato allo stadio per vedere dal vivo la Juventus è stato il 22 gennaio 2017. All'Allianz Stadium si gio-

cava Juventus-Lazio, gara terminata 2-0. Per me un'attesa infinita poi un'esplosione di felicità e tanta, tanta euforia.
(Enea Agostinelli)

Ho 67 anni da quando avevo 8 anni sentivo mio padre parlare della Juventus società di Calcio Torino, e subito mi è entrata nel cuore. Mio padre mi parlava di Sivori e Charles ed io ero contento. Il tempo passava sognando la Juve ed un giorno, periodo Natalizio, mio padre mi disse che andavamo a Torino a trovare mio Zio, lui era partito per lavoro e noi avremmo passato le ferie in Piemonte. Quando arrivammo a Torino parlai a mio zio che ero un grande tifoso della Juventus, lui subito mi disse che domenica si sarebbe disputata la partita Juventus - Bari e che mi avrebbe portato allo stadio. Ero contento, non vedevo l'ora che venisse Domenica. La mattina di domenica inizò a nevicare, mio zio disse che forse la partita sarebbe stata rinviata ma alla radio sentimmo che il campo era pulito è gli spalti erano liberi della neve. Entrammo e io ero molto emozionato, vedere Del Sol, Salvadore, Castano, mi venivano i brividi. La neve scendeva è io non la sentivo, segnò Leonardo, vincemmo 1 a 0. Era il 04/01/1970 e da allora la mia vita è per la Juventus, il mio club adesso è Juventus Club Lamezia Centro, mentre il primo è stato Juventus Club Francesco La Neve, in onore del Dott. La Neve, medico della società Juventus.
(Mario Amendola)

La mia prima volta allo stadio è stata il 2 ottobre 2011 proprio all'Allianz Stadium, la nostra casa. Un'esperienza emozionante, spettacolare da brividi, vissuta insieme a quattro amici di Castelferretti. Partiti da Ancona sud con il bus e arrivati a Torino con una carica pazzesca, pronti per vedere per la prima volta lo Stadium, ma soprattutto la Juventus che quella sera stessa affrontava il Milan, per la prima volta nel nostro nuovo stadio. Mi ricordo che appena entrato in curva sud ho provato sensazioni indescrivibili grazie a tutto quello che mi circondava, a partire dai tifosi in piedi che cantavano tutti insieme alla squadra che si

... È stato come volare senza toccare mai per terra, un'infinita emozione e gioia...

stava riscaldando davanti ai miei occhi. Tutt'altra storia dal guardarla alla tv! La partita è stata dominata dal primo minuto, Abbiati ha salvato il risultato più e più volte ma quando meno te lo aspetti il "principino" Claudio Marchisio sblocca il risultato a due minuti dalla fine, facendo esplodere lo Stadium e facendomi balzare due seggiolini più avanti ad urlare di gioia, ma non era finita lì, ad un minuto dalla fine lo stesso Marchisio fa partire una rasoiata dal limite dell'area di rigore e beffa Abbiati sotto le gambe, mandando il diavolo all'inferno. Bellissimo vedere lo stadio, le persone gioire ad un goal e vedere la mia squadra del cuore giocare dal vivo. Riprovo queste sensazioni ogni volta che vado allo stadio, sono emozioni uniche come solo la mia Vecchia Signora sa darmi. FINOALLAFINEFORZAJuventus. *(Matteo Amianto)*

La Juve è una passione coltivata da decenni ed ogni volta che ne ho l'occasione mi reco a Torino con mio figlio in pullman con lo Juventus Club di Jesi. La mia prima volta fu quando ancora ero solamente un ragazzino... a Torino al mitico Comunale...

ritorno dei quarti di finale Juventus-Aston Villa 3-1 Coppa dei Campioni 1982/1983 con Michel che quella sera fu stratosferico. Fu un'emozione grandissima, davvero notevole in uno stadio gremito, caldissimo nonostante il meteo sfavorevole, ma non fu l'unica in quanto più recentemente ne ho provata un'altra simile. Fu l'occasione della prima volta di mio figlio allo Stadium... Juventus-Fiorentina 2-1... quel giorno in Ale rividi le sensazioni che io provai quella volta... la felice attesa del viaggio, la divertente compagnia degli amici che aveva nel pullman dello Juventus Club, l'attesa elettrizzante all'ingresso allo Stadium, l'entusiasmo all'ingresso del settore dello Stadium, la sua meraviglia nel vedere l'interno dell'intero stadio dal suo posto ed infine la gioia nel vedere i suoi (nostri) campioni in campo a giocare e vincere... venne via dallo Stadium senza voce. Queste emozioni davvero uniche solo una squadra le può regalare e questa è la Juve... #FINOALLAFINE. *(Claudio Amicucci)*

Nata e cresciuta in Sicilia con un cognome "importante", ho sempre amato la Juve, l'ho sempre avuta nel mio DNA ma purtroppo, abitando in sicilia era difficile quasi impossibile vederla giocare al vivo per tanti motivi. Fine 2001 mi trasferisco nelle Marche e non riesco a credere quando vengo a sapere che il 07.04.2002 la mia amata Juve giocherà a Perugia, i miei idoli, i miei campioni saranno a pochi km da me! Dovevo andare, dovevo vederli e così mi attivò per cercare il biglietto e finalmente sono lì allo stadio. Cioè io ero lì, loro erano lì... un sogno che si avvera, un emozione unica... non erano allo schermo della tv... erano lì davanti a me e poi un gol, due gol, tre gol, quattro gol... La mia amata Signora vincerà per 4-0. E da quel momento tante altre partite viste e tante altre spero di vederne ancora perché è la storia di un grande amore che non finirà mai. *(Anna Anastasi)*

C'è un'immagine di fondo che mi accompagna sempre quando penso al mio "essere Juventino". La mia prima volta è stata una domenica del 1975. Ho assistito con mio padre ad un corteo di auto con tantissime bandiere bianconere: il tifo, i colori, l'entusiasmo, subito mi hanno contagiato. In quel momento è nata la mia fede bianconera! È stato in quel momento che ho sclelto il mio idolo: Roberto Bettega. Quella bianconera è una fede che nel tempo mi ha portato a seguire la mia squadra del cuore tutte le volte che gioca allo stadio di Ascoli per ammirare quei campioni forti, eleganti e superbi, sempre con la stessa fortissima emozione. Sono passati gli anni, e un giorno ho deciso, con mio figlio Leonardo, Juventino dalla culla, di andare a Torino (per la prima volta!) a vedere la "mia squadra" giocare... fu una infausta partita Juve-Parma (1-4). Non poteva esserci una peggior "prima volta"; ma anche questo è il bello dello sport, e le delusioni ne sono parte integrante. Oggi, io e mio figlio, quando possiamo, guardiamo le partite con la passione di sempre e questo mi fa capire come lo sport, esoprattutto la NOSTRA Juve possano legare diverse generazioni.
(Mario Andrenacci)

Partimmo il giorno stesso alla mattina, mi vennero a prendere a scuola con una macchina al completo, direzione Torino. Non era stato facile convincere i miei genitori, dato che due giorni prima c'erano stati scontri nello stesso stadio mentre si giocava Torino-Milan, la Juve avrebbe dovuto affrontare il Manchester United (con cui non corrono di certo buoni rapporti!); ma alla fine i miei accettarono, data anche la presenza di mio nonno e mio zio. Arrivati al parcheggio, scendendo dalla macchina vidi lo stadio: il delle Alpi, che fino ad allora avevo solo visto alla TV... non avevo mai visto fino ad allora un stadio così grande, ne rimasi impressionato. Lo stadio era "militarizzato" per garantire l'ordine pubblico, dato che c'erano stati pochi giorni prima gli scontri già citati. Entrato nello stadio, e varcato il gate mi mancavano le parole, anzi le persi fino al fischio finale della partita! Ero affascinato da quel posto che poteva contenere così tante persone tutte insieme.All'ingresso delle squadre divenne una "bolgia": i cori e il chiasso sovrastavano tutto (ma come sarebbe potuto essere il contrario?!). Quella era "la PARTITA". Si sfidavano due delle formazioni più forti d'Europa. La partita finì 0-3 in favore del Manchester United, non fu di certo il massimo come prima volta allo stadio, ma le emozioni provate sicuramente lasciarono dentro di me sensazioni indelebili. Fu una serata amara, calcisticamente parlando. Quel giorno mi si aprì un nuovo mondo...

(Lorenzo Angelelli)

Da parecchio tempo, con un carissimo amico d'infanzia, cerchiamo la strada per andare a vedere la Juventus, io devo tener conto di problemi di deambulazione, che non mi consentono di camminare a lungo. Matteo è una di quelle persone che si possono definire "amico da una vita", ci conosciamo da ormai da oltre 35 anni, un giorno mi parla dello Juventus Club di Bologna. Dopo un contatto telefonico decidiamo di andare sul posto, per illustrare la mia situazione, è una caldissima serata estiva, il 23 agosto 2013, quando il Presidente Franco Febbo ci accoglie con un grande e cordiale sorriso. Gli illustro brevemente la mia situazione, e lui gentilmente risponde "Beh non ti devo portare in braccio, ditemi per quale partita, e vediamo come fare!". Si prosegue poi con una bellissima chiacchierata su come funziona il Club, molti aneddoti sulla storia della Juventus, sui viaggi a Torino e in Europa, poi ci diamo appuntamento per Juventus-Hellas Verona (incredibilmente partita in orario pomeridiano, del 22 settembre 2013). Io e Matteo, durante i giorni che

...ci sentiamo con cadenza quotidiana per studiare le previsioni del tempo, cosa portare via, come due bambini un po' cresciuti in attesa della gita scolastica...

precedono la partenza ci sentiamo con cadenza quotidiana per studiare le previsioni del tempo, decidere cosa portare via e non, come due bambini un po' cresciuti in attesa della gita scolastica! Passano i giorni, e finalmente arriva la data della partenza: ABBIAMO UN APPUNTAMENTO CON LA Juventus! Raggiungiamo con discreto anticipo il punto di ritrovo a Modena, avvisiamo il Presidente che siamo sul posto e ci risponde "Cinque minuti e siamo lì". Facciamo poi la conoscenza di varie persone, la famiglia Vitali (papà, mamma e 2 figli), che saranno incaricati di farci vedere l'ingresso giusto. Il tragitto è estremamente piacevole, siamo 2 chiacchieroni, e le ore di viaggio scorrono veloci, come la crescita dell'adrenalina: LA Juventus CI ASPETTA! Ci accorgiamo di essere in mezzo ad autentici appassionati della Juventus, e sentiamo diversi aneddoti, da quanto accaduto la settimana prima a episodi risalenti ai mitici anni '70. Sul pullman i posti sono assegnati da tempo; ma ci sono i nuovi ... NOI, bisogna fare delle modifiche, in barba alla scara-

Il viaggio di ritorno l'ho fatto in pullman addormentandomi come una bambina che aveva appena realizzato il suo sogno...

manzia (troppo divertente!!!).

Si arriva a Piacenza, e così conosciamo buona parte delle persone a bordo, è pomeriggio e le scuole sono ancora chiuse, ci sono diversi ragazzi e ragazze. Grazie al navigatore satellitare riusciamo a vedere quanto manca a Torino, per fortuna non c'è molto traffico, e l'adrenalina sale. Il breve tragitto tra il parcheggio e lo stadio è tutto un continuo di cori e saluti coi vari gruppi di tifosi che arrivano per l'evento. Tutti si conoscono tra loro ed è molto bello. L'ingresso nello stadio, che si va riempiendo, è veramente memorabile; migliaia di persone, cori per la Juve, per i giocatori, la festa sta per iniziare, siamo ai nostri posti, pronti per assistere allo spettacolo. In questa gara è preannunciato un po' di turnover tra i giocatori della Vecchia Signora, Buffon non gioca, c'è Marco Storari in porta, Barzagli, un campione del mondo, che emozione, proprio lì, sotto di noi, giocano Bonucci ed Ogbonna (sì, proprio l' ex Capitano del Toro), chissà come rosicano! E poi Isla e Vidal, i 2 cileni, quanto corrono; Vidal lo avevo notato in Coppa America, che bravo, un fenomeno. Poi c'è Pirlo, il Maestro, un altro Campione del Mondo, che classe, che stile... fantastico! E poi ancora Paul Pogba, un ragazzo con doti atletiche eccezionali, un fisico spettacolare e 2 piedi favolosi, ho pensato "Diventerà un campione..."(ed infatti!). A centrocampo poi c'è Asamoah, quanto corre! In attacco Tevez, una forza della natura, che grinta che energia! Al suo fianco Llorente, sul quale qualcuno mugugna... Nel secondo tempo entrano Marchisio, di cui ho comprato la maglia nel 2011, reduce da un infortunio al ginocchio, Giovinco e Vucinic, un po' fuori forma. La Juve parte bene, ma il Verona segna! Siamo noi a portare sfortuna...??? Goal di Cacciatore su calcio d'angolo grazie alla torre di Moras con difesa un po' ferma... ahia... Dopo poco Pogba sfiora il goal... sfiora..., io e Matteo ci guardiamo un po' sconsolati... Poi... poi... Tevez riceve da Bonucci, palla ad incrociare ed è GOOOOOOOOOOALLLLLLLLLL!!! Dopo pochi minuti Llorente riceve un cross da Vidal e segna di testa, il primo goal del Re Leone in Italia! Vince la Juventus e noi siamo felicissimi, abbiamo vinto anche la cabala! Al fischio finale torniamo velocemente sul pullman, ci era stato detto di non attardarci... e siamo tornati indietro di corsa... Naturalmente i veterani erano curiosi di sentire i nostri racconti da novellini. Tra un coro e l'altro, un canto ed uno sfottò, l'emozione è stata davvero tanta e tutte le persone sono state con noi veramente splendide, si sono poi create amicizie che durano a distanza di diversi anni. *(Federico Ansaloni)*

La mia prima volta allo stadio è stata il 28 novembre 2004. Inter-Juve 2-2 con goal di Zalayeta e Ibrahimovic per noi, e Vieri e Adriano per loro. Avevo acquistato il biglietto molto tempo prima, senza sapere che proprio quella domenica avrei lavorato in negozio visto il periodo natalizio. Ma non mi persi d'animo e, finito il mio turno andai alla stazione di Ancona e presi il treno alla

volta di Milano. Mi ricordo ancora la preoccupazione di mia madre che, sapendomi da sola, mi ha telefonato un sacco di volte durante il viaggio. Sono arrivata alla stazione di Milano Centrale nel tardo pomeriggio. Ho preso la metro e quando sono scesa a San Siro, mi sono trovata davanti un muro di tifosi nerazzurri che cantavano i loro cori. Mi sono ricongiunta con i membri del club di Jesi affiliati al Gruppo Marche 93 che erano già arrivati al parcheggio dello stadio. Ero emozionatissima, finalmente potevo vedere dal vivo i miei campioni e farlo in uno stadio come quello di San Siro, enorme e pieno in ogni ordine di posto, è stato magico. Un po' meno entusiasmante è stato il risultato finale che mi suonava a beffa, dato che i nostri vincevano 2-0 e sono stati raggiunti solo nel finale. Il viaggio di ritorno l'ho fatto in pullman addormentandomi come una bambina che aveva appena realizzato il suo sogno. Da quel giorno è iniziata la mia carriera da tifosa Juventina attiva.
(Samanta Antonelli)

Gennaio 1971 Fiorentina-Juventus 1 a 2 (Ferrante, Bettega, Causio su rigore). Viaggio in porsche quale regalo del benestante "santolo" della mia cresima... guidava coi guanti a tutta velocità... prima della partenza avevo giocato una partita con l'Audax allievi, pareggiata 3 a 3 dopo essere stati in vantaggio 3 a 0 (un mio raro gol e un assist). Arrivo a Firenze, ottimo pranzo al ristorante, poi 2 ore sotto la pioggia. Mitica vittoria, indimenticabile giornata di un tredicenne che per la prima volta viaggia in porsche, pranza al ristorante a Firenze e vede la Juve delle figurine panini dal vero. Vincere soffrendo (Tancredi, Spinosi, Cuccureddu, Furino, Morini, Salvadore, Causio, Haller, Anastasi, Capello, Bettega).
(Uliano Api)

La mia prima partita della Juve dal vivo, è stata Ancona-Juve 0-1 della stagione 92-93! A Torino, mi sembra fosse il 18 Settembre 1996, Juventus-Manchester Utd 1-0! Che dire, mi emoziono solo a scriverlo! Ancora oggi dopo circa 28 anni, ogni volta che vado allo stadio e vedo quella maglia,mi emoziono sempre come fosse la prima volta! Juve MIO GRANDE AMORE
(Andrea Appolloni)

Pensando alla prima volta in cui ho visto la Juve dal vivo, in un primo momento, andando indietro di ben sei anni, ho pensato subito al ritorno degli ottavi di Europa League con la Fiorentina. L'andata a Torino finì in pareggio, 1-1. Marcatori Vidal per noi al 3' del primo tempo e Gomez per la Fiorentina al 79'. Quindi nel ritorno, a Firenze, la Juve era obbligata a vincere per poter continuare la corsa verso la finale di Europa League che quell'anno si giocava proprio a Torino; mi ricordo bene l'hashtag usato all'epoca: #roadtoturin. Il 20 marzo 2014, giorno in cui si giocò il ritorno, ero presente anche io all'"Artemio Franchi" di Firenze, e nonostante siano passati sei anni, mi ricordo benissimo le emozioni provate quel giorno. Fu un alternarsi di azioni da una parte e dall'altra, con un minimo comune denominatore, le reti rimanevano sempre e comunque inviolate. Con il passare del tempo, tutti noi chiusi nel settore ospite dello stadio, come tutti i milioni di tifosi incollati ad un televisore o a una radio, cominciavamo a mostrare i primi sentori di insofferenza e paura che la Juve non riuscisse a segnare quel gol che avrebbe permesso il passaggio del turno. Ci pensò Andrea Pirlo al 71' della ripresa a farci scoppiare in un'esultanza liberatoria e senza freni. Fu una grande gioia anche se eravamo solo agli ottavi dell'Europa League. Questo perché giocare a Firenze con

... i ricordi sono stampati nella testa con l'inchiostro più indelebile...

la Fiorentina per noi Juventini è sempre qualcosa di speciale - come quando si gioca con l'Inter – e vincere a casa loro, ti fa gioire ancora di più! Finì 0-1, e la Juve passò il turno accedendo ai quarti di finale, nei quali si sarebbe dovuta confrontare con il Lione. Questa prima partita, che ho brevemente raccontato, è stata la prima che grazie a Paolo Paoloni, presidente dello Juventus Club di Jesi, sono riuscito a fare in autobus e in autonomia, ma riflettendoci meglio, non è stata la prima partita in assoluto della Juve a cui ho assistito. Ce n'è stata un'altra molto tempo prima. Correva l'anno 2003, il 18 ottobre ad Ancona si giocava la 6a giornata di Seria A, ero piccolo, avevo solo 11 anni, ma i ricordi sono stampati nella mia testa con l'inchiostro più indelebile che l'uomo abbia mai inventato. Era la mia prima partita in uno stadio. E mi trovavo con tutta la mia famiglia in una cornice di pubblico da tutto esaurito. Non ho più visto il "Del Conero" così gremito come lo fu in quell'occasione. Si giocò la sera alle 20.30, l'allora allenatore della Juventus era Marcello Lippi. Ci furono molti gol: aprì le danze la Juventus con Miccoli al 29', poi fu ancora la Juve a segnare la seconda e la terza marcatura dell'incontro con Zambrotta al 44' e al 4' del secondo tempo sempre con Miccoli, che segnò la sua doppietta personale. L'Ancona, nonostante navigasse già dalle prime giornate di campionato in bassa classifica, non si arrese e accorciò le distanze prima con Vialli al 12' della ripresa e poi con Ganz al 46' del secondo tempo, praticamente in "zona Cesarini" ma purtroppo per l'Ancona, e per fortuna della Juve, non riuscì a raggiungere il pareggio. Finì 2-3 e la Juventus si portò a casa 3 punti preziosi per il proseguo della stagione. Fu una sensazione unica andare quel giorno a vedere la Juventus, per due motivi ben precisi: il primo ha a che fare direttamente con la partita perché è difficile descrivere le emozioni che un ragazzino a 11 anni può provare nel veder giocare grandi calciatori a pochi metri di distanza, e con tutte quelle persone intorno che cantano cori e incitano i propri beniamini, penso proprio che sia una cosa che tutti gli appassionati di questo bellissimo sport dovrebbero provare almeno una volta nella loro vita, la seconda motivazione è più personale, infatti riguarda il fatto che il 18 ottobre era il compleanno di mio padre, recentemente scomparso a causa del Coronavirus, questo nemico comune silenzioso che ci ha fatto a tutti molto male, anche se in diversi modi. Quindi considerato il periodo che stiamo attraversando, mi sembrava d'obbligo ricordare quella partita e con essa ricordarmi anche di mio babbo, al quale sarebbe piaciuto tanto rivedere un'altra emozionante partita della Juventus come lo è stata quella di 17 anni fa.
(Giulio Argentati)

In giovane età mi sono recato per la prima volta allo stadio Comunale di Torino dove giocava la mia Juventus. Fra tutte le cose che ho fatto e visto, una ha segnato il mio percorso da tifoso: un giorno sono andato incontro ad un tifoso ultrà che vendeva sciarpe, fra le tante una mi ha colpito in particolar modo, e recitava la scritta "IL VOSTRO ODIO CI RENDERÀ PIÙ FORTI", ero talmente piccolo e ingenuo che non capivo il significato della frase. Il tempo mi ha dato tutte le risposte che volevo. Quella frase mi ha accompagnato e tutt'ora mi accompagna sia nella crescita sociale che in quella sportiva. *(Luca Azzolini)*

IVANO BONETTI

Nato a Brescia il 01/08/1964
Nella Juve dal 1985 al 1987 (35 presenze, 2 goal)
1 Scudetto, 1 Coppa Intercontinentale

Esordio: 21/08/1985 PERUGIA-JUVENTUS 0 - 0
Stadio Renato Curi

"Nella stagione 84-85 giocavo nel Genoa. Nell'aprile del 1985, il direttore sportivo mi chiese di accompagnarlo a Torino per "delle commissioni", non capivo perché avesse chiesto proprio a me, fin quando arrivammo al campo della SI Sport dove mi presentò, in maniera del tutto inaspettata, il dottor Giuliano che mi portò nell'ufficio di Boniperti. L'emozione più grande della mia carriera bianconera che posso raccontare è proprio collegata a quel giorno, perché fu il giorno della firma del primo accordo con la Juventus, in pratica la realizzazione del sogno di un ragazzo tifoso, che va a giocare nella sua squadra del cuore. La pratica della firma fu piuttosto sbrigativa, dopo aver firmato non stavo più nella pelle e per realizzare ciò che mi era appena successo, andai a fare una passeggiata lungo il Po. Da quel giorno avevo il compito professionale di concludere al meglio il campionato con il Genoa, consapevole del fatto che in estate avrei finalmente vestito la maglia bianconera. Quell'anno insieme a me, arrivarono molti giovani tra cui Caricola, Pin, Pacioni e Pioli. Fummo accolti benissimo dalla società e dai tifosi grazie anche al sostegno dei grandi campioni che ci fecero sentire subito parte integrante dell'ambiente Juve. Pur giocando accanto a calciatori come Scirea, Cabrini, Tardelli e Platini mi sentivo infatti di giocare con degli amici, proprio come all'oratorio.

Il mio esordio in campionato fu il 10 novembre 1985 contro la Roma che battemmo 3-1 con goal di Mauro, Laudrup e Serena. Il caso volle che dall'altra parte, con la maglia giallorossa, ci fosse mio fratello Dario. È stato bellissimo vincere davanti ai suoi occhi perché ho sempre voluto emulare mio fratello maggiore.

Vestire la maglia della Juve era una grandissima responsabilità ma non solo, mi piace associare questa esperienza ad un'investitura: in quel grande club, una volta acquisita la sua mentalità, te la porti dentro per sempre. Compreso lo stile Juve, si inizia a dare il 100% perché non puoi sbagliare se sei alla Juve. Un'altra partita alla quale sono molto legato è quella del 17 maggio 1987. Battemmo il Brescia 3-2 sotto una pioggia battente. In quell'occasione segnai il mio ultimo goal in bianconero proprio nel giorno in cui Michel Platini disse addio al calcio. A fine partita, dopo l'applauso del Comunale tutto dedicato al re, brindammo negli spogliatoi con dello spumante servito in bicchieri di plastica.

Ivano Bonetti è stato un calciatore dai mille ruoli, di quelli definiti polivalenti ed ha meritato la maglia della Juve più di quanto i tifosi possano pensare. Arrivò in una Juve carica di campioni e ringraziò il presidente del Genoa Renzo Fossati di averlo spedito nell' "Università" del calcio.

MASSIMO BONINI

Nato a San Marino il 13/10/1959
Nella Juve dal 1981 al 1988 (296 presenze, 6 goal)
3 Scudetti, 1 Coppa Italia, 1 Coppa delle Coppe, 1 Supercoppa UEFA, 1 Coppa dei Campioni, 1 Coppa Intercontinentale

Esordio: 23/08/1981 RIMINI-JUVENTUS 1-3
Coppa Italia (Bilardi 9' - Bettega 26' - Virdis '59,'73)
Stadio Romeo Neri

Nella mia vita non avrei mai immaginato di diventare un calciatore. Giocavo a tennis ma mi divertivo moltissimo anche a giocare a calcio. Nessuno mi ha mai insegnato a giocare, mi veniva del tutto naturale perché per me era qualcosa di divertente. Credo infatti che divertimento e passione siano le due parole chiave per un calciatore. A 17 anni incontrai Arrigo Sacchi che mi fece fare un provino per il Bellaria con il quale iniziai la mia carriera calcistica. Passai poi al Forlì e in seguito al Cesena. A 21 anni realizzai il mio più grande sogno: la Juventus. Da bambino in camera avevo i poster dei grandi campioni bianconeri ed entrare a far parte della loro stessa squadra per me fu una grande emozione.

Dopo le varie partite estive, il 13 settembre 1981 esordii in serie A, proprio contro la mia ex squadra, cioè il Cesena. Vincemmo ben 6-1 con tripletta di Bettega, doppietta di Scirea e un goal di Fanna. Entrai all'inizio del secondo tempo sostituendo Tardelli. L'ansia non c'era perché prevalse decisamente la voglia di giocare e di mettermi in mostra.

La mia prima volta da titolare avvenne 3 giorni dopo a Glasgow contro il Celtic nei sedicesimi di finale della Coppa dei Campioni. Fu dopo questa partita

che mister Trapattoni iniziò a darmi più fiducia facendomi brillare. Nella stagione 82-83 ho ottenuto il Trofeo Bravo come miglior under 24 europeo.
Una partita che ricordo particolarmente è la finale di Coppa dei Campioni del 25 maggio 1983 contro l'Amburgo. Le premesse per ottenere il titolo c'erano tutte, avevamo infatti disputato un girone di andata e ritorno bellissimo riuscendo ad eliminare l'Aston Villa, detentrice del trofeo. Alla Juve c'erano ben 6 campioni del mondo e in più avevamo Platini e Boniek, considerati due fuoriclasse. Eravamo nettamente favoriti. Ricordo che mentre andavamo allo stadio, la strada era piena di tifosi Juventini. Purtroppo la partita non finì come avevamo pregustato perché non giocammo con la giusta grinta. Il campionato era terminato ad aprile, quindi avevamo passato più di un mese senza giocare, perdendo così l'equilibrio mentale, indispensabile per vincere.

La Juventus è una squadra di alto livello, nella quale ti pressano per dare il meglio. Non si gioca per arrivare secondi ma per vincere. E nelle 8 stagioni in cui ho indossato la maglia bianconera, facendo 192 presenze, ho perfettamente capito cosa significa.

L'Avvocato Agnelli era un personaggio unico e troppo avanti. La Juve era il suo "giocattolino" preferito. Gli brillavano gli occhi solo a nominarla. Ricordo che quando Trapattoni ci diceva che sarebbe venuto a farci visita a Villar Perosa, lo attendevamo nella sua villa con gli occhi all'insù; infatti arrivava in elicottero. A volte si presentava con delle foto che ritraevano qualche giocatore chiedendoci se ci avrebbe fatto piacere averlo in squadra.
Un compagno di squadra con il quale ero molto affine era Michel perché in lui vedevo la mia stessa grinta e determinazione. Giocava a calcio perché gli piaceva, facendo il suo senza mai lamentarsi e dicendo le cose in maniera naturale. Dovete sapere che durante la settimana le Roi non provava mai le punizioni, eppure quando era in campo le tirava piuttosto bene!
Per quanto riguarda Ronaldo, credo che sia un esempio per i ragazzi che giocano a calcio: è super determinato a fare goal, ogni volta che sbaglia un passaggio si arrabbia. È bello vederlo giocare perché trasmette emozioni positive. Si vede che dà il 100% perché vuole vincere.

Massimo Bonini è stato un mostro di continuità dalla corsa "intelligente" ed infaticabile. Cursore dai mille polmoni, recuperatore di palloni, sempre disponibile al sacrificio e ad aiutare i suoi compagni, Boniperti lo definì "Il nostro fantastico terzo straniero", agganciandosi al fatto che Massimo è nato a San Marino.

MASSIMO BRIASCHI

Nato a Lugo di Vicenza il 12 /05/1958
Alla Juve dal 1984 al 1987 (84 presenze e 29 goal).
1 Scudetto, 1 Supercoppa UEFA, 1 Coppa dei Campioni, 1 Coppa Intercontinentale.
In Nazionale U-21: 4 presenze

Esordio: 22/08/1984 JUVENTUS-PALERMO 6-0 Coppa Italia (Briaschi 8',26',59' - Cabrini 58' - Rossi P. 63' - Boniek 88') Stadio Comunale

Ero in vacanza con la mia famiglia quando mi arrivò una chiamata. Era Giampiero Boniperti che mi invitava ad andare alla Juventus. Era il 1984, giocavo nel Genoa e dovevo andare alla Lazio, c'era già l'accordo tra le due società ma, arrivata questa opportunità della Juve, mi impuntai per andare a Torino. Arrivai al posto di Giordano in quanto aveva rifiutato il contratto offerto da Boniperti. Giocare alla Juve è come un sogno che sai che difficilmente si realizzerà, quindi quando ci sono entrato, quasi non ci credevo.
Le ansie? Tantissime! La prima volta che sono entrato nello spogliatoio ero emozionatissimo ma già dopo 10 minuti mi fecero sentire come un di loro. Il primo a venirmi incontro è stato Scirea che mi ha aiutato a cancellare subito tutte le mie preoccupazioni. Come giocatore è conosciuto universalmente, ma forse non tutti conoscevano l'uomo. Gaetano aveva rispetto di tutti, era una persona straordinaria sotto tutti i punti di vista.
La mia prima partita con la maglia bianconera è stata un'amichevole pre campionato a Casale. È però l'esordio in Coppa Italia che ricordo con piacere. Nella partita contro il Palermo, infatti, segnai ben 3 goal cominciando la mia prima stagione nel migliore dei modi. Quell'anno realizzai più di 20 goal in tutte e 3 le competizioni. Uno di questi è storicamente ricordato perché il nu-

mero 3000 della Juve: per me è una bella soddisfazione che rimarrà impressa per sempre. Devo dire di essere in buona compagnia perché Vialli realizzò il numero 4000 e Cristiano Ronaldo il numero 5000.

Il 24 aprile 1985, nella semifinale di Coppa dei Campioni contro il Bordeaux, uno scontro con Battiston al 92esimo mi costò la lesione del crociato destro. I miei sogni di arrivare in alto hanno cominciato a sgretolarsi. Una settimana dopo, dovetti scendere in campo contro la Fiorentina perché Paolo Rossi si infortunò durante il riscaldamento. Riuscii a segnare un goal ma il ginocchio riprese a farmi male. L'intervento fu necessario e la mia carriera iniziò il suo declino. La Juve è una società che non si può permettere, giustamente, di aspettare nessuno e quindi fui schierato molto meno. La partita più bella in bianconero per me fu quella di Tokyo che mi rimise in campo.
Avevo avuto da poco l'infortunio quando dovevamo scendere in campo a Bruxelles per la finale di Coppa dei Campioni. Eravamo sul pullman pronti a partire quando salì il nostro massaggiatore De Maria che mi disse che l'Avvocato era al telefono e che voleva parlare con me. Pensai fosse uno scherzo ma quando scesi negli spogliatoi mi resi conto che era tutto vero. In quella telefonata mi chiese come stavo e se avrei giocato. Nonostante il mio rientro da un serio infortunio scesi in campo dal primo minuto.
Con mister Trapattoni andavo molto d'accordo. Ci lasciava del tutto liberi da ¾ di campo in avanti per darci modo di interpretare al meglio le nostre capacità offensive durante le partite e permettere un gioco fluido e libero, soprattutto in attacco. Era un gestore del gruppo meraviglioso, sapeva quando darti il bastone e quando la carota.
Con Platini avevo un rapporto bellissimo. Una volta mi ha addirittura prestato la sua Ferrari per andare a vedere una partita a Milano perché ero squalificato. Sapeva che quel tipo di auto mi piaceva particolarmente quindi mi disse di andare a casa sua a prendere le chiavi. È inutile spiegare le sue doti come calciatore, Michel era da ammirare durante gli allenamenti: faceva delle cose incredibili. Secondo me è stato il più grande giocatore di quegli anni, era un genio indiscusso.

Massimo Briaschi è stato un grande attaccante, sovente e sottovalutato; dotato di una rapidità fuori dal comune e di un tiro secco e preciso. Purtroppo, durante la sua esperienza bianconera è stato seriamente preso di mira dalla sfortuna, il grave infortunio patito contro il Bordeaux, di fatto ne ha compromesso la carriera.

L'attaccante vicentino ha lasciato un segno importante nel suo periodo bianconero realizzando molte reti decisive, con un unico rimpianto, quello di non aver potuto mostrarsi al meglio a causa della mancata assistenza da parte della buona sorte.

FABIO BRINI

Nato a Porto Sant'Elpidio l' 01/05/1957
Ex calciatore ed attuale allenatore del A.J. Fano

Giocare contro la Juventus è sempre stato affascinante ed emozionane, ho avuto la fortuna di incontrarla negli anni di serie A con l'Ascoli e poi all'Udinese e precisamente nel 1981/82 e nel 1982/83 con l'Ascoli. Nel primo anno vincemmo la partita di andata ad Ascoli con un goal di Nicolini, ebbi a fine gara il piacere di conoscere Dino Zoff, persona stupenda e soprattutto un riferimento nel difficile ruolo del portiere.

Giocammo la gara di ritorno a Torino e riuscimmo a pareggiare 1-1, al termine della gara venne vicino a me Zoff facendomi i complimenti e spronandomi a continuare a lavorare per migliorare ancora.
Nell'anno successivo 1982/83 ancora Ascoli-Juventus allo stadio di Ascoli gara di andata, stadio stracolmo 40.000 spettatori, atmosfera da brividi, riuscimmo a vincere quella gara con 2 goal di Novellino e Platini mi ricordo sbraitava in campo contro alcuni compagni perché non riusciva a giocare, tanto che solo su un calcio di punizione riuscì a rendersi pericoloso e a prendere il palo, dopo la gara nel corridoio degli spogliatoi prima di andare via mi incontrai con Zoff e scambiammo due parole che mi sono rimaste sempre

impresse: "lavora ancora di più perché ci potrebbero essere degli sviluppi nei tuoi riguardi da parte della Juventus".
Nella gara di ritorno la Juventus giocò una gara magistrale e perdemmo 5-0 con giocate di alta qualità e con grande concentrazione, ricordo ancora il goal di Platini che in palleggio superò due difensori per finire ancora con un pallonetto al sottoscritto in goal. Al termine della gara scoprimmo che la società aveva strigliato i giocatori perché l'Ascoli in tre gare su quattro in due stagioni aveva portato via cinque punti alla Juventus.

Quello che mi disse Zoff a proposito del mio futuro si verificò al termine della stagione 1982/83 quando la Juventus fece la richiesta alla società Ascoli calcio per il sottoscritto, purtroppo il trasferimento non avvenne per l'eccessiva richiesta economica. Ma questo mi spalancò le porte per approdare all'Udinese, un club che poco dopo il mio arrivo acquistò Zico, con un ambiente galvanizzato dal suo arrivo tanto da riempire lo stadio con i soli abbonati, vedere due fuoriclasse come Zico e Platini a confronto fu spettacolare per la gioia dei friulani e mia.
Nel settembre del 1983 in occasione dell'addio al calcio, Zoff mi invitò a Sanremo alla festa in suo onore, una grande soddisfazione per il sottoscritto per celebrare uno dei portieri più forti del mondo, in quella occasione erano presenti i portieri che avevano fatto la storia mondiale come Banks, Lev Jasin, Tomaszewski oltre a Castellini, Bordon, il sottoscritto e Borin.

SERGIO BRIO

Nato a Lecce il 19/08/1956
Nella Juve dal 1979 al 1990 (378 presenze, 24 goal)
4 Scudetti, 3 Coppa Italia, 1 Coppa delle Coppe,
1 Supercoppa UEFA, 1 Coppa dei Campioni,
1 Coppa Intercontinentale, 1 Coppa UEFA

Esordio: 18/03/1979 JUVENTUS-NAPOLI 1- 0
(Tardelli 49')
Stadio Comunale

La Juventus mi acquistò nel 1974 e mi mandò in prestito alla Pistoiese con la quale giocai 96 partite, due anni in C, poi passai in B. Finalmente nel 1979 arrivai alla Juve per sostituire Francesco Morini.

Il giorno della firma, quando Boniperti entrò nella stanza, mi disse che si aspettava molto da me dato che mi aveva fatto seguire nei miei 3 anni a Pistoia. Il primo periodo alla Juve, mi allenavo moltissimo ma giocavo poco. Il mister Trapattoni voleva a tutti i costi migliorarmi, per questo mi fermavo dopo gli allenamenti insieme a Cabrini proprio per perfezionare la nostra tecnica.

Il giorno del mio esordio arrivò il 18 marzo 1979 contro il Napoli che aveva Giuseppe Savoldi alias Mister Miliardo che io dovevo marcare. Ero emozionatissimo tant'è che la sera prima dormii pochissimo perché i pensieri erano tutti sulla partita. Il mio compagno di stanza Franco Causio, prima di scendere in campo mi disse che avrebbe giocato esclusivamente per permettermi di fare una grande partita. Cosa che accadde perché "rischiai" di fare goal grazie ad una palla passatami proprio dal Barone che non entrò per pochissimo. L'esordio andò piuttosto bene, vincemmo 1-0 con goal di Tardelli e Savoldi non spiccò perché la mia marcatura fu decisiva. Il mio primo goal arrivò ai quarti di Coppa Italia contro l'Inter giocati il 25 aprile 1979 che vincemmo 3-1.

Nelle semifinali di Coppa Italia contro il Catanzaro mi infortunai alla caviglia e fui ingessato. Nel giorno della finale contro il Palermo, tolsi il gesso e andai in panchina. I rosanero passarono in vantaggio durante il primo tempo. Negli spogliatoi Trapattoni, del tutto inaspettatamente, mi disse di entrare dandomi anche un ruolo per me inusuale: centravanti. Il mister, che per me fu come un padre, mi incoraggiò spronandomi a dare il meglio. Diedi il 100% e fui premiato verso il finale della partita: all' 83 riuscii a fare goal allungando la gara ai supplementari dove segnò Causio facendoci vincere la Coppa Italia.

Il trampoliere Sergio Brio ha disputato nella Juventus prestazioni di grande spessore sbagliando quasi mai una partita. Uno stopper vecchia maniera di quasi due metri, colonna della difesa di una Juventus vincente, in Nazionale non trovò lo spazio che avrebbe meritato, ma per Sergione questo non ha mai rappresentato un cruccio: "La mia Nazionale è stata la Juventus".

La mia prima partita è stata nella stagione 71/72 a Torino per Juventus-Milan terminata 1-1, con il vantaggio iniziale dei rossoneri annullato dal goal del pareggio dell'ex Sandro Salvadore verso il finale di gara. Ma ricordo con più enfasi la trasferta in terra di Jugoslavia per la finale di Coppa Campioni contro l'Ajax, purtroppo la prima delle 7 finali di Coppa Campioni NON VINTE. Con alcuni amici ferrovieri della mia città di Jesi ci siamo accordati per imbarcarci in viaggio in treno dalle Marche fino a Zagabria. Arrivammo verso le 12 del giorno prima della partita, e scesi dal treno ci dirigemmo verso l'hotel stanchi morti, ma vogliosi di girare in città per fare i turisti. Rammento che nel nostro stesso albergo alloggiavano molti tifosi olandesi, e in città giravamo anche insieme a loro. Il giorno successivo al risveglio andammo verso Belgrado, anche questa una bella città, ma il nostro girovagare da turisti fu breve, tanta era la voglia di entrare allo stadio per assistere a quella importantissima partita. Non facemmo in tempo nemmeno a gustare la maestosità di quell'impianto (all'epoca uno dei più capienti) che al 5' circa il capelluto Johnny Rep gelò il pubblico Juventino e questo fu il goal decisivo. La Juventus provò in mille modi di recuperare il risultato. Ricordo bene un netto fallo subito nella loro area dal tedesco Helmut Haller che poteva essere sanzionato con un calcio di rigore e riportarci in parità. Con un pareggio, la partita si sarebbe ripetuta il giorno dopo (era così il regolamento di allora). Ma posso affermare che la squadra olandese aveva più potenzialità della nostra Juventus e adesso penso che quella fosse la finale persa in maniera più indolore. Il viaggio di ritorno fu triste e amaro ma ci regalò amicizie tra tifosi bianconeri che ancora oggi conservo. Negli anni successivi insieme a Paolo Paoloni e ad altri 5 o 6 amici malati di Juve fondammo il Club Juventus di Jesi. Una volta partorita l'idea discutemmo spesso riguardo al nome da affibbiare al nuovo club, chi optava per titolarlo ad un giocatore prestigioso chi ad un altro eroe bianconero, alla fine decidemmo di comune accordo di denominarlo Juventus Club 2 stelle. Ne è passata di acqua sotto i ponti, adesso siamo quasi arrivati alla conquista della QUARTA stella. La Juventus ha continuato a vincere in Italia e in Europa. Ho visto tutte le finali delle coppe europee disputate dalla mia Juventus, con alterne fortune nel risultato. Ma almeno è stata la scusa principale per girare il vecchio continente. La Juventus o si ama o si odia e io faccio parte di quelli innamorati.
(Giorgio Baccani)

Il giorno successivo al risveglio andammo verso Belgrado, anche questa una bella città, ma il nostro girovagare da turisti fu breve tanta era la voglia di entrare allo stadio...

Novembre 1968 derby della Mole. Partenza da Jesi praticamente a mezzanotte, cuore in subbuglio, finalmente a vedere la mia amata Juve, amata da sempre, ero innamorato di Omar Enrique Sivori nato a San Nicolas de los Arroyos dove viveva il fratello di mia madre, purtroppo Sivori non era più a Torino, ma quel giorno ho scoperto una altro amore: Pietruzzo! Adrenalina alle stelle, dopo un estenuante viaggio in Fiat 1100 sono nei pressi dello stadio e già al settimo cielo, tutte quelle bandiere e il folklore dei tifosi mi affascinava, una volta entrati sono rimasto paralizzato dall'entusiasmo del pubblico, mancava più di un'ora all'ini-

zio. Pronti via... Menichelli gol, una bolgia indescrivibile. Della partita ricordo che il Toro riuscì a pareggiare e quando la gente iniziava ad alzarsi per uscire borbottando la delusione, Pietruzzo, da lontano (cosa rara) indovina un tiro di rara precisione.Non ho capito più niente fino alla sosta in autogrill sulla strada del ritorno.
(Sauro Bacci)

Per molti anni ho ospitato le squadre di serie A che venivano in trasferta nelle Marche ad Ascoli,a San Benedetto e ad Ancona. Fino a qui nulla di speciale, se non proprio la prima volta. Fu infatti la prima occasione di ospitare una squadra, davvero indimenticabile e si trattò proprio della mia cara Juve. Era estate, avevo l'hotel pieno di turisti ed ero molto tranquillo e soddisfatto. Poi mi chiamò Romagnoli con una richiesta un tantino strana: "caro Mario ho bisogno dell'hotel per il pomeriggio di domani" mi disse. "Impossibile" risposi. Poi dopo qualche secondo tra l'incredulo e il mistico dissi di sì, di cuore e senza riflettere "Si può fare". Il giorno dopo avvisai i miei ospiti della situazione e tutti collaborarono per liberare le stanze per qualche ora, ero riuscito a coinvolgerli. La squadra arrivò, mangiò e si riposò ma qualcuno dei giocatori rimase un po' incuriosito e perplesso di tanta tranquillità in piena estate, tanto che cercò di aprire una porta che doveva restare chiusa e fu sommerso dalle valigie di chi aveva gentilmente offerto la sua stanza. Naturalmente avevo cambiato lenzuola e tutto il resto, avevo fatto sparire tutti gli ospiti, ma sinceramente non potevo smaterializzare i bagagli! Il pomeriggio passò liscio ma la serata ci riservò un'altra sorpresa: un dirigente lasciò una valigetta alla reception e dopo un po' Romagnoli apparve in moto fin dentro l'hotel per riprenderla e tornare di corsa allo stadio.
(Mario Bagalini, proprietario dell'Hotel Caminetto)

1 aprile 2000 Juve/Lazio 0-1 non è stata la mia prima partita della Juve... ma sicuramente la prima partita con il club! Ci facemmo accompagnare dai nostri genitori prima a Recanati (pare che ci fosse un club della Juve), ma l'unico club avevo chiuso da poco e ci consigliarono "Mazzangrugno". Telefonammo ad un certo ristorante e ci facemmo passare un certo Paolo: "venite su stasera e parliamo"... Poi da lì in avanti la storia la conosciamo.
(Emanuele Baldassarri)

Avevo 7 anni, naturalmente con mio Padre, tribuna Monte Mario, prime file basse lato sud, ultima di campionato '73: Roma-Juve. Gol di Altafini e Cuccu, mentre il Milan cadeva a Verona e fu scudetto. Non ho dormito per settimane. Credo sia stata una delle due sole partite viste in tribuna.
(Stefano Baldassarri)

Ricordo benissimo la mia prima volta con la mia amata Juve. Una mattina mio padre mi sveglia e mi dice: "Forza, alzati che andiamo a Bologna a vedere la Juve". Rimango fermo, incredulo, senza parole, le uniche sono "DAVVERO???" Praticamente in 5 minuti mi lavo, faccio colazione e mi vesto ed in men che non si dica, mi ritrovo pronto sull'uscio di casa con la mia immancabile sciarpa bianconera. Devo ringraziare mio padre per la fede che mi ha trasmesso e nonostante le limitate possibilità economiche ogni tanto mi portava a vedere la Juve, chiaramente sempre in trasferta e vicino a casa. Per noi Torino era un viaggio troppo lungo. L'eccitazione è così tanta che il viaggio sembra non finire mai. Chiedo continuamente

ed instancabilmente quanto manca all'arrivo. Non ho ancora 12 anni: è il 16 aprile del 1978. All'arrivo, iniziano a tremarmi le gambe solo nel vedere lo stadio dall'esterno. Che emozione! Entro in curva, chiaramente quella della Juve, e rimango pietrificato nel vedere il terreno di gioco e tutto quello che c'è intorno ad esso. Mi sembra di vivere un sogno. I miei idoli, i miei giocatori preferiti sono lì, a pochi passi da me: Zoff, Scirea,Tardelli e Bettega. Della partita ricordo poco, solo il gol di Gentile con un tiro da fuori area proprio sotto la nostra curva ed il pareggio del Bologna avvenuto poco dopo. Nonostante siano passati 42 anni, ricordo di aver detto che quello era stato il più bel giorno della mia vita e mio padre mi disse: "Tranquillo figliolo, con la Juve ne vivrai tanti altri".
(Massimo Balducci)

Era l'estate del 1997 quando ho deciso di partire con la mia famiglia per Chatillon dove la mia Juve era in ritiro. Allora era tutto molto più semplice, i giocatori la sera uscivano e durante la giornata ho avuto la fortuna di assistere agli allenamenti dalla panchina, peccato che non avevo ancora il cellulare. Del Piero, Tacchinardi, Inzaghi, Peruzzi, Di Livio, Rampulla etc... quanti bei ricordi. Durante quella settimana, la Juve festeggiava i 100 anni allo stadio delle Alpi e naturalmente noi ci siamo andati. Ricordo che Martina Colombari era la madrina della manifestazione, e ricordo tanta gente, tante bandiere e tanta, tanta emozione. Invece la mia prima partita ufficiale l'ho vista nel 2001 Bologna Juve. Sono partita in treno da Senigallia, con i miei amici... sciarpa al collo cappellino e biglietti alla mano. Vedere la Juve giocare in campo è stato così bello e ed emozionante che da allora non ho più smesso.
(Katiuscia Balducci)

Una mattina mio padre mi sveglia e mi dice: Forza, alzati che andiamo a Bologna a vedere la Juve. Rimango fermo, incredulo, senza parole, le uniche sono "davvero??????"

Partiamo di buon ora da Jesi su una vecchia Alfasud, mi tremano le gambe e il mio cuore era gonfio di gioia, finalmente vado ad ammirare i miei eroi in maglia bianconera che, fino a quel momento, avevo seguito grazie ad Hurrà Juventus che Babbo Giancarlo mi comprava sistematicamente in edicola; ricordo che prima di leggerlo lo annusavo per quanto mi piaceva il suo odore. Era il 28 Aprile 1974 e già a soli 7 anni l'amore per la Vecchia Signora era sbocciato, anzi forse no, sicuramente era nato insieme a me. Sotto una pioggia battente in una San Siro ancora con 2 soli anelli mi accingo a vedere per la prima volta la mia Juventus dal vivo e cosa ancora più bella è che ad accompagnarmi allo stadio è mio zio Antonio, tifoso interista insieme alla moglie Nadia tifosissima Juventina. Siamo nella curva neroazzurra ed io purtroppo la partita non riesco a vederla, perché il pubblico è tutto in piedi con gli ombrellli aperti e per me così piccolino era impossibile vedere il terreno di gioco ma i 2 gol di Roberto Bettega, raccontati da mio zio interista, e confermati dal tabellone elettronico dello stadio avevano un sapore ancora più bello e profondo. Non vedevo l'ora che l'arbitro Michelotti di Parma fischiasse la fine della gara e quando questo è finalmente successo io mi immaginavo in mezzo al campo a salutare timidamente e rispettosamente uno ad uno i miei Eroi.
(Luca Ballarini)

Purtroppo non sono un grande narratore tuttavia ti posso raccontare qualche flash. Mi viene in mente di aver assistito a Juve Inter 2 a 0 con l'esordio più o meno di Gentile, in quell inter c'era Mazzola. Mi ricordo un Juve Barcellona resa famosa per gli errori clamorosi di Pacione, vicino a noi c'era l'ex arbitro Casarin perché avevamo avuto tramite un amico influente biglietti in tribuna numerata. Mi ricordo di un amichevole a San Benedetto con una squadra spagnola, forse l'atletico di Bilbao l'allenatore era di sicuramente Bielsa che camminava come un matto lungo la linea del campo e il boato di tutti noi alla prima palla toccata da Jan Rush appena acquistato. Poi purtroppo la tragedia dell'Heisel dove sono fuggito verso il centro campo per poi saltare verso la tribuna autorità dove c'era De Michelis che credo allora ministro degli esteri che rassicurava tutti con la sua faccia di m... che era tutto sotto controllo. *(Paolo Barbacelli)*

1982. Bologna-Juventus 0-0. In casa mia si viveva di calcio, mio padre interista, io scelsi la Juventus, papà se ne fece una ragione. Un giorno a pranzo rientrato da scuola mi trovai sul piatto il biglietto per andare a vedere la mia Juve, avevo 12 anni. La mia preoccupazione, giocando fuori casa,

Nel 1986 alla nascita del mio secondogenito non ho avuto dubbi sul nome da mettere: Michel!!

non avrei potuto incitare la squadra, essendo abituato alle calde trasferte di calcio minore ma mio padre mi rassicurò, a Bologna non c'erano di questi problemi (oggi non so). Partimmo a bordo della 131 Supermirafiori di papà, con Corrado Cantani titolare della toto ricevitoria accanto al nostro negozio e rosticceria, Davide Santarelli grossista e collega di Oreficeria e un certo Pelonara. Il tempo non era dei migliori, arrivammo fuori dal Dallara verso mezzogiorno, e dal baule estraemmo tutte le bontà saccheggiato da Corrado dal suo negozio, divorando il tutto frazionandoci tra cofano e baule con i passanti divertiti che auguravano buon appetito. Si entrò allo stadio settore distinti, appena entrato una signora vicina, tifosa della Juve, mi regalò una spilletta con la zebra e una stelletta (ancora per poco). Pioveva a dirotto, nessuno di noi si portò l'ombrello, a parte un KWay. Ci bagnammo come pulcini, mio padre inaugurò il giubbotto di montone, si annacquò al punto che si ridusse a mezze maniche. A detta di mio padre lo aveva pagato un milione, non fu una bugia, solo che a papà piaceva ingigantire, non mi stupirebbe se il prezzo pagato realmente fosse stato la metà. Le squadre in campo, la Juve schierava la formazione tipo con il solito ritornello Zoff, Gentile, Cabrini, Furino era squalificato giocò Bonini di San Marino, al posto del lungodegente Bettega giocava il giovanissimo Nanu Galderisi affiancato da Virdis, innescati dall'irlandese Liam Brady. Il Bologna disponeva delle bandiere come Zinetti tra i pali, con Paris e Colomba, davanti con Giuliano Fiorini giocava il diciassettenne Jesino Roberto Mancini. Lo straniero l'anonimo Herbert Neumann tedesco. Pioveva e smetteva, durante la pioggia con gli ombrelli aperti facevo fatica a vedere bene la partita, ma quando smetteva si sollecitava di chiudere agli spettatori davanti. Il signore davanti a noi, sordo ai richiami, fece spazientire mio padre, che prese l'ombrello del signore vicino e colpi l'ombrello del signore che mi toglieva la visuale, lui, voltandosi e notando questo omone grosso come una montagna si bloccò e si

girò come nulla fosse successo. Partita deludente per essere stata la mia prima volta con occasioni da gol vicine allo zero. Per ambo le compagini fu un anno storico. La Juve allo sprint finale con la Fiorentina vinse il ventesimo scudetto che regalò la stella col rigore di Brady, consapevole che avrebbe ceduto la maglia numero dieci a Michel Platini che in seguito ci deliziò per cinque anni. Mentre il Bologna come la Juve e l'Inter (il Milan retrocesse due anni prima per lo scandalo scommesse) sempre presente in Serie A, subì l'onta della retrocessione. Tornammo a casa ugualmente contenti, per la domenica trascorsa nell'insieme. Grazie Papà.
(Francesco Barboni)

Onestamente non ricordo se questa in assoluto è la prima partita che ho visto dal vivo della Juve. Sicuramente è la prima partita importante e bella che ho visto. Prima di allora solo amichevoli quando la Juve veniva nelle marche e poi solo in TV. Parlo del ritorno dei quarti di finale della Coppa dei Campioni tra Juventus-Aston Villa, disputata allo stadio comunale di Torino il 16 marzo 1983. Se me lo consentite prima però, vorrei raccontare un aneddoto che dimostra tutta la mia Juventinità! Erano le 19 circa del 10 febbraio 1980 stavo aspettando che nascesse il mio primogenito Lorenzo e, mentre guardavo sulla Rai la sintesi della partita di serie A Udinese-Juventus 1-3, a mia moglie sono iniziate le doglie e quindi la dovevo accompagnare con urgenza in ospedale (mio figlio è nato la mattina dopo). Stavo guardando la partita sul divano e ancora dovevo finire di vedere le bellissime reti segnate da Bobby-Goal Bettega e quindi ho pregato mia moglie di resistere ancora un po', di tenere duro cercando di convincerla che erano dei piccoli segnali ma poi non così allarmanti, come fossi il ginecologo. Solo alla mezzora del secondo tempo dopo il 3-0 segnato, con uno splendido tiro da Bobby-goal, su passaggio del barone Causio, ho preso l'auto e l'ho accompagnata in ospedale. Naturalmente non ho aspettato di vedere il goal dell'Udinese mi sembrava troppo. Ancora mia moglie me lo rinfaccia parlando con i nostri figli. Detto ciò invece torniamo alla sfida Juventus-Arsenal giocata al comunale di Torino il 16 marzo 1983. Ricordo una giornata con tantissima pioggia e dopo il lungo viaggio con il Pullman da Jesi a Torino, tutti in fila davanti allo stadio per poter prendere un posto migliore, visto che allora non c'erano i posti numerati. Pioveva che Dio la mandi e nonostante l'ombrello e l'impermeabile di plastica trasparente ero tutto bagnato, solo alle 18,30 circa hanno aperto gli accessi. Mi ricordo che era tanta la ressa per entrare che dalle spinte improvvisamente mi sono trovato a ridosso delle barriere di ferro poste all'entrata per delimitare gli accessi. Fortuna che a quel tempo ero giovane e abbastanza atletico, per cui con un balzo sono riuscito a saltare la barriera evitando di rimanere incastrato. A parte questa disavventura e il tempo inclemente per il resto uno spettacolo unico. La Juve di quella annata era strepitosa e, come molti dicono, penso sia stata una delle squadre più forti mai avute. Stadio strapieno, alla lettura della formazione un'ovazione memorabile: Zoff, Gentile, Cabrini, Bonini, Brio, Scrirea, Bettega-Tardelli, Rossi, Michael Platini, le Roi-Boniek. Avevamo dato spettacolo in Europa. La Juve veniva della strepitosa vittoria allo stadio Villa Park di Birminghan 2-1 contro la detentrice della Coppa Campioni e, tutti noi tifosi eravamo eccitati e sicuri che avevamo una squadra per poter vincere la tanto desiderata Coppa. Ricordo che nonostante il campo bagnato la Juve era in grandissima serata, azioni su azioni e già al 14' in goal con un tiro di Platini e una papera colossale del portiere inglese. Ricordo in maniera particolare uno duetto tra Platini e Rossi che con un colpo si tacco libera Michel dentro l'area, controllo e cross rasoterra che la difesa avversaria libera con molto affanno e soprattutto fortuna. Come sempre uno strepitoso Michel Platini due goal e splendide iniziative. Le sue giocate un connubio di intelligenza, tecnica e furbizia che non ho più visto in nessun altro giocatore e non parlo solo della Juve. Ci sono goal pesanti e i suoi erano anche goal PENSANTI! Secondo me il più grande giocatore n.10 che ha avuto la Juve (mi scuseranno gli altri). Nel 1986 alla nascita del mio secondogenito non ho avuto dubbi sul nome da mettere: Michel! Grande comunque anche il goal di Tardelli su cross di un sempre geniale Pablito, anche lui insieme a Bettega nella "Hall of Super Intelligent Players" con Platini capitano. Che dire... una grande partita una grande squadra, in quell'annata mai persa una partita della Coppa dei Campioni, dando spettacolo in tutta Europa. Purtroppo però abbiamo perso la finale di Atene e ancora oggi mi domando come abbiamo fatto, sembrava impossibile. Però, visto che ero presente, lo so come abbiamo fatto e anche perché, ma me lo tengo per me perché amo tutti quelli che hanno lottato per questa maglia, che siano presidenti, dirigenti, allenatori o giocatori. Con i nostri difetti siamo sempre e comunque i migliori al mondo! Fino alla Fine Forza Juventus! *(Damiano Bastianelli)*

Era il lontano 14 Marzo del 2004 quando decisi insieme ad un amico di andare a Torino a vedere la Juve, precisamentee Juve-Milan. Partimmo alle 10 circa dal casello di Ancona Nord, euforici emozionati con l'adrenalina a mille pieni di sciarpe e bandiere. All'epoca non c'erano famiglie ma solo ultras, quindi delirio anche dentro il pullman. A parte qualche piccola sosta, il viaggio di 535 km sembrò finire in un attimo... ad un certo punto, usciti dall'autostrada, prendemmo il raccordo, poi la scritta stadio e subito iniziarono i cori. All'epoca lo stadium non era neanche nelle idee della presidenza, ma il Delle Alpi parlava d'amore... una solo storia d'amore quella tra una navicella spaziale e una bella e Vecchia Signora che faceva e fa piangere tutti i nostri cuori bianconeri. Curva Sud, dove c'è la Juve, dove si canta, dove l'emozioni sono incontenibili, difficile da spiegare. Scalinata di non so quanti gradini, poi il cielo, sguardo che punta verso il campo, si apre un'arena, si apre un tempio e parte il coro: Milan merda alè... Milan merda alè... uno dei momenti più belli della mia vita... anche se il più bello si chiama Del Piero di punizione al minuto 84 di un bel 12 febbraio 2006... il cuore mi lasciò per qualche istante per poi riprendere a cantare: Juve, Juve, olè olè olè Juve Juve. Tu chiamale se vuoi... EMOZIONI. *(Lorenzo Bellagamba)*

... Avevo 13 anni, ma la storia del mio grande amore era già cominciata...

Anzolin, Gori, Leoncini, Bercellino, Castano, Salvadore, Favalli, Del Sol, Zigoni, Cinesinho, Menichelli! L'altoparlante aveva da poco scandito i nomi dei miei beniamini. Il mio cuore di ragazzino di nove anni batteva già all'impazzata, per subire un'ulteriore accelerata quando le splendide casacche bianconere con il numero rosso sulle spalle fecero il loro ingresso in campo, in un Comunale "gremito in ogni ordine di posti" in una splendida domenica di maggio caratterizzata da "una ventilazione apprezzabile", tanto per citare il compianto Sandro Ciotti, vero artista delle radiocronache di un tempo che fu (e di un calcio che non c'è più...). Era la mia prima volta allo stadio. Raccoglievo i frutti di almeno un paio di anni di battaglie con i miei genitori che ad ogni mia richiesta di essere da loro accompagnato a "vedere la Juve" si inventavano una scusa per non accontentarmi. Una volta il troppo freddo, una volta l'impegno di papà, una volta un cattivo voto a scuola, una volta.... Finalmente ce l'avevo fatta, ma per riuscirci, dovetti ricorrere alla mia amicizia con un compagno di giochi interista che riuscì a convincere la madre a dichiararsi disponibile ad accompagnare entrambi: dopo un consiglio di famiglia ottenni il sospirato lasciapassare! I miei occhi erano rapiti da quei colori, il bianco e il nero, simboli dell'Assoluto, che scintillavano su quel campo verde inondato di sole. In porta il mio idolo, Roberto Anzolin in maglia nera e mani nude, non certo un gigante, ma dotato di rapidità e riflessi felini. Della partita ricordo poco, ma ho ancora nelle orecchie il boato che immediatamente seguì il gol di Favalli poco prima della mezz'ora del secondo tempo. Non fu un bel gol, fu un facile tocco sottoporta con il palo a fornirgli un ghiotto assist dopo un tocco aereo a metà tra Guarneri e Zigoni. Gol, gol, gol Fui travolto dall'abbraccio di un omone di mezza età che mi strinse forte con trasporto come probabilmente non aveva mai fatto neanche con suo figlio (ammesso che mai lo avesse avuto). La madre del mio amico, indispettita per tanto ardore, lo riprese, anche perché temeva per la mia incolumità. Ero felice, felice come solo quando la tua squadra del cuore segna, puoi esserlo (ancora adesso, che da un paio di primavere ho superato i sessanta, non riesco a trovare qualcosa che mi dia un'emozione minimamente accostabile a quella di una rete della mia Juventus... e mia moglie continua a non capire ed io non

Il mio cuore di ragazzino di nove anni batteva già all'impazzata per subire un'ulteriore accelerata quando le splendide casacche bianconere con il numero rosso sulle spalle fecero il loro ingresso in campo...

ho più voglia di spiegarglielo). Con quel gol vincemmo la partita e ci portammo a tre giornate dalla fine del Campionato a soli due punti dall'Inter che restava dunque capolista, ma con il fiato della Vecchia Signora sempre più sul collo. Quella stagione si concluderà poi con il nostro successo all'ultima giornata, in un insolito giovedì nel tardo pomeriggio. L'Inter cadeva a Mantova e la Juve, con una vittoria di misura sulla Lazio, conquistava il tredicesimo scudetto. Il mio primo da "protagonista". Quella notte, per me, non fu facile prendere sonno, ma l'emozione di quel pomeriggio da favola era troppo intensa per consentirmi di chiudere gli occhi facilmente. Mi addormentai stringendo tra le mani un cappellino bianconero. L'omone a fine partita aveva voluto farsi perdonare, per quell'abbraccio un po'scomposto. Era il 7 maggio 1967. *(Giancesare Bertone)*

Mi chiamo Iuliana Bodnari Presidente del Comitato "Per Non Dimenticare Heysel" di Reggio Emilia e membro del JOFC "Gaetano Scirea" di Bologna. La mia prima volta in as-

... la nostalgia di quella prima volta, di quel calcio più umano, fatto di radioline e giornali, di fame e leggerezza, rimarrà sempre dentro di me...

Terminata la partita non volevo uscire da lì, non volevo abbondare quel luogo magico, fatto di strepitose emozioni, brividi sulle braccia, lacrime negli occhi...

soluto allo Stadium fu il giorno dell'inaugurazione, 08.09.2011. Questo è il mio ricordo di quel giorno indimenticabile ed irripetibile per le emozioni . L'EVENTO. Partimmo da Reggio Emilia in macchina con altri amici, fu per me un tragitto lungo per la voglia di vedere il gioiello, tutti ne parlavano. Al Delle Alpi ci sono stata ma questo nuovo stadio voluto dalla società aveva un fascino speciale. Il nostro Alianz Stadium. Casa nostra. Non si può descrivere l'emozione varcando l'ingresso, eravamo nelle seconde file del settore EST. Quando è calato il silenzio, le luci smorzate, il Presidente Andrea Agnelli che poi incontrerò all'inaugurazione del Museum, sentire il suo discorso, il boato della gente al Welcome Home, è stato magico. Ero tra quelli fortunati allo Stadium e non ci potevo credere che stavo assistendo, partecipando al giorno in cui la storia si scriveva in quegli attimi, in quei momenti incancellabili, un nuovo inizio come si dice A brand new day. Ed io ero dentro in questo luogo sacro, un palcoscenico che diventerà casa mia . Il più grande spettacolo dopo il Big Bang era LO STADIUM. Le luci stroboscopiche, lo spettacolo inebriante, tutto intorno a me danzava, sprizzava allegria, gioia, felicità. E poi sul grande schermo immagini del passato, le vecchie glorie in campo, vedere tutti da così vicino è stato impressionante, Del Piero, Boniperti, era un sogno ad occhi aperti. Poi la partita tra Notts County e Juventus, un destino che aveva unito due squadre per una maglia . Quando alla fine le luci si spensero e rimasi seduta assimilando piano piano, l'adrenalina ancora a mille, un ronzio nelle orecchie, stordita dalla valanga di emozioni che mi aveva investita per tutta la sera e anche dopo nutrendo la mia anima per giorni a venire. Ritornai allo Stadium dopo qualche anno, nel 2014 per la partita Juventus vs Palermo il 26.10. E dissi a me stessa quel giorno "Bentornata a casa" ed è davvero così, tutte la volte mi dico: qui non mi può succedere nulla. Lo Stadium è il Tempio del Calcio, posso mettere la sciarpa al collo senza che sia aggredita, i miei colori sociali che amo senza per questo essere insultata. La partita finì 2 a 0 per la mia amata Juve con gol di Vidal e Llorente. Anche questo non si trova da nessun'altra parte, entrare... cantare tutti insieme l'inno... vedere un oceano di sciarpe bianconere. Tu chiamale emozioni! (Iuliana Bodnari)

Impossibile dimenticarsi la mia prima volta allo stadio, un bambino 9-10 anni, mio padre con degli amici di Torino riescono a prendere 50 biglietti per un Milan-Juventus, riempire un pullman per un barbiere di una piccola cittadina con molti amici non è un problema e allora si va tutti a San Siro. Pullman ultra confort, quelli di 45 anni fa, viaggio indimenticabile, 10 ore andata, 11 ore ritorno, ma non è un stato un problema, io piccolo, fuori dalle righe per l'emozione, mi ricordo di aver dormito andata e ritorno, abitudine coltivata anche oggi. San Siro, enorme per un bambino come me, un'emozione pura da togliere il fiato. La formazione non me la ricordo benissimo ma quell'Inter-Juventus con il 2-0 di Tardelli non me l'ho scorderò mai, Zoff tra i pali e Trapattoni in panchina sono le immagini della mia prima Juventus. *(Saverio Bongelli)*

La mia prima volta è stata Domenica 7 Maggio 2000, 33esima di campionato, la partita in questione Juventus-Parma, risultato 1-0, gol di Del Piero al 60'. Ricordo la partita con grande emozione e ci fu un fatto ad impreziosirla. Del Piero è stato sempre il mio giocatore preferito, come penso per molti bianconeri della mia generazione che sono cresciuti con lui; in quella partita, che venne decisa appunto da una sua rete, fu il suo ritorno al GOL su azione dopo il rientro dal brutto infortunio di Udine. Infatti nella stagione 1999/2000 in campionato i suoi gol erano arrivati solo su rigore prima di questo gol su azione che mi fece finire tutta la voce per la grande esultanza. La partita, poi come sai, divenne famosa anche per quel gol annullato a Cannavaro nei minuti finali. Ricordo anche che ad un certo punto del match eravamo virtualmente campioni d'Italia con noi in vantaggio e la Lazio che stava pareggiando 2 a 2 a Bologna. Purtroppo poi però perdemmo quel campionato in maniera ingiusta nella "piscina" di Perugia all'ultima giornata. Comunque fu proprio una bella esperienza e ricordo in particolare anche il colpo d'occhio sul vecchio delle Alpi guardando la partita dal terzo anello. *(Andrea Borgognoni)*

La mia "prima volta" con la Juventus è stata il 6 ottobre 1974 a Bologna, prima giornata del campionato 1974/1975, accompagnata dal mio papà che però era tifoso del Bologna. Purtroppo il risultato non ci è stato favorevole: Bologna 2 Juve 1 con il gol di Anastasi. Mi ricordo che indossavo la maglietta con il ritratto del grande Pietruzzo sul petto. Avevo 13 anni, ma la storia del mio grande amore era già cominciata. *(Marina Brandoni)*

La mia prima volta è stata nel Febbraio del 1995, Juve Napoli 1 a 0, gol di Ravanelli, un momento tanto atteso, un sogno che si stava per realizzare insieme all'amico di sempre con cui condividevo la passione per la Signora. Il viaggio interminabile ma bellissimo, diverso da quelli di adesso, senza telefonini ci si parlava di più anziché stare sempre a testa bassa, il rumore dei giornali che spesso passavano di mano in mano, le discussioni e le speranze per uno scudetto che mancava da anni. Poi finalmente l'arrivo allo stadio, la voglia di comprare tutto dalle bancarelle e soprattutto la meraviglia nel ritrovarsi davanti un posto visto e sognato tante volte alla tv. Al momento dell'ingresso, era così tanta la felicità che lì per lì non mi resi conto di quanto fosse lontano il campo dalla curva; per fortuna il gol lo fece il mio paesano Fabrizio Ravanelli, l'unico con i capelli bianchi e quindi riconoscibile anche da lontano! L'esultanza per quel gol è una delle cose di quel giorno che non ho mai dimenticato, poter festeggiare per la prima volta dal vivo, insieme a migliaia di sconosciuti, innamorati come te di quei colori è stata una delle sensazioni più belle che abbia mai vissuto, perché porta con sé quel senso di appartenenza che può capire solo chi lo sport lo vive davvero fino in fondo. Da

... ancora adesso, che da un paio di primavere ho superato i sessanta, non riesco a trovare qualcosa che mi dia un'emozione minimamente accostabile a quella di una rete della mia Juventus... e mia moglie continua a non capire ed io non ho più voglia di spiegarglielo...

allora ho smesso di contare le volte che sono stato allo stadio ma la nostalgia di quella prima volta, di quel calcio più umano, fatto di radioline e giornali, di fame e leggerezza, rimarrà sempre dentro di me.
(Leonardo Briziarelli - "Leomina")

La mia prima volta... era un sabato di tanti anni fa, avevo 17 anni e finalmente dopo tantissima attesa sono riuscita a realizzare il mio sogno: vedere la Juve, la mia Juve dal vivo, con i miei occhi. Ancora ricordo l'arrivo allo Stadio (S.Siro 01/11/2003 - Milan Juve), l'enorme emozione dell'attesa fuori dal cancello per entrare in curva, rigorosamente in curva perché non esiste posto migliore che essere tra il cuore del tifo bianconero... anche se oggi mi sono dovuta riconvertire in quanto andando allo stadio con tutta la famiglia composta da due bimbi (1 e 4 anni) devo optare per il settore family. Ritornando a quel giorno... appena ho messo piedi all'interno dello stadio ancora ricordo quella sensazione unica e meravigliosa nel vedere con i miei occhi la mia squadra, i miei giocatori, i miei idoli, Buffon, Trezeguet, Nedved. 90 minuti di gioco, la Juve che pareggia 1 a 1 con un gol di Di Vaio. Terminata la partita non volevo più uscire dallo stadio, non volevo abbondare quel luogo magico, fatto di strepitose emozioni, brividi sulle braccia, lacrime negli occhi. Ancora oggi scrivendo la mia prima volta sto riprovando parte di quelle emozioni... e le ho riprovate quando oramai circa 3 anni fa (per mia figlia Luna) e 6 mesi fa (per mio figlio Nico) ho portato loro per la loro prima volta allo Stadium. Entrambi avevano circa un anno e pur se ancora non parlavano, ho riconosciuto nei loro occhi e nei loro gesti l'emozione unica che si prova nel vedere la propria squadra del cuore scendere in campo. SEMPRE E FINO ALLE FINE FORZA Juve! *(Lucia Brunori)*

La mia prima volta allo stadio fu nell'agosto 1985. Perugia-Juventus Coppa Italia allo stadio Renati Curi. Era la Juve del Trap e di Platini ma Le Roi quella sera non giocò. Ho pochissimi ricordi, sono passati 35 anni.
(Francesco Bruschi)

La mia prima volta in uno stadio di serie A, per vedere naturalmente la Juventus, mia squadra del cuore dalla tenera età di 6/7 anni, è stata a Bologna nel lontano 2 maggio 1976. Avevo 18 anni, tempi diversi rispetto ad oggi, con meno possibilità, insieme a 4 amici falconaresi (2 Juventini, 1 bolognese, 1 interista) abbiamo preso il treno a Falconara e, con lo zaino pieno di panini, abbiamo intrapreso quest'avventura, colma di curiosità e di voglia di vedere dal vero, in diretta, i miei idoli sempre. Dal momento che è trascorso tanto tempo, non nascondo che i ricordi si sono un po' affievoliti, ma l'ingresso allo stadio, seguire il riscaldamento della squadra, è stata un'emozione unica. La nostra squadra, guidata da Carlo Parola, come sempre, era piena zeppa di campioni (Zoff, Gentile, Tardelli, Furino, Morini, Scirea, Causio, Cuccureddu, Gori, Capello, Bettega), alcuni dei quali sarebbero poi diventati campioni del mondo nel 1982. La partita è terminata 4 a 1 per noi con reti di Gori, pareggio bolognese di Massimelli, autogol del loro portiere Mancini per il nostro 2 a 1 ed infine doppietta di Bettega per arrotondare e chiudere la partita. Anche se si giocava a Bologna, lo stadio era pieno di noi tifosi Juventini esultanti, che, a parte la curva Andrea Costa (oggi Giacomo Bulgarelli) a totale appannaggio dei bolognesi, eravamo in tranquilla promiscuità con quelli del Bologna. È stata una giornata bellissima, emozionante per me 17enne alla prima esperienza in uno stadio "importante". *(Paolo Buffarini)*

ANGELO CASTRONARO

Nato a Porto Sant'Elpidio il 03/08/1952
Ex calciatore ed ex allenatore

Durante la mia carriera da calciatore, la Juventus ha segnato i momenti più importanti, e le occasioni più particolari.
Sono sempre stato tifoso Juventino ma ho affrontato la Juve solo da avversario, varie volte negli anni '70, e sempre con gli stessi colori: rossoblù! La prima volta da ragazzo con la Sambenedettese, poi da professionista con il Genoa e, infine, con la maglia del Bologna.
Nel campionato '77/'78 ho segnato uno dei miei gol più belli, proprio a Zoff, proprio a Torino, il gol del pareggio di quel Juventus Bologna finito 1-1.

"La Juventus è stata una delle ragioni
della mia vita. Amo questa squadra,
questa società e questi colori."
Roberto Bettega

"La Juve è qualcosa di più di una
squadra, non so dire cosa, ma sono
orgoglioso di farne parte."
Gaetano Scirea

FRANCO CAUSIO

Nato a Lecce l' 01/02/1949
Nella Juve dal 1967 al 1981 (447 presenze, 72 goal)
6 Scudetti, 1 Coppa Italia, 1 Coppa UEFA
In Nazionale: 63 presenze, 6 goal

Esordio: 21/01/1968 MANTOVA-JUVENTUS 0-0
Stadio Danilo Martelli

Eravamo a Mantova per la sedicesima giornata di campionato. Stavo passeggiando in centro con Cinesinho quando ci raggiunse il nostro massaggiatore che mi chiese di tornare in albergo perché Herrera voleva parlarmi. Andai nella sua camera e il mister mi comunicò che il giorno dopo mi avrebbe schierato tra i titolari insieme a Guido Onor, un altro giovane. Ricevuta quell'incredibile notizia, scesi le scale 3 gradini alla volta tanto ero felice.

Venivo da campionati minori con il Lecce e con la Sambenedettese, quindi per me esordire in serie A indossando la maglia della Juve, era un'opportunità fantastica. Ero piuttosto emozionato ma una volta sceso in campo riuscii a vincere l'ansia anche grazie all'incoraggiamento dei miei compagni più esperti. Fu uno 0-0 un po' scialbo ma questa partita per me ha avuto un particolare peso.

La partita più bella con la Juventus è stata quella del 23 aprile 1972, nel Derby d'Italia contro l'Inter, nella quale compii un capolavoro segnando una tripletta, una rete realizzata anche di testa che non era la mia specialità.
Sei giorni dopo questa splendida gara, ho avuto il piacere e l'onore di indos-

sare per la prima volta la maglia azzurra. Quella contro il Belgio è stata emozionante ma per me la partita più importante è stata il 17 maggio a Bucarest contro la Romania nella quale segnai il goal del momentaneo 3-2.

In Nazionale ho giocato molte partite importanti soprattutto durante il mondiale del '78 in Argentina. Nel 1982 mi laureo Campione del Mondo in Spagna, dove la fascia destra era dominata dal romanista Bruno Conti. Alla Juventus prima dell'arrivo CR7, ci fu il periodo di CF7.

Il Barone, come era soprannominato Franco Causio, si trasferì poi all'Udinese dove disputò tre campionati alla sua altezza totalizzando 83 partite e 11 goal.

ANTONELLO CUCCUREDDU

Nato ad Alghero il 04/10/1949
Alla Juve dal 1969 al 1981 (434 presenze, 39 goal)
Nello staff Juventus Primavera come allenatore dal 1990 al 1995 (1 Torneo Viareggio, 1 scudetto, 1 Coppa Italia)
6 Scudetti, 1 Coppa Italia, 1 Coppa UEFA
In Nazionale: 13 presenze

Esordio: 16/11/1969 CAGLIARI-JUVENTUS 1-1
(Domenghini 47' - Cuccureddu 89')
Stadio Sant'Elia

Giocavo nel Brescia neopromosso in serie A, era un bel periodo per la mia squadra ma il mister non mi schierava mai e sinceramente non ne capivo il motivo. Volevo una spiegazione ma ancor prima di chiederla, un dirigente mi spiegò che mi aveva cercato un'importante squadra, quella squadra era la Juventus che si era fortemente interessata a me in seguito ad un incontro di Coppa Italia nel quale marcai con successo il centrocampista Luis del Sol.
Appena mi fu rivelata questa proposta quasi sono svenuto perché la Juventus era, ed è tutt'ora, la mia squadra del cuore. Per questo vestire la maglia bianconera mi dava una grande emozione ed era motivo di grande orgoglio.
Nel periodo del mio debutto in bianconero, la Juventus non era ben messa in classifica. Non mi aspettavo certo di esordire proprio al Sant'Elia contro il Cagliari. La paura e l'ansia mi divoravano, ma appena entrato, tutte le sensazioni negative sono svanite. E devo ammettere che quel giorno mi è andata decisamente bene perché, sul finale della partita mi arrivò una palla buona e riuscii a segnare portando a casa un utile pareggio. Non riesco nemmeno a spiegare le emozioni che ho provato in quel momento: io sardo, in terra sarda, ho fatto goal al mio esordio con la maglia della mia squadra del cuore, contro il Cagliari di Gigi Riva che quello stesso anno si laureò Campione D'Italia.

Quel goal rappresentò una specie di trampolino di lancio per la Juventus che dopo questo, ha ottenuto ben 12 risultati positivi concludendo il campionato in pompa magna.

Si sa che la Juventus è una squadra con una storia piena zeppa di record, uno di questi, magari uno tra i più curiosi, è proprio il mio. Nella stagione 75-76 ho infatti giocato con ben sette differenti numeri di maglia: il 2, il 3, il 4, il 7, l'8, il 10 e infine l'11. Praticamente ho indossato quasi tutte le maglie, meno quella del portiere e poche altre, proprio perché sono stato un giocatore polivalente. Per qualsiasi allenatore avere a disposizione un calciatore adattabile a qualsiasi ruolo è una vera fortuna. Non lo dico per incensarmi ma un giocatore capace di ricoprire svariati ruoli di difesa e di centrocampo, come nel mio caso, ha bisogno mentalmente di essere disposto al sacrificio, oltre a dover avere buoni valori di fisicità e di corsa.

Anche alla Fiorentina dove arrivai dopo la Juventus ebbi modo di cimentarmi in varie posizioni del campo.
Prima di me e della mia "storia" i giornali parlavano di un certo Pietro Magni, un super jolly che aveva indossato tutti i numeri di maglia dall'1 all'11, Juventino anche lui per svariati anni. Dopo di me posso dire che Claudio Cesare Prandelli, ex Juventino ed ex allenatore della Nazionale, è stato uno dei giocatori più versatili del suo periodo.
Il ricordo più bello che conservo dei miei trascorsi alla Juventus è quello legato al mio goal a Roma il 20 maggio 1973, una rete a pochi minuti dalla fine, che ci permise di vincere 2-1 e aggiudicarci uno scudetto insperato grazie anche alla sorprendente sconfitta del Milan a Verona per 5-3 nella storica giornata ribattezzata anche (per loro) "Fatal Verona".

Ho passato 12 anni indimenticabili alla corte della Vecchia Signora portando a casa 6 scudetti, 1 Coppa Italia e, soprattutto, la Coppa UEFA a Bilbao nel 1977. Alla Juve ti insegnano tante cose che vanno oltre il campo di gioco, insegnamenti che ti rimangono per sempre e che mi sono serviti anche nella mia successiva carriera da allenatore.

Antonello Cuccureddu, il tamburino sardo, emblema di un modo di essere giocatore completo, di chi si adatta a stare in qualsiasi posto del campo, con risultati sempre eccellenti. Le sue capacità di adattamento ad ogni ruolo e ad ogni compito assegnatogli, lo hanno fatto diventare il jolly per eccellenza. La proverbiale staffilata dal limite di Cuccureddu, le sue punizioni a fulmicotone, lo hanno reso uno degli immortali della Juventus. Quando il numero di maglia dava un significato al ruolo dei calciatori, Antonello ha indossato in una stagione sette maglie diverse, POLIVALENTE e POLIFUNZIONALE.

MIRKO CUDINI

Nato a Sant'Elpidio a Mare l'01/09/1973
Ex calciatore ed attuale allenatore del Campobasso

Chiunque, credo, vorrebbe incontrare la Juve nell'arco della propria carriera e io ho avuto la fortuna di farlo diverse volte in serie A e anche nell'anno della B con il Vicenza (2-2). Devo dire che l'emozione è sempre particolare: a volte la sensazione era quella di impotenza contro quei grandi campioni, mentre altre volte ti portava a pensare che potevi ben figurare, ma poi il risultato era spesso a senso unico! Ricordo un Juve-Ascoli al delle Alpi dove facemmo un'ottima partita andando in vantaggio, poi però vinse la Juve 2-1. Ho anche partecipato al derby della Mole anche se dalla panchina... altra emozione unica! Al di là dei risultati, per me, ragazzo cresciuto in provincia, raccontare certe emozioni vissute contro una delle squadre più forti al mondo è sicuramente motivo di orgoglio.

La letteratura e la saggezza popolare ci insegnano che il Primo Amore non si scorda mai, e così è stato per me quel giorno che ho visto la Juventus allo Stadio per la prima volta, e quelle strisce bianconere da allora fanno parte del mio cromosoma. Era il 4 settembre 1974. Come ogni anno, mia madre che era Greca, portava tutta la famiglia a far visita ai miei parenti in Grecia. Trascorrevamo tutta l'estate prevalentemente ad Atene. Uno dei miei cugini era un giornalista sportivo e scriveva principalmente per la squadra di calcio più famosa di quella nazione: l'Olympiakos Pireo. Quell'anno capitò che la mia Juventus di cui ero già tifoso, avrebbe giocato una partita amichevole allo Stadio Karaiskakis al Pireo, proprio contro l'Olympiakos. Avevo undici anni, e il mio cugino giornalista Nikita, sapendo che ero Juventino, invitò me ed il mio papà ad andare insieme a vedere la partita. Un sogno. Vedere dal vivo una partita di calcio per la prima volta, vederla con gli occhi di un bambino, è un turbinio di emozioni che non si riesce a descrivere. Per me fu una cosa meravigliosa indimenticabile che ancora oggi a quasi cinquanta anni non mi abbandona, e che non voglio dimenticare. Giusto per la cronaca, vincemmo 4 a 2 con una doppietta di José Altafini. Ma la sorpresa non era finita, anzi! Grazie appunto a mio cugino, riuscimmo a scendere negli spogliatoi, e oltre a vederli da vicino, potemmo salire anche sull'autobus per completare la raccolta di autografi. Tra tutti voglio ricordare il più signore tra tutti i giocatori; il più gentile, il più sorridente, il mio idolo d'infanzia: Pietro Anastasi. Un Grande Campione, quel giorno l'unico vero. Questo perché come diceva l'immenso Totò: "Signori si nasce" e Anastasi credetemi "lo nacque"; perché se è vero che per essere Campioni bisogna dimostrarlo in campo, soprattutto è fondamentale dimostrarlo fuori, e in maniera maggiore con i piccoli tifosi.
(Leongiorgio Calogerà)

Inizio con il dire che quella che ho deciso di raccontare non è stata la mia "prima volta" allo stadio per vedere la Juve ma in realtà è la seconda. La prima volta fu un'amichevole estiva giocata ad agosto '97 a San Benedetto contro il Bayern Monaco e vinta 1-0 con gol di Inzaghi che non mi lasciò un segno indelebile. La partita che invece ricordo come la "vera prima volta" è Juve-Milan giocata al Delle Alpi domenica 14 aprile 2002, 31a giornata di quel campionato che terminerà, sappiamo tutti noi Juventini come, il 5 maggio 2002 ad Udine. Mi sembra ancora di sentire l'adrenalina della sera prima della partenza che mi ha fatto trascorrere la notte insonne, poi il viaggio in pullman con lo Juve Club di Jesi passato, tra una lotteria e qualche coro, a contare i chilometri che mancavano all'arrivo allo stadio. Poi l'arrivo, il biglietto dice Curva Nord Primo Livello, l'ingresso allo stadio, la marea di gente, i cori e il boato all'ingresso in campo per il riscaldamento della squadra... BRIVIDI! Inizia la partita, emozioni poche ad essere sincero, fino al 78' quando su una punizione di Del Piero Chamot decide di fare la cosa giusta e deviarla nella sua porta per l'1 a 0. Lo stadio esplode ed io, esultando ed urlando abbraccio mio padre e chiunque avessi vicino. Una gioia indescrivibile! Al triplice fischio il saluto della squadra sotto la curva e gli ultimi cori con il filo di voce rimasto e poi il rientro a casa... Grazie Vecchia Signora per questa giornata INDIMENTICABILE.
(Marco Campana)

Partita di finale di Coppa delle Coppe a Basilea in Svizzera per Juventus - Porto del 16 05 1984. Partenza da Jesi in 3 con FIAT Uno grigia la mattina alle 4 del giorno della gara. Ci aspettano 1550 km tra andata e ritorno senza pernottamento. L'entusiasmo, la curiosità e l'importanza dell'evento abbinati alla giovane età non possono certo fermarci. Controllo di sciarpe, magliette, bandiere e trombe e si parte! Viaggio e arrivo nel pomeriggio a Basilea direttamente allo stadio per la partita, foto ricordo durante il percorso e allo stadio St Jakob. Partita che vinciamo 2-1 grazie a Vignola (normalmente riserva di Platini) e Boniek su assist di Vignola. Gol portoghese di Antonio Sousa. Festeggiamenti e abbracci allo stadio, durante la premiazione e fuori dallo stadio. Un particolare che mi è rimasto molto impresso sono i volti sconsolati (a differenza dei nostri!) dei molti tifosi portoghesi che incrociavamo lungo le strade di uscita da Basilea. Li capisco, pensare di dover percorrere in auto o bus circa 1900 km dopo aver perso la finale, mentre i nostri canti e slogan ci hanno accompagnato per tutto il rientro, anche per tenerci svegli. *(Tonino Campana)*

Sono da sempre Juventino, dal profondo. Fin da piccolo partivo con il pullman, organizzato dal mitico presidente Paoloni, per vedere il mio grande amore: la Juve. Ho avuto la fortuna di vedere giocare tanti grandi calciatori che hanno fatto la storia della "mitica" Juve, ricordi tanti e belli. L'episodio che mi è rimasto più a cuore è stato il passaggio generazionale con mio figlio Mattia, attualmente dodicenne. Il primo anno di Conte siamo andati a Bardonecchia con la famiglia per il ritiro, dove abbiamo avuto la fortuna di stare a contatto con tanti giocatori. L'immagine più bella è mio figlio tra le braccia di Del Piero. Ho rivisto nei suoi occhi le stesse emozioni che io avevo provato il primo giorno che vidi la Juve. JuveNTINI SI NASCE, NON SI DIVENTA. *(Fabiano Canali)*

Mio padre viene a svegliarmi ma sono già in piedi da un pezzo. E chi ha chiuso occhio?! È da un pezzo che aspetto questo giorno, ho implorato i miei genitori per un anno intero, mi sono impegnata a scuola, ho cercato di comportarmi bene e finalmente quel giorno è arrivato, ci siamo... maglia e sciarpa al collo, il pullman che ci attende ad Ancona Nord, si parte. Odore di mortadella, chiacchiere, filmati amarcord, soste in autogrill, km infiniti, ansia e impazienza di arrivare ed ecco che finalmente il paesaggio piatto dell'autostrada muta, si iniziano a vedere le montagne, sono finalmente arrivata al "Delle Alpi". Quello stadio "brutto, lontano", lo stadio del "siete matti, si vede meglio in televisione, tutta quella strada per vedere dei pupetti". Eppure a me quel giorno quell'impianto grigio è sembrato bellissimo, imponente, elegante, in perfetta armonia col capoluogo sabaudo. Varco l'ingresso sicura, tenendo stretta la mano di babbo da una parte e di zia dall'altra, dentro tremo per l'emozione, prendo fiato, ancora qualche gradino e davanti a me si spalanca l'immensità: il verde del rettangolo di gioco che così grande e così verde da casa non sembra, il sottofondo chiassoso dei tifosi, la sensazione strana e al tempo stesso piacevole di non essere distratti da telecronache ma solo dall'ambiente circostante, un turbinio di rumori, luci, non sai cosa guardare, hai solo 90 minuti e vuoi assaporare tutto. E poi loro, i nostri eroi che scendono in campo per vincere, li riconosco tutti, li osservo, cerco di supportarli con tutta la forza che ho in gola, sembra che lo percepiscano, mi accorgo di come sia tutta un'altra cosa da "qua", quello che si prova è indescrivibile, ti senti utile e parte della squadra. E poi il gol... prima di partire speri di tornare a casa avendone visto almeno uno (nella porta giusta e magari siglato dal tuo idolo), aspetti quello di Pinturicchio e invece ti

...Mi sembra ancora di sentire l'adrenalina della sera prima della partenza che mi ha fatto trascorrere la notte insonne...

ritrovi ad esultare come una pazza per quello di "Soldatino" Di Livio, va bene così; è una goduria, abbracci i tuoi vicini di posto, salti, ti

...ho implorato i miei genitori per un anno intero, mi sono impegnata a scuola, ho cercato di comportarmi bene e finalmente quel giorno è arrivato, ci siamo... maglia e sciarpa al collo...

senti privata di ogni freno inibitorio, ti accorgi che emozioni del genere non hanno prezzo ed è solo dagli spalti che si può gustare e capire davvero e completamente questo magnifico spettacolo che è il calcio, questa fede che non tramonterà mai per quella maglia a strisce bianconere, e quel senso di orgoglio e di gioia che si prova nel cuore di far parte di una storia, di una leggenda, di un amore, la Juve. Juventus-Sampdoria 1-0, 29/09/1994, Delle Alpi.
(Vittoria Canestrari)

Già negli anni '70 ero uno degli abbonati più longevi della Juve e nel 1984 ebbi l'occasione di conoscere Giampiero Boniperti. Fu il giorno prima di un Ascoli Juventus, in albergo, grazie a Sergio Secco che ci presentò. Il presidente fu subito disponibilissimo e mi raccontò della sua passione per la caccia oltre che della squadra, naturalmente. La rosa di quegli anni era di notevole qualità, uno su tutti Platini. Fu così gentile che mi fece salutare anche tutti i giocatori. Da quella sera in poi ci sentivamo sempre per gli auguri di Natale. Fu una serata che ancora ricordo nei dettagli, a distanza di 36 anni! Boniperti sarà sempre una persona eccezionale e per me il più grande di sempre della Juventus.
(Eros Cappelletti)

La prima volta che ho visto la Juventus in campo è stato il 24 aprile 1991, Juventus-Barcellona allo Stadio Delle Alpi per la semifinale di ritorno della Coppa delle Coppe. Partito da Montecosaro, in provincia di Macerata in pullman insieme ad altri 50 tifosi, dopo 7 lunghe ore di viaggio ma comunque già emozionanti, scandite da cori e inneggiamenti, siamo arrivati allo stadio e una volta scesi dal pullman ricordo che tutti i miei compagni di viaggio si sono buttati a prato, chi a mangiare chi a rilassarsi, ma io sono scappato subito verso l'entrata dello stadio. Strada facendo arrivo all'ingresso dei giocatori ed aspetto l'arrivo dei nostri beniamini. Dopo 15 minuti di attesa arriva il pullman dei giocatori del Barcellona, all'inizio accompagnati all'ingresso da fischi poi al saluto del nostro ex Michel Laudrup è uscito anche qualche bell'applauso. Ero troppo ansioso di entrare allo stadio che non sono riuscito ad aspettare il loro arrivo e quindi sono scappato verso il mio ingresso per cercare di entrare il prima possibile. Sono stato uno dei primi ad entrare ed una volta dentro, lo stadio ancora vuoto, ma pieno di emozioni ci sono stati minuti di ansia, apnea e un susseguirsi di mille emozioni dopo aver visto l'immenso e bellissimo delle Alpi. Continuo a girarmi intorno con lo sguardo non so dove, perso nel vuoto, fino a che non vedo entrare alcuni giocatori e allora mi precipito nel centro della tribuna all'uscita dei giocatori che in giacca e cravatta testano le condizioni del campo e cercano la giusta concentrazione per affrontare la partita. Al loro rientro comincio ad incitarli così tanto che vedo avvicinarsi Il portierone Tacconi e Julio Cesar; allora allungo la mano e loro passando mi danno un cinque ed io incredulo guardo la mano e mi chiedo "Ma è vero o sto sognando?". Nel frattempo si comincia a riempire lo stadio di tifosi, bandiere, bandieroni e fumogeni che prima dell'inizio della partita scendono in pista per un giro completo, per una scenografia memorabile, che, anche il nostro telecronista Bruno Pizzul, definisce "super" dicendo che nemmeno nelle notti magiche di Roma (Italia 90) si era vista una così bella scenografia. Tra cori e sbandieramenti inizia la partita. Io ero ancora talmente preso da tutto lo stadio e dal riscaldamento di Schillaci ed era tutta un'ovazione davanti a me che, del gioco del primo tempo, sinceramente, non ricordo nulla. Inizia il secondo tempo e non avevo più la voce, dopo un quarto d'ora arriva il gol magistrale su punizione di Roberto Baggio e io stavo esplodendo - credo che il cuore abbia avuto un bel da fare. Dopo un po' è arrivata anche l'espulsione di Amor, tutto faceva sperare nella riuscita dell'impresa ma purtroppo non siamo riusciti a realizzare un altro gol che ci avrebbe portato alla finale. La partita finisce comunque con una bellissima vittoria che mi ha fatto uscire dallo stadio in lacrime, si lacrime di amarezza per l'uscita dalla competizione ma allo stesso tempo lacrime di gioia per la vittoria e la splendida ed indimenticabile serata che mi ha accompagnato fino al pullman. *(Fabio Cappelletti)*

23/05/2015 c'è chi per il giorno del suo ventesimo compleanno organizza una gran festa per trascorrere la giornata con gli amici, e chi decide di festeggiare in modo alternativo: così dopo aver ricevuto la stravagante proposta di suo zio a poco più di 12 ore prima della partenza per lo stadio, una quasi 20enne Juventina è pronta a godersi uno dei suoi più singolari compleanni. Confida che l'ora e mezza di partita annienterà la stanchezza delle quasi 16 ore di pullman per raggiungere la capitale piemontese e tornare a casa. L'indomani si parte, zainetto, sciarpa e maglia addosso e tanta, tanta carica. Si arriva davanti allo stadio e i 90 minuti che dovevano annientare la stanchezza del viaggio si trasformano

...mi accorgo di come sia tutta un'altra cosa da "qua", quello che si prova è indescrivibile, ti senti utile e parte della squadra. E poi il gol...

in 9 secondi: finalmente davanti si prospettano i piloni, icona e simbolo della struttura e la grande scritta: Juventus Football Club. Basta guardarli e la stanchezza non è mai esistita. L'emozione è già tanta, ma nulla in confronto a quella provata pochi minuti dopo: l'entrata sugli spalti. Si passano i cancelli, si superano i controlli, si attraversa la zona coperta e si ritorna all'aperto, improvvisamente si scorgono gente musica e bandiere: Thunderstuck. Emozione pura e indimenticabile che stordisce ed elettrizza il cuore. Da questo momento in poi l'adrenalina la fa da padrone e rimane a lungo, impressionando la neo-ventenne che finalmente vive uno dei suoi sogni. Il resto è storia ed è noto ai più: il riscaldamento, la partita, la premiazione e cantare a squarciagola l'inno che non è stato mai entusiasmante come in quel giorno. la giovane Juventina però porterà quell'emozione improvvisa e inaspettata sempre con lei, #FinoAllaFine. *(Federica Cappelletti)*

Il mio ricordo più bello con la mia squadra del cuore, la Juventus, risale al gennaio 1966. Avevo 9 anni e mio padre tifosissimo del Bologna, vincitore del campionato un paio di anni prima mi portò a Bologna a vedere la partita di campionato Bologna-Juventus. Ricordo che mi aveva comprato la divisa ufficiale della squadra rossoblu in un negozio di Bologna. Andammo allo stadio, era molto freddo, c'era la neve e mi ricordo che la Juve vinse 1 a 0 con gol di Cinesinho. Da subito mi innamorai dei colori bianconeri e da allora dopo 54 anni il mio cuore ancora batte per la Vecchia Signora del calcio. Un abbraccio a tutti i tifosi Juventini. *(Gabriele Caraffa)*

Mi chiamo Ettore e ho 10 anni (quasi 11). La prima volta che ho visto la Juve dal vivo è stato il 4 febbraio 2018 per la partita Juve-Sassuolo. Il risultato fu 7-0 con gol, nell'ordine, di Alex Sandro, doppietta Khedira, Pjanic nel primo tempo e tripletta del Pipita Higuain nel secondo tempo. Ero con mio nonno Mauro (Mancini) ed il resto della famiglia ha aspettato fuori dallo stadio con mio fratello più piccolo. Appena ho visto lo stadio ho pensato: "Mamma mia, è immenso!". L'emozione più grande l'ho provata quando ho sentito partire l'inno ed i giocatori sono entrati in campo. Ho pensato: "finalmente posso vedere tutti questi campioni dal vivo e magari imparerò anche qualche tattica di gioco". Poi è iniziata la partita e al primo goal lo stadio sembrava fosse esploso. Non posso però non ricordare la mia prima "Champions" che è stata nientemeno che Juve-Real del 3 aprile 2018: l'emozione di vedere quel gesto tecnico del giocatore più forte del mondo me la ricorderò per tutta la vita. Grazie a tutti per l'opportunità concessa per esprimere i miei sentimenti Juventini. Speriamo di rivederci presto all'Allianz Stadium. *(Ettore Carancini)*

... i 90 minuti che dovevano annientare la stanchezza del viaggio si trasformano in 9 secondi...

Il "Battesimo" cadde il 16/04/00: Inter-Juventus 1-2, doppietta di Kovacevic. Dal settore ospiti ho avuto il piacere di osservare lo scavetto a scavalcare Peruzzi per l'1-0 e poi il raddoppio nato dall'imperioso stacco di testa, agevolato però da una uscita imbarazzante del nostro ex portiere. (Valentino Carbini)

06-05-2012 Stadio Nereo Rocco di Trieste. Cagliari-Juventus 0-2 (Vucinic, Canini aut.). Questo mio breve scritto racconta alcune mie prime volte legate alla Juve, la più importante, l'aver provato l'ebrezza di vederla vincere lo scudetto sul campo. Padroni del nostro destino, appena varcata la soglia del "Nereo Rocco" di Trieste, quello striscione colpì subito la mia attenzione e di Alessandro, il giovane tifoso appena maggiorenne, incontrato per "la prima volta" in bus e venuto senza biglietto con la speranza di poter entrare in qualche modo. Ma il destino quel giorno volle che sia toccato a lui condividere con me quella magica serata. Infatti riuscì ad entrare perché il mio storico compagno di trasferte, proprio quel giorno a causa della troppa tensione o di una nottata focosa, non si svegliò nonostante le 1000 telefonate e Ale prese il suo biglietto. Fuori dallo stadio il popolo bianconero non osava pronunciare quella parolina che fino a qualche mese fa era solo un lontano miraggio... scudetto. All'interno il clima era surreale fin dall'inizio. C'era fiducia, speranza ma anche tanta paura. Certo il Cagliari era un avversario battibile ma dopo l'incidente di Lecce, tutto poteva ancora succedere, un punticino di differenza non poteva lasciarci tranquilli e nonostante il Milan giocasse il derby, eravamo abbastanza convinti, specialmente dopo il primo goal di Vucinic, che la vittoria l'avremmo conquistata la settimana successiva in casa. Invece accadde l'imponderabile, le notizie che giungono da Milano, prima mi lasciano senza voce poi, piano piano rompono l'incantesimo e capisco che finalmente la "maledizione" dello "zingaro", sempre vincente in Italia, è spezzata. Mi lascio andare, la voce esce senza controllo, urla di gioia, rabbia repressa da troppi anni, abbracci e finalmente quel mantra che ci accompagnerà fino al triplice fischio intonato da tutto lo stadio: "vinceremo, vinceremo, vinceremo il tricolor". E così accadde! Ma non finisce qui, un'altra "prima e per ora ultima volta" stava per succedere. Preso dall'adrenalina trascino il mio giovane compagno fin sotto la rete che divide il terreno di gioco e appena l'arbitro chiude la gara ci ritroviamo in campo, in una corsa pazza e liberatoria alla ricerca dei nostri idoli. Quel giorno riscrivemmo la storia, nulla fu più come prima. Quando ripenso a quei momenti e rivedo le immagini nella mia testa, mi emoziono ancora e penso come la Juve possa dare quelle sensazioni che nella nostra quotidianità si provano raramente e capisco perché dopo tanti anni sono pronto a fare tanti chilometri, a gioire ed a volte purtroppo anche a piangere. Infine quel giorno è stata anche la prima volta di un'amicizia e di un legame ancora forte come la fede nei colori bianconeri! *(Gianandrea Cardelli)*

Il 20 settembre 2017 fu la mia prima volta all'Allianz Stadium di Torino a vedere Juventus Fiorentina... che dire ero con il mio fidanzato abbonato in curva sud. Mi è piaciuta tanto l'atmosfera e cantare a squarciagola i cori. Poi l'inno che mi fa venire ogni volta la pelle d'oca. Visuale perfetta con la Vittoria 1-0 goal di Mario Mandzukic. Fino alla fine. Forza Juventus *(Angela Cardellini)*

La mia prima volta fu in una caldissima serata di metà agosto, in riva al mare: avevo poco più di 8 anni ed il cuore mi batteva forte! Ma la Signora riuscì immediatamente a mettermi a mio agio e lo fece alla sua maniera:

Da subito mi innamorai dei colori bianconeri e da allora dopo 54 anni il mio cuore ancora batte per la vecchia Signora del calcio...

con un goal segnato nei primissimi minuti di gioco. Certo, si trattava di un'amichevole precampionato contro una squadra di categoria inferiore (d'altronde, in un certo senso, come tutte le squadre che giocano contro la Juventus), ma c'era comunque molta curiosità da parte di tutto il pubblico presente, in quanto si trattava di una delle primissime uscite dell'anno 1 d.P. (dopo Platini). Il vuoto lasciato da Le Roi Michel era imponente, ma, proprio per questo, quella sera imparai una grande lezione. Quando tifi Juventus, tifi la maglia, (a prescindere da chi la indossa) i giocatori passano, la Juve resta! Ma ciò che ricordo meglio di quella sera (più che la doppietta dell'ottimo Michael Laudrup, la rete del bell'Antonio Cabrini ed il sigillo del baffuto neo-acquisto gallese Ian Rush), fu ciò che accadde dopo la partita. I miei fratelli maggiori e io ci dirigemmo nei pressi del parcheggio dello stadio, dove sostava il pulmann della squadra, speranzosi magari di salutare i giocatori, sebbene da distante. Ad un certo punto, però, i miei fratelli, accortisi che io, tanto ero piccolo, sarei potuto passare attraverso le inferriate della recinzione del parcheggio, mi diedero in mano carta e penna, oltre ad un ordine ben preciso: "Sali sul pullman e raccogli quanti più autografi possibile!". Così mi avvicinai al pullman, ne salii la scaletta d'ingresso e... vidi Gaetano Scirea: l'emozione fu talmente grande che... non riuscii a chiedere nulla. Tornai dai miei fratelli senza alcun autografo, ma con il ricordo indelebile del nostro Capitano-per-sempre!
(Giampiero Carducci)

16 maggio 1984 ricevemmo io e mio fratello i biglietti per la finale di Coppa delle Coppe a Basilea, avversario il Porto! Tutto bello ma dovevamo trovare un auto in quanto la nostra 500 non avrebbe sopportato un viaggio del genere. Presi da coraggio chiedemmo la macchina a nostro zio: una Argenta turbo diesel ultimo modello Fiat a trazione posteriore. Si parte! Il viaggio scorre con tante speranze e tanti sogni. Appena entrati in Svizzera l'auto da un segno della sua agonia, noo! Riusciamo ad entrare nel parcheggio di un meccanico il quale ci garantisce che farà di tutto per rendere di nuovo circolante il bolide preso in prestito. Passa un'ora e mezza e il meccanico chinato sul motore non conferisce parola: io e mio fratello ci guardiamo in faccia, e vedendo passare dietro di noi i bus pieni zeppi di tifosi optiamo per l'autostop! Mentre lo salutiamo, il meccanicodice: "devo fare un ponte agli iniettori, poi e la macchina torna a posto! L'unico problema è che se avrete un incidente potrebbe prendere fuoco!" Wow! Toccata di palle e via verso Basilea! Il resto è storia: 2-1, e indimenticabile grande festa,Vignola e Boniek. Il viaggio di ritorno scorse velocemente, e alla riconsegna dell'auto confessammo tutto, e nostro Zio, da buono che era, non ci disse nulla! *(Lorenzo Carloni)*

Juve Roma 2-2 al delle Alpi il 6 maggio 2001... Ho realizzato il mio sogno grazie a Mario Serenelli e altri amici che andammo a trovare a Pinerolo. Quella partita, quello stadio, quell'atmosfera... mi ha colpito talmente tanto nel profondo che non poteva rimanere solo un bel ricordo o un episodio della mia vita, ma dovevo e sentivo il bisogno di dare continuità a tutto ciò. La stagione successiva, insieme ad altri ragazzi del gruppo Acli di Villa Musone, ho conosciuto il fenomeno Paolo Paoloni, che mi diede la possibilità di coltivare questa grande passione. Da lì in poi ho conosciuto molte altre persone con cui ho condiviso molto. Si dice Juve, ma si legge storia di un grande amore! *(Francesco Carretta)*

21 Marzo 1990 quarti di finale coppa Uefa Juve-Amburgo, avevo solo 14 anni. Ricordo ancora come fosse ieri... Il fascino del Comunale, la rete di Galia. Partita persa 1-2 ma qualificati per le semifinali.
(Massimiliano Casaccia)

La mia prima partita vista allo stadio della Juventus è stata Lazio-Juve 0-0, nel maggio 1998. La più bella emozione è stato il rigore parato da Buffon! In tutti questi anni ho visto perdere la Juve solo 3 volte. 8 finali tra Supercoppa Italiana e Coppa Italia vinte su dieci.
(Matteo Casadei)

Il mio primo incontro con la Vecchia Signora è avvenuto il 27 Novembre 1983, era la Juve di Tacconi, di Gentile, di Cabrini, dell'indimenticabile Scirea, di Paolo Rossi, ma soprattutto era la Juve di Platini e di Boniek. Io avevo solo 12 anni, e fino a quel momento, i miei adorati campioni e quei colori bianconeri li avevo visti solo in TV, o sognati ad occhi aperti giorno e notte, desideroso di ammirarli dal vivo. Mi ricordo che mio padre, patito Juventino, aveva tra le mani il biglietto per quell'incontro decisivo per la lotta scudetto dell'epoca. Ma ne aveva solo uno, per lui e non per me... Non ricordo cosa feci, se piansi perché mi portasse, oppure se fu lui ad insistere, ma alla fine mi portò incoscientemente a Firenze, nonostante l'impossibilità di entrare

...mi avvicinai al pullman, ne salii la scaletta d'ingresso e... vidi Gaetano Scirea: l'emozione fu talmente grande che... non riuscii a chiedere nulla...

allo stadio senza il biglietto. Ricordo benissimo che quella domenica mattina io ero lì, fuori dallo stadio. Come entrare? Mio padre mi disse che ci avremmo provato, che avremmo parlato con i controllori all'ingresso e che "vedrai Fabio, si commuoveranno e ti faranno entrare... al massimo non entrerò nemmeno io e torneremo a casa". Vabbè tentar non nuoce. Mi diressi verso l'ingresso tribuna maratona del Comunale di Firenze, davanti a mio padre, da solo. Arrivai al controllo biglietti con il cuore in gola, senza saper cosa dire, senza essermi preparato un discorso o una scusa convincente, ricordo solo che istintivamente mi rivolsi a quell'uomo serio e apparentemente irremovibile con una patetica e inverosimile falsa verità... "Il biglietto lo ha mio padre"... mi girai indicando indietro un uomo che non era mio padre! Funzionò! Ero dentro! Ricordo lo stadio pieno, il pennone della tribuna maratona, il colore viola che mi circondava. Ricordo anche di aver fatto conoscenza con l'intelligenza del tifoso Fiorentino. Aspettando la partita stavo mangiando dell'insalata di riso che mio padre aveva portato, un tifoso viola lì vicino si girò, guardò il mio piatto di plastica e mi chiese se stessi male, Mio Dio, che bello essere Juventino. Il resto fu l'apoteosi, la vista di quei campioni, il Trap ed i suoi fischi, il portamento di Gaetano Scirea, la grinta di Claudio Gentile, l'eleganza di Antonio Cabrini, il fascino di Paolo Rossi reduce dal fantastico mondiale dell'82 in Spagna, tutto era perfetto, mancava solo la ciliegina sulla torta che per me era rappresentata da un gol del mio vero idolo della Juve e del mondo del calcio di quel periodo storico, Michel Platini. La gioia arrivò al 27' su assist di Scirea, era il gol del 1-2 dopo quelli siglati in precedenza da Bonini al 2' e da Antognoni per i viola al 12'...Juve in vantaggio. Il match finì 3-3, al gol di Platini fece seguito una doppietta di Bertoni e un autogol di Contratto che fissò il punteggio sul pari. L'ultimo

...Si dice Juve, si legge storia di un grande amore...

ricordo di quella giornata è la strada di ritorno verso casa con papà alla guida soddisfatto per aver regalato questa grande gioia a suo figlio, senza neppur spendere un centesimo! Da quel giorno è passata tanta acqua sotto i ponti, ma l'amore per la Juve è sempre rimasto indelebile. Juventus-Cagliari, del triste e incompiuto campionato attuale, è stata la mia 50° partita allo stadio, nel mezzo tante belle battaglie e giornate memorabili che ho vissuto assieme al mio più grande amore.
(Fabio Caroscioli)

Sono attualmente socio dello Juventus Club Imola, Club fondato nel 1965 e di cui sono stato presidente dal 1989 al 2015, anno del 50° anniversario. Anni bellissimi e intensi ricchi di viaggi a Torino e di tante trasferte in pullman o in macchina nelle città limitrofe a Imola non dimenticandoci delle trasferte per le finali di coppe europee. Ho sempre cercato collaborazione con i club vicini in particolar modo Bologna e Faenza. La mia esperienza di presidente l'ho sempre vissuta in prima persona e ne sono sempre stato orgoglioso. Detto questo, in tutti questi anni, i ricordi che più mi rimangono indelebili nella memoria sono stati quelli della mia gioventù. Ricordarsi della prima volta che ho visto la Juve allo stadio era il lontano 1964; mio padre mi portò a Bologna, allora il Comunale. Bologna, in quel periodo, era uno dei più forti club italiani di calcio e il vedere queste maglie bianconere (viste solo nelle figurine panini) mi emozionò tantissimo;- mi ricordo Anzolin portiere, Stacchini ala e soprattutto Sivori, idolo incontrastato di quegli anni. Ricordo i miei occhi di bambino che li cercavano sempre in campo. La prima trasferta a Torino, la prima uscita col Club di Imola: derby del 1972 girone di ritorno.Torino, quella domenica, la ricordo come una città fredda e nebbiosa, devo ammettere che ne rimasi molto deluso; la partita, perdemmo 2 a 1, andammo in vantaggio con un gran goal di Anastasi ma non bastò; quello fu il primo dei tanti derby persi che vidi al Comunale. Questa passione Juventina la coltivo anche da neo pensionato ma devo ammettere che si è un pò affievolita, nonostante rinnovi annualmente l'abbonamento allo Stadium. Grazie dell'opportunità che il club di Jesi, nella persona del suo presidente Paolo Paoloni, mi ha concesso per ricordare i quasi sessant'anni di fede bianconera. (Giuseppe Cavallotti)

Quel giorno è un misto di emozioni, attesa, trepidazione, paura, tristezza, gioia, incredulità, brividi, tutto questo in quei 90 minuti che non dimenticherò più. Emozioni indescrivibili che rimarranno indelebili. Questo resterà per sempre lo scudetto più bello! Ricordo tutto come se fosse successo ieri! Grazie ancora Juve! A soli 16 anni. *(Nello Cerbone)*

La mia prima volta con la Vecchia Signora fu un Perugia-Juventus nel novembre 1980. Fu certamente una grande emozione, anche perché, avevo solo 9 anni ! Vidi per la prima volta dal vivo quella maglia a strisce bianconere, indossata da persone che avevo solo sentito nominare da mio padre, come: Zoff, Scirea, Cabrini, Causio. Anche se mi piace considerare la mia prima voltaquella in cui vidi la Juve a Torino. Fu lo scontro di Coppa delle Coppe Juve-Paris Saint Germain, il 2 novembre 1983, e finì 0 a 0. Partimmo con il bus organizzato dal vecchio Juventus di Club Città di Castello, 500 km di euforia, poi l'arrivo al mitico Comunale. Mi portarono in curva Filadelfia; ricordo ancora la ressa per entrare, l'odore dei fumogeni, i cori dei "Fighters", e fu allora che sentii per la prima volta quel brivido dietro la schiena, alla vista della Juventus. Lo stesso brivido che oggi a distanza di quasi 40 anni, mi assale ogni volta che lo speaker annuncia "ladieeessss & gentlemannnnn... JuveNTUUUUUS FOOTBALL CLUB!". *(Simone Cerrini)*

L'ultimo ricordo di quella giornata è la strada di ritorno verso casa con papà alla guida soddisfatto per aver regalato questa grande gioia a suo figlio e senza neppur spendere un centesimo...

La mia Juventinità nasce da una foto in maglia bianconera, datata 11 novembre 1965, ad esattamente 7 mesi di vita, tutto merito del mio povero babbo, Juventino e Bonipertiano doc. Proprio oggi, mentre scrivo, ricorrono 45 anni esatti da quel 4 Maggio 1975, quando, bambino di 10 anni, mio zio Gabrio e mia zia Donatella mi portarono a Terni (con la 500!) a vedere la Juve. Juve: la scrivo in maiuscolo perché per me era una cosa talmente grande, che mai mi sarei immaginato di poterla vedere dal vivo. Poter ammirare dalla curva ospite Roberto Bettega, il mio idolo di sempre, fu indimenticabile, anche perché "mi regalò" la prima delle due reti con la quale la MIA Juve espugnò il Libero Liberati. È SÌ, FU UNO DEI GIORNI PIÙ BELLI DELLA MIA VITA! *(Marco Cerrini)*

Juventus-Standard Liegi 2-0. Il 3 novembre 1982. Coppa dei campioni. Dopo tanto tempo è arrivata la prima volta, eravamo un gruppo di ragazzi e con due pulmini vecchi e arrugginiti abbiamo raggiunto Torino grazie a due adulti che avevano la patente, noi tutti minorenni. Con l'adrenalina alle stelle abbiamo iniziato la fila (ressa totale!) davanti ai cancelli del vecchio Comunale. Ricordo molto bene l'ingresso in campo delle squadre e il tifo assordante, a noi tutti sembrava solo un sogno ricercato a lungo, non ci rendevamo nemmeno conto della realtà. Si guardava la partita tutti in piedi, e ai due gol Juventini ci siamo ritrovati entrembre le volte spostati di 20 metri. Fine della partita con striscioni e bandiere, il lungo viaggio di ritorno, durato un giorno intero, è stato una e festa totale! Da lì è partito tutto, e quei vecchi pulmini ci hanno accompagnato molte volte a Torino, negli anni '80. La stessa passione l'ho trasmessa a mio figlio che, all'età di 8 anni, ha avuto la sua prima volta allo Stadium. *(Claudio Cesaretti)*

Juventus-Lazio 0-0. 17/11/2012. Partita di campionato. La mia prima volta allo Stadium avevo 8 anni ed ero con mio padre. Non una delle migliori partite visto lo 0-0 finale, che mi ha lasciato molto deluso per non avere provato l'emozione di esultare assieme ad altri 40mila Juventini, ma l'atmosfera dello stadio mi ha lasciato a bocca aperta. Eravamo al primo anello in tribuna est, attaccati al settore ospiti e in posti abbastanza bassi; ricordo infatti l'emozione di vedere Pirlo battere i calci d'angolo a pochi metri da me. Fuori dallo stadio il cuore mi batteva a mille. Appena entrato avevo il cuore in gola, incredulo di essere lì, in quel posto magico che fino a quel momento avevo visto solo in TV. Non riuscivo a credere che stavo vedendo giocare dal vivo i miei idoli e mi sembrava qualcosa di straordinario.
(Riccardo Cesaretti)

Un medico, uno Juventino, e le sue prerogative (o i suoi 7 vizi capitali!): 1 - Essere tifoso Juventino da sempre (DNA paterno) 2 - Avere due figli tifosi Juventini (DNA mio, forse?) 3 - Aver goduto per la vittoria sulla "rometta" con un gol fantasma di Turone 4 - Aver pianto per la tragedia dell'Heysel 5 - Aver minacciato un operatore tv di scaraventarlo in campo con tutta la cinepresa perché mi proibiva di alzarmi in piedi 6 - Essere orgoglioso della Juve nel campionato 06/07 (serie B) vinto grazie agli eroi Chiellini, Del Piero, Buffon, Nedved, Marchisio... 7 - Mai smesso di urlare... FORZA Juve! *(Stefano Ceteroni)*

Mi chiamo Vinicio, ho 62 anni e da 62 anni sono Juventino perché sono nato Juventino. La mia prima Juve sarebbe quella della domenica 2 febbraio 1958, ma essendo nato in quel giorno alle 12,30, mi resta difficile ricordare la partita giocata alle 14,30 di quella dome-

Poter ammirare dalla curva ospite Roberto Bettega, il mio idolo di sempre, fu indimenticabile...

nica... per la cronaca Juventus 2 UDINESE 0. Mi rimane più facile raccontare la prima Juve vista allo stadio. Nasco in una famiglia con il padre romanista, io primogenito tradisco subito le aspettative del genitore, in quanto fin dai primi anni, (ho una foto che custodisco come una reliquia dove ci sono io ad una età di massimo 4 anni, con la maglia a strisce bianconere) la mia fede calcistica è rivolta verso i colori bianconeri. Ovviamente il calcio a quei tempi non era sentito e proposto come è da quando c'è stato l'avvento delle TV, ma ricordo benissimo le domeniche passate ad aspettare il collegamento radio con "tutto il calcio minuto per minuto", collegamento che avveniva alla fine del primo tempo, e che ti faceva aspettare con trepidazione il risultato che i vari Roberto Bortuluzzi, Nicolò Carosio, Sandro Ciotti, Alfredo Provenzali e altri radiocronisti annunciavano, per poi arrivare alle 19 dove veniva data sul canale 1 della RAI la sintesi di una partita di serie A, molto spesso la Juventus. Se non veniva trasmessa la partita della Juventus, diventava una impresa arrivare alla "Domenica Sportiva", della quale ricordo le edizioni condotte da Tito Stagno, perché ovviamente l'orario della trasmissione era in tarda serata e la mattina c'era da andare a scuola, e i genitori ti mandavano a letto molto presto. Per i primi anni della mia vita, la Juve era seguita in questa maniera, con la speranza, prima o poi di poter vedere una vera partita in uno stadio di calcio. La speranza si avvera la domenica del 28/12/1969. Il Natale mi aveva portato come regalo il biglietto per assistere alla partita che si giocava a Roma, e che vedeva di fronte la Roma e la Juventus. Mio padre aveva trovato i biglietti tramite un amico, e quindi mi ricordo benissimo la trepidazione e l'attesa per arriva al giorno della partita. Partiamo la mattina presto, mio padre, romanista, io... e mio fratello, pure lui romanista. A quel tempo non c'erano ancora le superstrade di adesso, e ricordo un viaggio molto lungo, ma con tanta adrenalina addosso per il fatto che in quel giorno avrei visto per la prima volta la mia Juventus. Arrivammo a Roma verso le 11, dopo circa 5 ore di viaggio... la mamma ci aveva preparato dei panini che mangiammo prima di entrare allo stadio. Rimasi a bocca aperta dall'imponenza dello stadio.... dalla gente che c'era... dalle bancarelle con bandiere, sciarpe, era tutto nuovo per me. Avevamo i biglietti in tribuna Tevere, verso la curva Sud, non c'erano tornelli, il controllo veniva fatto solo all'ingresso quando strappavano il biglietto, non c'era settore ospite e quindi i tifosi erano mischiati, ma a quei tempi grossi problemi non c'erano. Appena entrato mi ricordo i tabelloni elettronici. Per noi che venivamo da un paese quel giorno era tutta una novità. L'attesa non finiva mai. Eravamo entrati circa due ore prima dell'inizio e io non facevo altro che contare i minuti. Ad un certo punto lo speaker inizia a leggere le formazioni. Dall'emozione nel sentire il nome Juventus, sicuramente qualche lacrima mista alla pioggia della giornata sarà sicuramente scesa sul mio viso di bambino. Le squadre entrano in campo, i tifosi della Roma si facevano sentire, ma la Juve inizia la partita attaccando subito la porta della Roma, e al 15' circa, il grande Pietro Anastasi riesce a superare con un tiro dal limite dell'area il portiere della Roma Ginulfi. Ho avuto la fortuna di incontrare e salutare il povero ANASTASI, quando lo vedevo a Torino e gli dissi che il mio primo gol della Juve dal vivo era il suo, lui mi ringraziava per il ricordo che gli davo, mentre ero io che ringraziavo lui per l'emozione che mi aveva regalato. Alla fine del primo tempo, Zigoni, che Rabitti aveva mandato in campo al posto di Castano che si era infortunato, raddoppia per la Juventus. La partita si stava mettendo bene, ma c'era ancora tutto il secondo tempo da giocare. Infatti, al rientro in campo, la Roma prova a reagire, ma qui viene fuori il carattere della Juve, quello che ci contraddistingue fin dalla nostra nascita. Forza, spirito di squadra, caparbietà. La Roma attaccava ma non tirava in porta e alla fine, proprio sotto di me, Helmut Haller segna il gol del 3 a 0 bevendosi tutta la difesa giallorossa. Ovviamente il viaggio di ritorno dovetti stare zitto e buono, con mio padre che diceva che il pareggio (dopo un 3 a 0???) era il risultato più giusto. Fu il primo di tanti regali e tante emozioni che la Juve mi ha regalato e che continua a regalarmi. Purtroppo scrivo questo ricordo in un momento dove il calcio è bloccato, ma la speranza è quella di ritornare presto a gioire per le vittorie dei bianconeri, possibilmente nel nostro stadio, al solito posto insieme agli amici. *(Vinicio Ciani)*

...l'emozione di vedere Pirlo battere i calci d'angolo a pochi metri da me...

21/04/1999. Juventus vs Manchester United 2-3. Stadio Delle Alpi, Torino. Semifinale di Champions 1998/1999. Sono partito con altri 4 amici 'gobbi' da Ancona nella tarda mattina dello stesso giorno dell'incontro con una Renault Scenic presa a noleggio. Eravamo carichi, fiduciosi e convinti di poter festeggiare la quarta finale di Champions consecutiva, visto anche il risultato dell'andata di Manchester 1-1. Entrati allo stadio, in curva, un'emozione unica, tutto esaurito, bandiere dappertutto un entusiasmo veramente contagioso, in una parola BELLISSIMO! Addirittura dopo pochi minuti andammo in vantaggio con gol di Super-Pippo Inzaghi, a quel punto una festa. Resa ancora migliore dal raddoppio, sempre di Super-Pippo Inzaghi, pertanto per qualche istante, una "bolgia", si ballava e si cantava. Come dei matti. Ma a metà del primo tempo ci segnò il 2-1 Keane e poco dopo ci pareggiò Yorke. La partita tra pali colpiti e subiti, azioni da una parte e dall'altra resta in bilico fino al gol del 2-3 di Cole. Da lì il 'gelo', lo stadio si ammutolì e noi "poveri marchigiani" con loro, tant'è che anche il viaggio di ritorno fu uno strazio. Nessuno di noi riuscì a parlare per tutto il tragitto. Talmente colpiti, che 2, dei miei 4 amici, addirittura non hanno più frequentato uno stadio, mentre io, appena posso, specialmente quando si gioca la Champions, vado. *(Francesco Ciarimboli)*

La mia prima partita allo stadio per la Juventus fu uno scontro con il Verona ma, di quell'evento mi ricordo ben poco perché ero un ragazzino. La gara che invece mi ha creato molte emozioni è stata a Torino il 16 gennaio 1985. Al Comunale la Juve, detentrice della Coppa delle Coppe, doveva affrontare il Liverpool campione d'Europa in una sfida valida per l'assegnazione della Supercoppa Europea. Poco più che ventenne con i miei amici di Chiaravalle decidemmo di prenotare il nostro biglietto e posto pullman con il famigerato Fortunato. Torino era sommersa dalla neve ed appena arrivati, non fu solo quella la notizia che ci creò disagio, l'organizzatore della trasferta ci disse di aspettare perché non aveva ancora in mano i biglietti per tutti gli occupanti del pullman. Comunque tutto si risolse per il meglio, Fortunato ci portò i biglietti per entrare poco prima dell'inizio della partita che si poté disputare normalmente grazie al grande lavoro degli addetti al campo. Unica stranezza fu quella di un insolito pallone rosso, scelta oculata per risaltarlo in un terreno ghiacciato. La Juve vinse 2-0 con una doppietta del polacco Zibi Boniek che l'Avvocato non a caso chiamava "il bello di notte". Quella partita rappresentò solo un antipasto perché le 2 squadre si ritrovarono ancora di fronte nella finale di Coppa Campioni del 29 maggio allo stadio Heysel di Bruxelles. Di quel tragico evento non voglio ricordare di più di quello che tutti sanno. Le mie emozioni per la partita del 16 gennaio 1985 sono ancora dentro di me, nella mia memoria di tifoso.
(Marco Cimarelli, titolare ristorante Seta)

Ricordare la prima volta di qualunque esperienza è sempre emozionante, è tornare indietro e rivivere quei momenti che nella nostra mente restano indelebili. Come dimenticare quindi la prima partita della mia squadra del cuore? Impossibile, era il 24 febbraio 2013, la Juve giocava in casa con il Siena ex squadra

... ai cancelli troviamo una coda lunghissima; tutti matti come noi ho pensato e, piano piano, siamo entrati dentro quello che per me era paragonabile ad un tempio...

dell'allora allenatore Antonio Conte. Ero riuscita a trovare posto allo Stadium grazie ad un cambio nome dell'abbonamento di un conoscente. Questa mia prima volta non l'ho affrontata da sola, ma con mio figlio Andrea, anche lui con sangue Juventino come la mamma. La partita veniva disputata alle ore 15, la partenza programmata al casello dell'autostrada di Chiaravalle il mattino molto presto. Era freddissimo, a Torino aveva nevicato, ma l'emozione batteva tutto, anche la peggiore intemperia. Il viaggio in pullman è volato via senza accorgercene, tra una risata per battute fatte dai veterani delle trasferte, e l' idea di quello che avremmo visto. Arrivati a Torino ci vennero date le dovute spiegazioni per arrivare alla nostra entrata, la F, per accedere alla tribuna laterale est primo anello. Arrivati ai cancelli troviamo una coda lunghissima; tutti matti come noi ho pensato e, piano, piano, siamo entrati dentro quello che per me era paragonabile ad un tempio. Prima di arrivare e cercare i nostri posti ci siamo fermati ad ammirare le gigantografie attaccate ai muri e mio figlio è stato colpito da quella di Platini disteso sull'erba della stadio che sembra guardarti e dirti: "spicciati ad entrare che ti divertirai". Guardando quella foto sono tornata indietro nel tempo quando guardavo le partite con mio padre e improvvisamente mi sono ricordata di tutte le sue esultanze ai goal, del suo rammarico al ritorno da Atene e del suo pianto di fronte alla tragedia dell'Heysel. Ogni volta che torno allo stadio il mio pensiero va a lui e avrei voluto tanto avercelo portato, ma so che lui è con me ogni volta che sono lì. Tornando ora a quel giorno, arrivati ai nostri posti, ci siamo seduti e siamo rimasti incantati nel vedere l'entrata in campo dei giocatori, il riscaldamento e poi finalmente la partita che è finita 3 a 0 per noi con gol di Lichsteiner, Giovinco e Pogba. Che dirvi di più? Non saprei cosa aggiungere. So solo che l'emozione che ho provato quella volta è quella che provo sempre quando arrivo a Torino e vedo giocare la mia Juve e sarà sempre così, fino alla fine!

(Antonella Ciocci)

Ricordo la mia prima volta allo stadio, correva l'anno 1988/1989, quarti di finale di Coppa UEFA. Il sorteggio aveva decretato una sfida italianissima: Juventus-Napoli. Non mi feci perdere l'occasione ed insieme al mio amico Roberto Fratesi andammo a Torino allo Stadio Comunale per assistere alla gara di andata. Prendemmo il pullman organizzato dallo Juventus Club Mazzangrugno del nostro compagno di fede bianconera Paolo Paoloni. Partenza dal casello di Ancona Nord in quella mattinata del primo di marzo, direzione Torino. Il clima che si respirava nel pullman era già di gran festa: cori, brindisi e risate fecero volare più di 6 ore di viaggio verso la meta. Arrivati a destinazione ci dirigemmo verso un fast food per mettere qualcosa sotto i denti dopodiché ci dirigemmo verso il Comunale, settore Curva Sud. Una volta varcati i tornelli l'immagine indelebile che non dimenticherò mai è il mio sguardo che si apre di fronte alla grandezza degli oltre 60mila posti a sedere. E poi l'odore, speciale del manto erboso, e l'aria frizzante della serata; aspetti indimenticabili in una serata che prevedeva già il tutto esaurito. Un mix di stupore, agitazione, gioia e adrenalina mi accompagnarono la prima volta che misi piede all'allora casa bianconera. In una manciata di minuti tutti i settori si riempirono e la Curva Sud in cui noi

eravamo diede il via alle danze: bandiere, vessilli, striscioni, tamburi e megafoni prepararono l'ambiente giusto per affrontare una sfida di fondamentale importanza. Alle 20:30 in punto le due formazioni solcarono il terreno di gioco. Fischiato l'inizio del match le due squadre iniziarono a darsi battaglia e noi, in curva, cantando a squarcia gola e sostenendo i nostri ragazzi. Non passarono troppi minuti dalla prima gioia, da fuori area una rasoiata del nostro terzino Bruno trafisse all'angolino sinistro basso il portiere Partenopeo Giuliani. La curva esplose così come tutto lo stadio e la squadra sotto il nostro settore ad abbracciare l'autore del gol. Sulle ali dell'entusiasmo la Juve dominò per quasi tutto il primo tempo e allo scoccare del 45esimo ci fece godere ancora. Con una percussione sulla fascia e un cross all'interno dell'area piccola di Rui Barros e il tocco del difensore Corradini mise per la seconda volta KO Giuliani. 2-0, risultato che accompagnò tutto il secondo tempo e che ci permise di uscire vittoriosi dalla gara di andata. Una partita perfetta. Prima volta allo stadio indimenticabile e dalle mille emozioni che ricorderò per sempre nonostante la successiva eliminazione nella gara di ritorno allo stadio San Paolo nei tempi supplementari.
(Stefano Cesarini)

16 marzo 1983 la grande Juve di Platini, Boniek, Paolo Rossi, Tardelli, Zoff, Bettega... sotto una pioggia torrenziale per la prima volta andai a Torino e vidi dei giganti in campo... VERI GIGANTI... palla a terra e correre con classe e cattiveria unica, emozionato dopo 15 ore di autobus vidi una grande Juve che purtroppo ci tradì in finale ad Atene!
(Giuseppe Cingolani)

Partita: Bologna-Juventus, 09/04/2000 risultato 0-2. Un amore nato da bambino, tramandato in maniera encomiabile dal mio babbo, suggellato in quella prima volta che mi portò allo stadio. Ricordo il verde del campo, l'odore dei fumogeni, le urla e i fischi assordanti dello stadio quando i nostri giocatori scesero in campo... poi ricordo lo stadio ammutolito dalle nostri reti, provai una goduria immensa. Avevo solo 10 anni ma, come disse il grande Paolo Montero, percipii tutto l'odio che c'era per la nostra amata Juventus. Segnò Kovacevic, uno della seconda linea; quella seconda linea che nella "nostra squadra del cuore" ha sempre fatto la differenza, perché quando la Juve chiama, bisogna essere sempre pronti. E cosi da quel giorno ogni volta che guardo il calendario cerco sempre di liberarmi dal lavoro per andare allo stadio a tifare contro tutto e tutti, perchè quel giorno a bologna ho capito che non abbiamo amici ma solo nemici, perchè la Juve o la ami da impazzire o la odi con tutto te stesso... e grazie a Dio, o grazie a babbo, la seconda opzione non l'ho dovuta mai tenere in considerazione!
(Raffaele Cingolani)

Avevo circa 6 anni la partita era Ascoli-Juve con il mitico presidente Costantino Rozzi. Ero con mio padre, grandissimo tifoso Juventino, il quale mi ha trasmesso questa fede. Ero emozionatissimo, non avevo dormito la notte. Arrivati allo stadio, mi accorsi che la mia Juventus non indossava la classica divisa bianconera ma una maglia gialla con pantaloncini blu. Altro shock arrivò dal campo, infatti la Juve uscì sconfitta per 2-1. Malgrado tutto ricordo come fosse stato ieri, la mia passione per la Juve è cresciuta e maturata, sempre attento e appassionato sostenitore e nonostante siano passati quasi 40 anni da quel giorno, custodisco ancora quel ricordo molto gelosamente. Fino alla fine. *(Sergio Coderoni)*

... E poi l'odore speciale del manto erboso e l'aria frizzante della serata; aspetti indimenticabili in una serata che prevedeva già il tutto esaurito...

Era la semifinale di ritorno della Coppa delle Coppe, anno 1991 e, all'andata al Camp Nou la Juve aveva perso 3-1. Con il papà di un mio compagno di scuola andammo a Torino. Mi ricordo ancora adesso che mi tremavano le gambe già fuori dallo stadio, una volta dentro rimasi frastornato da tutto quello che in quel momento mi circondava e non riuscivo a credere che quei giocatori che avevo sempre visto in tv erano lì sul campo. Quando Baggio segnò su punizione poco dopo l'inizio del secondo tempo lo stadio esplose... dopo qualche minuto il Barcellona rimase in 10 e lì ci ho sperato fino alla fine che la Juve potesse segnare un altro gol...ricordo ancora adesso l'occasione sui piedi di Schillaci che ad un metro dalla porta non arrivò sul pallone. La delusione di essere usciti quasi in finale fu tanta, però vedere la mia Juve per la prima volta allo stadio con i suoi beniamini Baggio e Schillaci dal vivo, dopo averli ammirati ai mondiali del 90 e il mio idolo di quei tempi Stoichkov è tutt'ora un'emozione e un ricordo indelebile nella mente. Emozioni che in parte ho rivissuto qualche hanno fa quando ho portato per la prima volta mio figlio allo Stadium; nei suoi occhi e nei suoi gesti mi sono rivisto io da bambino quella sera di 30 anni fa. *(Federico Copparoni)*

Ho cominciato un po' troppo tardi: 18 aprile 2009, Stadio Olimpico di Torino contro gli "innominabili". La ripresa Grygera a tempo scaduto. 1-1. *(Michele Colanzi)*

2 maggio 1982. Udinese-Juve 1-5. Abitavo ancora a Trieste, mio zio ci viene a trovare da Ancona. Mi chiede: dove giochiamo oggi? Udine zio. Lui in quattro e quattr'otto organizza tutto, si pranza e si parte, arrivare ad Udine sono 60 km. Acquistò i biglietti dai bagarini, trentamila lire l'uno all'epoca. Poi il mio trasferimento ad Ancona. Tante partite al Comunale, ma le emozioni più belle le sto provando in questi ultimi anni con un gruppo di amici eccezionali conosciuti al tuo club. Una delle emozioni più forti che non dimenticherò mai è l'addio di Alex Del Piero. Una telefonata alle 23 di sera per dirmi Ale ho un biglietto per te vuoi venire? Ricordi Paolo? È stato incredibile. *(Alessandro Colomban)*

Juventus-Genoa (22/10/2011 Juventus Stadium). Questa è la data della mia prima partita della Juventus vista allo stadio. Una delle tante partite di quella stagione che per la Juventus ha rappresentato la rinascita. Ricordo tutto di quel giorno. Avevo 12 anni, ero con mio padre e due nostri amici. L'emozione era fortissima tanto che il viaggio Jesi-Torino, molto lungo, non mi pesò. L'adrenalina era a mille, finalmente, per la prima volta avrei visto la Juventus, il nostro immenso capitano Alex Del Piero e il nuovo stadio. Dopo circa 7 ore di viaggio in bus, arrivammo allo stadio e rimasi a bocca aperta dalla sua straordinaria bellezza. La visione dello stadio già dall'esterno mi aveva caricato e una volta entrata fu un duplicarsi di emozioni: bandiere, colori, cori ma soprattutto l'inno e la presentazione della rosa cantati e urlati a squarciagola insieme a 40000 tifosi. Il risultato della partita non fu quello sperato, terminò con un pareggio (2-2 A.Matri 6', 58'/ M.Rossi 31', A.Caracciolo 85'). Non nascondo che a fine partita un po' di delusione c'era perché vorresti sempre vedere la tua squadra vincere. Quella serata però è impressa nella mia mente e oggi posso dire a distanza di 8 anni che ogni volta che torno allo stadio è come se fosse sempre la prima volta. *(Alice Concettoni)*

Juventus-Aston Villa (16/03/1983 - Comunale di Torino) Sono passati tantissimi anni dalla prima volta che sono andato allo stadio ma, ricordo quel giorno con grande gioia. Ero con degli amici e si giocava il ritorno dei quarti di finale di Coppa Campioni contro l'Aston Villa. Assistere per la prima volta alla partita della mia squadra del cuore fu qualcosa di indescrivibile. Ricordo lo stadio pieno ma soprattutto la felicità di condividere la mia passione con circa 60000 tifosi tutti uniti per spingere la Juventus verso la vittoria. La partita si concluse con la vittoria della Juventus (3-1, doppietta di Platini e gol di Tardelli) e con il conseguente passaggio alla semifinale. Esultare ad ogni gol segnato, insieme ai giocatori in campo e agli altri tifosi fu un'emozione unica. Nonostante siano passati molti anni da quella prima partita ancora oggi mi emoziono ripensandoci. Ogni volta che ritorno allo stadio è sempre una festa ed è come se ritornassi bambino. *(Roberto Concettoni)*

Per me andare a vedere la Juve era un sogno che si realizzava. Volevo dare anche io il mio contributo alla mia squadra del cuore che, negli anni precedenti, non aveva vissuto un bel momento. Ero in palpitazione la notte prima di partire, infatti non riuscivo a dormire. A casa, essendo la mia famiglia Juventina, avevo sentito parlare delle grandi gesta di giocatori che avevano fatto la storia di questa maglia (Platini,Zidane,Zoff, Tardelli, Nedved...). Mi ricordo bene quella giornata. Era il 22/10/2011. Ho vissuto un insieme di emozioni che non scorderò mai. Il viaggio è stato lungo, ma alla fine ne è valsa la pena. La gioia appena entrato allo stadio era immensa. Mi ricordo bene che in quel momento pensai "Ecco siamo arrivati a casa...". L'atmosfera era calorosa e tutto lo stadio, me compreso, cantava a squarcia gola il nostro inno. Alla fine la partita terminò 2 a 2, ma il risultato non influì sul mio stato d'animo perchè ero cosciente di aver vissuto una grande esperienza e da allora mi sono ripromesso che dovevo riviverla ogni qual volta era possibile.
(Francesco Coppari)

Mi rimane difficile da ricordare la mia prima volta allo stadio,rimarrà invece indelebile il ricordo della prima partita che ho visto con mio figlio. Era il 22/10/2011 Juve Genoa. Quell'anno darà inizio ad un periodo memorabile "che dura e durerà ancora per molto" della nostra grande squadra. Il viaggio in pullman insieme a lui, a parlare di quello che poteva essere il futuro della nostra Juve, a discutere con gli altri tifosi delle scelte di Conte, a cantare a squarciagola il nostro inno... Tutte queste cose non facevano che accrescere in un ragazzino di 11 anni il desiderio e la voglia di vedere i suoi campioni in campo. E poi l'arrivo, il vederlo estasiato di fronte a quel piccolo grande gioiello che è lo Juventus Stadium mi ha commosso, vedere la partita, i nostri "Eroi" in campo, il nostro tifo, uno stadio completamente gremito di persone con i colori bianconeri addosso e lo stupore negli occhi di mio figlio mi hanno dato emozioni che ora come ora non riesco a descrivere. Finì 2 a 2, ma voglio pensare che la nostra presenza sia stata una sorta di porta fortuna per quello che è stato e sarà il futuro radioso per la nostra Juve. *(Paolo Coppari)*

Alla mia prima volta allo stadio, non ho visto le maglie bianconere, ma quelle blu con la stella sul petto. Quelle stesse maglie che, qualche anno dopo, alzeranno al cielo di Bilbao la prima Coppa Europea della Juve. La mia prima volta allo stadio risale al primo maggio del 1974, a Cesena per una partita di

Coppa Italia; avevo appena 8 anni ed insieme a mio fratello più piccolo fummo accompagnati allo stadio da nostro padre, grande tifoso Juventino ed appassionato di calcio. È grazie a lui e a un mio vecchio amico di infanzia, più grande di me di qualche anno, se sono Juventino, si può dire, dalla nascita. Di quel giorno ricorderò sempre il marcatore, un giovane Musiello, che ci diede la vittoria per 1 a 0 e, di aver incontrato fuori dallo stadio il mitico Dino Zoff, che appena sceso dal pullman con la squadra ci passò proprio a fianco. Eravamo in tribuna centrale ed in campo ci fu anche un promettente e giovanissimo giocatore della Primavera, un certo Paolo Rossi. Emozione incancellabile questa prima volta, a cui ne seguiranno, negli anni, tantissime altre.
(Fernando Covino)

19 ottobre 1986. Ascoli Juventus 0-5. All'epoca avevo 15 anni... ero innamorato della Juve e di Platini, che per me è stato il più forte di sempre... mi ricordo benissimo mio padre che mi disse "domenica andiamo ad Ascoli a vedere la Juve". Io non ci credevo, un sogno che si realizzava... dopo mangiante di 90' minuto e di domenica sportiva finalmente li vedrò davvero... Poi pensai: "ma come facciamo per i biglietti sarà tutto pieno?" Mio padre: "non ti preoccupare, ho un amico di Ascoli che ce li prende e che ci aspetta per pranzo!" Finalmente arriva quella tanto sognata domenica. Arriviamo a casa di questo amico, grande abbuffata, ma la testa era già al Del Duca e gli occhi sempre a guardare l'orologio per vedere quanto mancasse. Finalmente si va, arriviamo allo stadio, ci mettiamo in fila per entrare, dopo 10 minuti siamo dentro. Non stavo più nella pelle. Inizia il riscaldamento e mi accorgo che ce qualcosa che non mi torna... tanti fischi per la Juve. Eravamo nei distinti adiacenti alla curva dell'Ascoli... pensai: "ma chi se ne frega!" Invece ai miei primi incitamenti spontanei alla Juve ebbi solo occhiatacce... forse è meglio contenersi... gol di Briaschi io alla Fantozzi con l'urlo strozzato in gol... ancora Briaschi... entra un giovane Renato Buso dopo pochi minuti: Gol (primo della sua carriera in serie A), 0-3, dopo poco 0-4 Bonetti poi a 10 minuti dalla fine un gol fantastico di Le Roi Michel... eh no qui si applaude... mi alzai in piedi e feci 30 secondi di applausi a chi mi guardava storto feci una smorfia come per dire questo va applaudito aldilà del tifo. Andò bene, avranno capito che ho sofferto per 4 gol senza esultare e non mi hanno detto nulla! Sono ricordi indelebili da quel giorno ho sempre detto a tutti che ho visto dal vivo il primo gol di Buso in serie A e il più grande giocatore della storia del calcio Michel Platini!
(Daniele Contardi)

Juventus significa passione, la prima pietra su cui ho basato il passaggio dal praticare e allenare nell'atletica leggera alla scuola calcio. Juventus significa il sogno, il raggiungimento di un obiettivo che neanche potevi immaginare ma che ti dà le motivazioni per arrivare in alto. Juventus significa incontro, con i più grandi campioni, come non posso non ricordare il Trap, l'emozione di portare in ritiro con Alex e tutta la squadra alcuni bimbi della scuola calcio, la Champions allo stadio. Juventus significa Nazzareno Romagnoli, bianconero che insieme alla Juve mi ha regalato questa grande passione. *(Elena Corona)*

Era il lontano 1981 e precisamente il 10 maggio quando io e la mia ragazza, che poi sarebbe diventata mia moglie, ci apprestiamo alla mia prima volta allo stadio per vedere la Juventus. La squadra che fin da bambino mi aveva fatto sognare. La partita verrà ricordata più per un gol annullato agli avversari e non per aver pareggiato con la Roma. I ricordi sono innumerevoli, il viaggio verso Torino, lo stadio nella sua grandezza e soprattutto il pubblico che cantava e incoraggiava le squadre. Mi è rimasto un bellissimo ricordo della giornata e soprattutto di aver visto per la prima volta la mia squadra del cuore: la Juventus. *(Massimo Covacci)*

Eravamo in tribuna centrale ed in campo ci fu anche un promettente e giovanissimo giocatore della Primavera, un certo Paolo Rossi...

La mia prima Juve dal vivo fu durante il campionato della seconda stella, quella del ventesimo tricolore, un campionato vinto all'ultima giornata a Catanzaro con il famoso rigore di Brady e la lunga sfida con la Fiorentina. Era il 24 gennaio 1982, (io undicenne) prima giornata di ritorno (la sedicesima per l'esattezza), all'andata, al debutto asfaltammo il Cesena a Torino per 6-1. Chi prevedeva una passeggiata si sbagliava di grosso, la Juve a Cesena ha sempre sofferto e anche quel giorno fu così. Era dal giorno che avevo saputo che il nostro carissimo amico di Cesena, Dino Zanella (Juventino) ci avrebbe acquistato i biglietti della partita, che aspettavo la mia prima Juventus; giornata grigia e fredda, ci recammo con la mitica Fiat 127 del babbo, in compagnia di mia mamma e naturalmente di mio fratello Maurizio, altro Juventino doc, in quel di Cesena. Mentre i miei genitori si fermarono a casa della famiglia Zanella, io, mio fratello Maurizio, Dino e Oddo Zanella ci recammo tutti al Dino Manuzzi stadio La Fiorita; ricordo la mia agitazione... era arrivato finalmente il momento della mia prima Juventus! Non ricordo per quale motivo, ma mi posizionai in piedi, sotto la tribuna centrale, a destra, verso la Curva Mare, attaccato alla recinzione e non a sedere in tribuna, come invece fecero Maurizio e Dino. Con me in piedi si fermò Oddo. Ricordo che non arrivammo in tempo per il riscaldamento delle squadre, quindi fui subito catapultato in clima partita. Juve in magnifica tenuta blu, Cesena naturalmente nella classica divisa bianca. Dopo le schermaglie iniziali, ci trovammo subito in svantaggio con Garlini che al 9' trafigge Zoff, proprio sotto ai miei occhi. Non poteva e non doveva iniziare così la mia prima Juve, pensai. Fu un primo tempo strano, Juve in difficoltà per tutti i primi 45 minuti con un paio di timidi tentativi, un colpo di testa di Virdis e un tiro da fuori di Brady. Poi la ripresa, forse perchè attaccavamo dalla "mia parte" (volevo pensare fosse questo il motivo) fu un dominio Juve, fino al pareggio di Brio a metà ripresa in mischia. Speravo nel gol del sorpasso, che purtroppo non arrivò mai, e tornai a casa un po' deluso, consolato dal mitico Oddo Zanella; prima di ripartire con la Fiat 127 del babbo per la via di casa, ricordo bene il 90° minuto visto in tv a casa degli amici di Cesena, la splendida famiglia Zanella. Per fortuna poi vincemmo comunque il campionato e il Cesena, neopromossa si salvò. Fu l'inizio di una lunghissima serie di Juventus, e il primo di tanti Cesena-Juve visti al Dino Manuzzi; esattamente un anno dopo, il 23/01/83, tornai a Cesena e pareggiamo ancora; sotto di due gol dell'austriaco Schachner (il secondo viziato da un clamoroso fallo su Gentile non fischiato dall'arbitro) pareggiamo col solito Brio (a Cesena era una sentenza lo stopperone bianconero) e Bettega, ancora nella stessa porta verso la Curva Mare. *(Luca Crociani)*

La mia prima volta allo stadio è stata il 22/04/2006 all'età di 6 anni. La partita era Juventus-Lazio che terminò 1-1 con gol di Rocchi, nel primo tempo, e di Trezeguet poco prima del 90'. Nei mesi precedenti mio babbo Luca mi promise che mi avrebbe portato allo stadio entro la fine del campionato. Mi ricordo che ero molto contento ed entusiasta perché sarei andato a vedere per la primissima volta la mia Juventus e i miei idoli dal vivo. Oltre ad essere felicissimo, ero anche pieno di domande del tipo: "Ma riuscirò a vedere i giocatori da vicino?", "Potrò salutarli?", "Potrò chiedergli una maglietta o un autografo?", "Ma mi inquadreranno alla televisione?", "Chissà come sarà nel momento in cui segnerà la Juve" e tante altre... Il giorno prima della partita prendiamo il treno da Rimini per raggiungere Torino. Arrivati in albergo, in pieno centro città, mi rendo conto che la Lazio era in ritiro nel mio stesso hotel. Sul momento mi sono detto: "Che sfortuna ci potevano essere quelli della Juve". Mi resi conto invece che ero stato davvero fortunato ad incontrarli e mi ricordo di aver condiviso l'ascensore con Tare, aver incontrato giocatori come Pandev, Rocchi, Mauri, Oddo... Ci fermammo a scherzare con Peruzzi nella hall dell'albergo, perché mio babbo gli chiese se in partita avrebbe potuto fare una papera per farci fare gol, lui si mise a ridere e ci disse che non poteva. Inoltre mio babbo gli ricordò della finale di Champions del 1996 dove era presente, Peruzzi, ricordava con piacere quella sera. Apprezzai molto quando Lotito mi diede il cinque mentre indossavo la maglietta e la sciarpa della Juve. Qualche ora dopo invece, girando per Torino, incontrammo Moggi che si rese disponibile per fare una foto con noi. Potevo essere solo che contento come mia prima volta, non capita certo tutti i giorni di incontrare certe persone. Finalmente arriva il giorno della partita e andiamo a prendere l'autobus dal centro per andare allo stadio Delle Alpi, tra l'altro abbiamo preso anche la multa perché avevamo fatto tardi e non eravamo riusciti a fare in tempo i biglietti del bus. Appena arrivati mio babbo mi regalò una maglietta, io scelsi quella di Ibrahimovic. Con noi c'erano anche mio zio Maurizio e mio cugino Marco, anche loro Juventini doc. Lo stadio era bellissimo da fuori, rimasi sorpreso dai pennoni per quanto fossero grandi e iniziavo a sentire da fuori i cori e i canti, non stavo più nella pelle. Non mi scorderò mai l'odore del cibo dei baracchini. Nel momento in cui entriamo allo stadio rimango totalmente a bocca aperta, vedere il campo così verde, le bandierone della curva, le porte, i tabelloni. Mi sembrava di sognare, dato che dalla televisione sembrava tutto così poco realistico, come se quelle cose non esistessero davvero. Un altro momento indimenticabile fu il momento dell'ingresso dei calciatori in campo, finalmente li vedevo, ero lì con loro. Era davvero l'incoronazione di un sogno, talmente bello che ero preoccupato dal passare del tempo, dopo qualche ora li avrei dovuti lasciare. Inizia la partita ero agitatissimo, volevo davvero che la Juve vincesse dato che era la prima volta che li vedevo dal vivo. Guardavo con estrema attenzione quello che facevano i giocatori come toccavano il pallone, come lo passavano, come tiravano. Sembrava tutto cosi semplice, come se il pallone andasse da solo. La Juventus stava giocando piuttosto bene e prese pure una traversa su un colpo di testa di Vieira, ma fu la Lazio a passare in vantaggio al 30' del primo tempo con Rocchi. Ero disperato, non ci potevo credere. Finì il primo tempo sul risultato di 0-1 per la Lazio, nonostante

Lo stadio era bellissimo da fuori, rimasi sorpreso dai pennoni per quanto fossero grandi e iniziavo a sentire da fuori i cori e i canti, non stavo più nella pelle.

una buonissima partita da parte della Juve. Il secondo tempo inizia sulla falsa riga del primo con tante occasioni per noi, ma, non si riuscivamo a segnare. Ero dispiaciuto, dato che volevo a tutti i costi vedere un gol della Juve e per fortuna nei minuti finali Trezeguet segnò il gol del pareggio. Iniziai ad esultare, urlando a squarciagola. Nell'ultima azione Nedved ebbe la palla del 2-1, della vittoria, purtroppo Peruzzi fece davvero un miracolo, probabilmente non aveva ascoltato quello che gli aveva detto mio babbo. Dopo la partita ero triste, per non aver vinto e soprattutto perché me ne sarei dovuto andare. Provai a chiedere a mio babbo se potevano restare ancora, ma chiaramente non si poteva. È stata una bellissima giornata, che non dimenticherò mai e porterò per sempre con me. Fu quella la mia prima di una lunga serie di Juventus. *(Alessio Crociani)*

Ho pensato pure di mentire riguardo la mia prima volta allo stadio con la Juve. Ma anche le cose negative fanno parte della vita a condizione di farne tesoro o di prendere delle rivincite. È quello che è successo a me come Gobbo nel corso degli anni dopo quel freddissimo gennaio al "Franchi". E pensare che le avvisaglie c'erano tutte: biglietto preso da tifosi viola (cugini dei mie amici che erano con me); tantissima nebbia (fortunatamente nel breve tragitto da Città di Castello a Pontassieve); curva Ferrovia, il settore ospite per intenderci di quei tempi, ma con a fianco dei tifosi viola non proprio sportivi e ben disposti a tutto ciò che era bianconero, pure la rete di Rui Barros di testa; qui finisce l'emozione della prima volta, la gioia della rete e tutto quel contorno che uno stadio ti riserva. Pareggia Baggio su rigore, finisce il primo tempo e iniziano i primi scontri fisici tra le due opposte tifoserie. Non va bene per niente, qualche fila più avanti di noi si accascia un signore che all'indomani sapremo purtroppo morto per infarto. Quindi tutta la trafila dei soccorsi, la Fiorentina che ci schiaccia sulla metà campo e i signori, ma perché continuo a chiamarli signori, che offendono tutto il pianeta bianconero compresi i suoi satelliti. E non è finita, perché non sono finite le botte, ragion per cui entrano in scena gli idranti dei pompieri per freddare i bollenti spiriti. Tira una brutta aria, l'acqua arriva pure da noi; è tempo di uscire anche se manca veramente poco. Non fatichiamo molto ad uscire visto che i tifosi di quello spicchio di tribuna hanno avuto la nostra stessa idea. Siamo fuori, un primo boato viene dalla "Ferrovia"! Ha segnato la Juve?!?! Incredibilmente nessuna radiolina intorno a noi. Secondo boato, più forte, assordante, tanto per farci capire che i padroni di casa hanno segnato e probabilmente vinto la partita. Troveremo più avanti la conferma del rigore di Borgonovo. Almeno la soddisfazione di aver visto pareggiare, fino all'uscita, la nostra prima Juve. Scoronamento totale in treno, naturalmente pieno di festanti tifosi di casa. Sciarpa nuovamente sotto il cappotto e mesto ritorno in macchina commentando il risultato. Da quel momento molte gioie (una subito un mese dopo circa a Cesena) segno che il vento era subito girato. Qualche scivolone in un acquitrino (soprassediamo), tante, tante vittorie e giornate che rimarranno impresse nel cuore. Come la prima volta, a prescindere. FINO ALLA FINE FORZA Juventus. *(Sandro Crocioni)*

Milan Juventus 0-0, 1978. Gol di Tardelli annullato senza motivo e mai accertato, stadio a due anelli, strapieno. Avevo 9 anni, mi è sembrato un sogno. Ricordo i cori, il tifo, i profumi, il non dormire per giorni prima e dopo dall'emozione. Che meraviglia.
(Nazario Curzi)

"Quando sei la Juve del secondo o terzo
posto non te ne fai nulla."
David Trezeguet

"La Juve è per me l'amore di una
vita intera, motivo di gioia e orgoglio,
ma anche di delusione e frustrazione,
comunque emozioni forti, come può dare
una vera e infinita storia d'amore."
Gianni Agnelli

LUCIANO DE MARIA

Massaggiatore della Juventus e della Nazionale

Sono entrato a lavorare come massaggiatore nella Juve nel 1970 e sono rimasto fino al 1990. Naturalmente ho ricordi ed emozioni infiniti, rapporti con personaggi immensi come il dottor La Neve, con giocatori ed allenatori straordinari, il Trap su tutti. Ad esempio Liam Brady: ricordo il suo goal decisivo a Catanzaro, segnò, pianse e si trasferì. Stesso giorno e stessa sorte per il Mister Trapattoni: gioia e dispiacere del trasferimento, poi tutto annaffiato dallo champagne, che Romagnoli portò negli spogliatoi al termine della partita.

Proprio delle Marche ho un ricordo curioso. Dovevamo giocare contro l'Ancona una partita serale e alloggiammo all'Hotel Caminetto a Porto San Giorgio, solo qualche ora, per il riposo pomeridiano. Ripartimmo per San Benedetto, ma il responsabile Morini, o chi per lui, dimenticò i documenti della squadra in albergo. Le strade erano bloccate dal traffico ed era impossibile tornare indietro a prenderli. Avevamo bisogno di una moto veloce, e chi meglio di Nazzareno Romagnoli e della sua Guzzi!
Lui riuscì nell'impresa di prenderli e portarli in tempo al campo. Emozionante, imprevista, incredibile ed indimenticabile la sera dell'Heysel. Di notte non riuscimmo a dormire pensando a quello che era successo, ma la mattina seguente era prevista la partenza per il Messico con la Nazionale.
Il calcio e la Juventus mi hanno regalato emozioni difficili da descrivere, ma hanno rappresentato la parte più suggestiva del mio lavoro.

Un calcio che non esiste più. Da allora tutto è cambiato, tranne il fascino, per me, dell'ingresso allo stadio...

Una promessa: Dodo appena possiamo si va insieme al tempio. 20 novembre 2012 promessa mantenuta. Emozione immane lo stomaco trema tipo bambino al primo giorno di scuola. Non so dove guardare, cosa guardare, quando smettere di guardare. E poi sentire annusare... il tempio è mio e poi la partita il Chelsea, 3 urla al cielo. Signori il tempio è anche mio. *(Doriano Damiani)*

12 aprile 1981. Pistoiese-Juventus 1-3. È stata la prima volta che ho visto i bianconeri dal vivo, ormai quasi quarant'anni fa. Cresciuto lontano 500 km da Torino, in una famiglia di non tifosi, mica era facile riuscire a farsi portare in uno stadio. Quel giorno si realizzò il sogno che coltivavo da anni, comprando Hurrà Juventus e Tuttosport, il Guerin Sportivo e l'Intrepido, e facendo i primi album di figurine. Il mio mito assoluto era Dino Zoff, vederlo in campo, in carne ed ossa, mi parve incredibile. Respiravo ogni istante i colori, le bandiere. La scarpetta ce l'avevo, il babbo mi comprò il cuscinetto bianconero (che conservo ancora!) per sedersi sui gradoni. Era tutto molto 'artigianale', una dimensione umana sia degli eventi sia della fruizione dei medesimi, nel senso: facevo la fila alla biglietteria, compravi il tagliando ed entravo, non come oggi. Si giocava sempre di domenica pomeriggio, i giocatori avevano i numeri dall'1 all'11 su maglie di lana senza sponsor. Ciotti e Ameri gli inseparabili compagni di viaggio, Paolo Valenti l'uomo più atteso, alle 18,30, per vedere le reti. Una cosa come SKY non era neppure immaginabile. Era consentito uno straniero per squadra. Caminiti, Baretti e Giglio Panza mi estasiavano dalle colonne di Tuttosport. Un calcio che non esiste più. Da allora tutto è cambiato, tranne il fascino, per me, dell'ingresso allo stadio, esperienza che si è ripetuta circa 200 volte. L'agitazione, lo stomaco che si chiude, l'ansia del risultato. Ho seguito la Juventus al Bernabeu e a Marassi, al San Paolo e alla Favorita, all'Arena Garibaldi e al Bentegodi, al Camp Nou e all'Ardenza, a San Siro e all'Olympiastadion, all'Olimpico e al Curi... E com'era bello andare in Curva Filadelfia, nel vecchio Comunale di Corso Sebastopoli. Dio solo sa quanti soldi ho speso, quanti chilometri ho fatto, quanto freddo e quanta pioggia ho preso. Quando mi chiedono perché questa passione, io rispondo: "Non ho scelto io, sono stato "toccato" da lassù, per mia fortuna...". La Juventus non è una squadra qualsiasi, è "stile e stiletto", come diceva Arpino. O come dice Pastorin "la nostra quiete, la nostra avventura, il nostro orgoglio". Una passione che non è calata un grammo nei decenni. Sempre con lo stesso entusiasmo, col medesimo cuore bianconero che batte per questa favola che accompagna la mia vita. *(Andrea Danubi)*

La prima partita che ho visto della Juventus è stata a San Siro Inter-Juventus. Allora non era come oggi, tra anticipi e posticipi dal venerdì a lunedì, la partita si giocava solo di domenica. Era il 1972, mi ricordo che era inverno, molto freddo, perché una volta le stagioni erano stagioni. Partimmo con lo Juventus Club Roberto Bettega di Sant'Elpidio a mare io e mio padre la mattina prestissimo, un pullman molto bello, rosso fiammante. Dopo un lungo viaggio arrivammo a Milano, rimasi a bocca aperta, lo stadio era grande, mastodontico, due anelli, il settore ospiti era al primo, e dopo tanti scalini lo raggiun-

gemmo. Quando le squadre entrarono in campo provai un emozione indescrivibile, vedere quei campioni dal vivo e così vicino che quasi li potevi toccare, Mazzola, Corso, Facchetti dell'Inter, della Juventus mi ricordo perfettamente ancora la formazione: Carmignani, Spinosi, Marchetti, Furino, Morini, Salvadore, Claudio, Haller, Anastasi, Capello, Bettega. Il campo era pesante e ricordo un particolare, nell'area piccola del portiere c'era un qualcosa che non riuscivo a capire, mio padre mi spiegò che si trattava di segatura... per concludere la partita finì 0 a 0 e quando uscimmo dallo stadio comprammo un poster per ricordo, che ho ancora a casa incorniciato, vi è impresso un motto... "Per sempre Juventus" ecco, l'unico "Per sempre" che sono certo ha accompagnato e accompagnerà la mia vita, fino alla fine.
(Marco Della Valle)

Ho visto tantissime partite della Signora,- quante emozioni,quante gioie e personalmente mai una delusione poiché lei, la Signora, non delude mai! La partita a cui sono più legato, premesso che sceglierne una è veramente complicato, quella che ogni volta ripensandola mi fa battere forte il cuore, è Inter-Juventus del 12-02-2006. Il goal del nostro immenso Capitano Alessandro Del Piero che ci regalò la vittoria, la corsa verso noi tifosi a braccia aperte come volerci abbracciare tutti, la lunga di fuori. Fu semplicemente pura e devastante emozione! Oltre a questo momento, ricordo con altrettanta passione gli occhi di mio figlio Matteo alla sua prima partita. Erano gonfi di felicità, guardava con purezza e vera gioia ogni cosa, i giocatori, lo stadio, la curva. Era talmente bello guardarlo che non gli dissi niente, assaporai tutte le sue emozioni. Fu bello perché nel tripudio di uno stadio in silenzio guardai attraverso i suoi occhi il suo inizio di una storia di un grande amore... lui e la sua Signora!
(Gianluca Di Lorenzo)

Voglio raccontare la mia prima volta dove ho visto la squadra della Juventus. Vi racconto questo momento di emozione in una circostanza fuori da uno stadio, anche se c'è stata una prima volta per una partita, ma ciò che ho provato quel giorno vedendo tutti i giocatori della rosa a pochi metri, toccando anche qualche mano non ha eguali. Era il campionato 1982/83, un sabato vigilia di Ascoli-Juventus. Mio zio, che lavorava a Cesena per una grande filiale Ariston, mi porta con lui in sede perché quel mattino sarebbe passata lì tutta la squadra della Juventus, avendo come sponsor Ariston. Non ci credevo, pensavo a uno scherzo, poi cominciò ad arrivare un po' di gente, poi più ancora, fino a riempirsi una grande sala con cori e bandiere. Io ero davanti e di lì a poco, uno ad uno mi passarono davanti agli occhi, i miei campioni, i miei idoli, quelli che erano sul poster nella mia camera, quelli che il nome lo ascoltavo nella radiolina per poi vederli giocare su 90' minuto. Tutti quelli che qualche un mese prima avevano vinto un mondiale. Tutti, non sto a ricordarvi la formazione con tutta la rosa al completo. Riuscii a dare qualche colpo di mano ad alcuni, Gentile Cabrini, Bodini, e Brio. Il cuore di un bambino andava a mille, avevo 14 anni, mai provato niente di più bello poi andando allo stadio. La mia prima partita fu al Comunale, il giorno del mio compleanno, 10/11/1985, Juventus Roma 3-1. Bellissimo regalo di compleanno, ma le emozioni di quel giorno a Cesena non hanno paragoni. Non portai fortuna alla Juve quel sabato perché il giorno dopo perse ad Ascoli 2 a 0.
(Davide Diotallevi)

Delle mie prime partite non ricordo tanto perché ero troppo piccolo, ma la partita che ho vissuto con più emozioni, è stata Juve-Fiorentina, finale di Coppa UEFA. Abbiamo vinto 3-1 al Comunale, stadio fantastico e me la ricordo particolarmente per i tafferugli scoppiati prima della partita: eravamo dentro un bar davanti allo stadio, in un parco all'improvviso sono entrati i fiorentini con sciarpe della Juventus per camuffarsi, ci minacciarono con bottiglie di birra in faccia, ci rubarono tutto quello che avevamo di bianconero poi scapparono. Io mi sono cagato sotto dalla paura ma in un attimo quella paura è diventata adrenalina. Siamo usciti di lì, io che ero il più piccolo (avevo 16 anni) per ultimo. Quelli che erano con me si sono vendicati alla grande ed io alla fine mi sono ripreso tutte le sciarpe e le maglie che quegli infami viola ci avevamo rubato. La mia storia di tifoso mi ha fatto appassionare ogni giorno di più ed ho coltivato una strana collezione, quella dello strumento principale del gioco: il pallone. Di palloni ufficiali ne ho a casa oltre 60 e li custodisco gelosamente. *(Cristian Donato)*

"La prima volta non si scorda mai"... è vero è retorica, ma la prima con la "Vecchia Signora" è differente. Non la dimentichi è riduttivo, ti cambia la vita, diventi "grande" un vero Gobbo, un sogno che si avvera. E chi la scorda quella domenica, era il 1990 l'anno dei mondiali, ultima stagione al "Comunale". Io ancora minorenne, insieme a 3 Gobbi, partimmo con la macchina di un "veterano"(già, era andato al Comunale ben 2 volte!), destinazione PortaValle, il pullman per il Paradiso del calcio ci aspettava. 600 Km, niente, neanche sentiti tanta era la voglia di arrivare. Erano gli anni del Napoli di Maradona ed il Milan di Sacchi. Quella domenica, come "prima volta", si giocava Juventus-Milan, loro con VanBasten, ma noi con Schillaci. "miga cotighe". Come entro, l'emozione è indescrivibile, dal "Dorico" al "Comunale", un salto nella fantascienza. Neanche il tempo di ambientarmi e dopo 10' Totò infila Galli 1-0; apoteosi. Non passano altri 20 minuti e Barros il nanetto portoghese fa 2 a 0. Nel secondo tempo Barros si ripete, 3 a 0. Purgati e buona la prima. L'emozione e l'adrenalina che ti da lo stadio sono indescrivibili e sempre differenti, vanno provati. La Juventus una droga, dopo la prima volta non vedi l'ora di riprovare. Fino Alla Fine *(Andrea Esposto)*

...600 Km, neanche sentiti tanta era la voglia di arrivare...

ALESSANDRO ELEUTERI

Nato a San Benedetto del Tronto l'08/06/1998
Nel settore giovanile Juventus dal 2014 al 2016

L'esperienza alla Juve per me è stata una prima volta in quasi tutto. Da Juventino di nascita già solo mettere piede a Vinovo, dove si allenavano i miei idoli, è stata per me una sensazione straordinaria. Ho un'infinità di ricordi positivi: dalla prima volta che ho indossato quella maglia che avevo tanto sognato agli allenamenti con la prima squadra. Ricordo ancora la prima volta che vidi con i miei occhi Buffon, Chiellini, Pogba, Marchisio e tutti gli altri vicini a me a fare riscaldamento... Non mi sembrava vero di essere parte di quella straordinaria famiglia... I ricordi più emozionanti? Sicuramente sentire Buffon chiamarmi per nome durante le "partitelle" così come facevano anche quei giocatori che io avevo sempre ammirato e guardato solo in tv. Ricordo anche il primo fallo subìto da Pogba. Nonostante il dolore ero felice. Sono tante le cose che potrei raccontare ma credo che l'aver vissuto una parte della mia vita accanto ai miei idoli sia stata la cosa più significativa. Indossare quei colori e giocare per onorarli è qualcosa di speciale. Custodisco gelosamente tutte le maglie di quegli anni alla Juventus. Sarà per me un ricordo eterno.

Alessandro Eleuteri vanta il record di più giovane esordiente in Lega Pro nell'aprile 2014 con la maglia dei professionisti dell'Ascoli Calcio. Aveva solo

15 anni, 9 mesi e 29 giorni. Un record assoluto. Dopo questo esordio la sua carriera ha preso il volo nel settore giovanile della Juventus, contando anche diverse presenze da titolare nelle Nazionali italiane under 16 e under 17, poi il passaggio all'Atalanta, che ancora ne detiene il cartellino. Della sua prima volta alla Juventus ha un ricordo indelebile che così racconta.

LUCIANO FAVERO

Nato a Santa Maria di Sala l' 11/05/1957
Alla Juve dal 1984 al 1989 (201 presenze e 2 goal)
1 Scudetto, 1 Supercoppa UEFA, 1 Coppa dei Campioni,
1 Coppa Intercontinentale.

Esordio: 22/08/1984 JUVENTUS-PALERMO 6-0 Coppa Italia
(Briaschi 8',26',59' - Cabrini 58' - Rossi P. 63' - Boniek 88')
Stadio Comunale

Nell'estate del 1984 ero in vacanza con la mia famiglia, giocavo nell'Avellino ed ero in contatto con la Lazio mediante il mio ex mister al Siracusa, Carlo Facchin. Il loro intento era quello di mandarmi a Torino per le visite mediche e poi andare a Roma per uno scambio con Manfredonia che poi non si è più effettuato e la società bianconera decise di tenermi. All'inizio pensavo fosse uno scherzo ma, una volta arrivato a Torino capii che era tutto reale. Insieme a me in quella stessa estate, dall'Avellino passò alla Juventus Bruno Limido, un centrocampista di sostanza che alla squadra bianconera restò per una stagione. Il difficile compito che mi spettava era quello di sostituire al meglio il grande Claudio Gentile, uno dei campioni del mondo dell'82 trasferitosi alla Fiorentina. Il pubblico Juventino, abituato a vincere, era un po' scettico sulle possibilità di un giocatore che veniva dalla provincia, anche se l'Avellino aveva trovato la sua giusta dimensione in serie A ormai da anni. Certamente nel primo periodo avevo timore di sbagliare e di non essere all'altezza di questo grande club ma, con l'aiuto dei miei prestigiosi compagni (4 italiani campioni del mondo più il polacco Boniek e il francese Platini) e di mister Trapattoni che mi diede da subito grande fiducia, riuscii a superare brillantemente le difficoltà iniziali. Da difensore marcatore, logicamente, non avuto molte occasioni di andare in rete. Mi piace ricordare il

mio primo goal in bianconero realizzato ad Udine nella stagione 85-86 all'ottava giornata. Vincemmo 2-1 e io realizzai il goal del temporaneo 2-0, sul finale una sfortunata autorete di Antonio Cabrini chiuse il match. L'altra mia "perla" fu in casa col Pescara terminata 3-1.
La settimana dopo il mio primo goal in maglia Juventina affrontammo in trasferta il Napoli al San Paolo, dove ebbi a che fare con un indiavolato Maradona, in quella famosa partita in cui Diego segnò su una punizione dal limite con un'incredibile traiettoria a girare verso l'esterno. Il mio amico Tacconi nulla potè per evitare il goal.Stavo sempre prendendo più fiducia nei miei mezzi e il Trap mi schierava sempre tra i titolari potendo coprire almeno 3 ruoli della difesa, a parte il lato sinistro, infatti nei primi tre anni alla Juventus non saltai nemmeno una partita tra Campionato, Coppe ed amichevoli. Ebbi modo di giocare anche da libero, prendendo il ruolo di un Gaetano Scirea infortunato, nella finale di Coppa Intercontinentale a Tokyo. Mi capitò alcune volte di sostituire anche Sergio Brio da stopper a fianco proprio di Scirea. A proposito dell'indimenticabile Gaetano posso affermare che per me è stato come un secondo padre e, ancora oggi, ogni volta che sono chiamato a parlarne mi commuovo perché lui era veramente un grande. In quel periodo, fra italiani e grandi giocatori stranieri, vi erano tantissimi attaccanti di talento ed ogni domenica per noi difensori era veramente un durissimo esame. Comunque tra i tutti Maradona e Platini erano i giocatori più in vista, Diego un grandissimo giocoliere, con lui dovevi giocare d'anticipo perché poi togliergli la palla sarebbe stata un'impresa ardua. Michel invece, a mio modesto parere era addirittura superiore perché in qualsiasi zona del campo riusciva a fare la differenza. Di Platini, da compagno di squadra, mi ricordo molti episodi scherzosi, lui giocava sempre con tranquillità dall'alto della sua immensa classe.
Alla Juve ho avuto modo di riabbracciare un mio compagno di militare arrivato in bianconero un anno prima di me, sempre dall'Avellino: il portierone Stefano Tacconi, dal carattere guascone ed amico autentico.
La Juventus è da sempre il giocattolo della famiglia Agnelli, mi ricordo dell'Avvocato Gianni e delle sue visite al campo di allenamento dove si fermava spesso a relazionarsi con noi giocatori, soprattutto con quelli che lo facevano divertire di più Platini, Boniek e Miky Laudrup. Bastava la sua presenza per far stare sull'attenti tutto il gruppo.
Alla Juve impari tante di quelle cose anche sotto il profilo dell'atteggiamento e dello stile che poi ti rimangono per tutta la vita.
Dopo l'esperienza Juventina fui trasferito a Verona nell'ultimo anno di Osvaldo Bagnoli da allenatore.

Luciano Favero con la sua umiltà riuscì ad essere un esempio anche per i giovani calciatori che arrivavano alla Juve, perché il "Baffo", essendo partito dai quartieri meno nobili del calcio, sapeva benissimo trasmettere i valori più autentici per essere un professionista.

GIUSEPPE FURINO

Nato a Palermo il 05/07/1946
Nella Juve dal 1969 al 1984 (528 presenze, 19 goal)
8 Scudetti, 2 Coppa Italia, 1 Coppa UEFA, 1 Coppa delle Coppe
In Nazionale: 3 presenze

Esordio: 14/09/1969 JUVENTUS-PALERMO 4-1
(Troja 4' - Haller 11', 64' - Leonardi 71' - Furino 79')
Stadio Comunale

Calcisticamente parlando, sono cresciuto nella Juventus. Ho iniziato dal settore giovanile frequentando tutta la scuola calcio De Martino. Ho fatto 2 anni al Savona e un anno di prestito al Palermo per poi tornare nel 1969 alla Juventus.

Il mio esordio in campionato con la maglia della Juve è avvenuto proprio contro i miei ex compagni del Palermo. Ho un ricordo nitido di quella partita sia per quanto riguarda il gioco, sia per le emozioni che ho provato: il fatto di affrontare i miei vecchi compagni, che andai a trovare negli spogliatoi prima di scendere in campo, mi mise una grande carica perché avevo voglia di mettermi in gioco. Il mio debutto andò decisamente bene, oltre a segnare il quarto goal, feci una buonissima partita che spianò la strada della mia carriera; infatti in quel primo anno in bianconero, non saltai nemmeno una partita giocandone 30 su 30.
Le partite che mi piacevano di più erano quelle contro le squadre inglesi perché giocate al limite dell'agonismo. C'era molto ardore e le gare non erano mai banali e ti entusiasmavano al massimo. Era bello giocare nei campi inglesi anche perché il pubblico era molto caldo e con molta voglia di partecipare, cosa che spronava i calciatori a dare il meglio offrendo ai tifosi un vero e proprio spettacolo.

Ricordo particolarmente i due pareggi contro il Leeds Utd nella finale di Coppa delle Fiere 70/71. All'andata a Torino giocammo sotto al diluvio e l'arbitro fu costretto a sospendere la partita perché la palla non scorreva. Giocammo il giorno dopo terminando la gara 2-2. Poi andammo in Inghilterra. Mi immaginavo una partita piena di forza e di contrasti, per questo decisi di indossare due coppie di parastinchi per proteggermi. Nel calcio però non si può mai immaginare nulla perché alla fine parla sempre il campo. Fu una partita con agonismo, forza ma anche piuttosto corretta, terminata 1-1 e ad aggiudicarsi il trofeo fu la squadra inglese in virtù della regola dei goal fuori casa.
Con l'Ajax a Belgrado non siamo riusciti a trionfare perché nelle finali la formazione era troppo sbilanciata, c'erano ben 4 punte. In quell'occasione Trapattoni non mi fece scendere in campo. In seguito però si pentì confidandomi che avrebbe dovuto farmi entrare.

Il mio successore fu Massimo Bonini che è riuscito a trovare il giusto equilibrio perché dotato delle caratteristiche tecniche e morali adeguate.
Ha preso il mio ruolo nel migliore dei modi riuscendo a toccare quella punta di giocata adatta allo stile Juve.

L'Avvocato era un grandissimo appassionato e tifoso, oltre che la persona di riferimento della Juventus per tanti anni. Lo ricordo con moltissimo affetto.
Nel 1991 Boniperti mi richiamò per farmi entrare nello staff tecnico della Juventus in qualità di responsabile del settore giovanile dove rimasi fino al 1998.
Per me la Juventus ha rappresentato quasi il tutto della mia carriera, passando da giocatore e capitano fino ad esserne dirigente deputato a scoprire e crescere nuovi talenti.

Beppe Furino, detto Furia, è un po' il simbolo della Juventus, il sacrificio che si accoppia alla grinta e alla mentalità vincente, quel desiderio di non mollare mai, di crederci sempre... fino alla fine.

La mia prima volta a vedere dal vivo la Juve è stata la Semifinale di Champions League con l'Ajax del 1997 vinta per 4 a 1. È stato un regalo, sicuramente il regalo più bello che ho ricevuto in vita mia! Avevo 10 anni ed il giorno prima della partita sono arrivati mio padre e mia madre dicendomi che andavamo in vacanza in Valle d'Aosta per qualche giorno ed ero felice perché amo la Valle d'Aosta! L'unica domanda che feci fu: "papà ma in mezzo ai monti si riesce a vedere la partita?" Prima di andare a dormire mi dissero la verità, stavamo andando a Torino! Al mio risveglio nel campeggio feci una passeggiata con mio padre e, dei tifosi olandesi, vedendomi con la maglia della Juve ci sfidarono in un 2vs2. La nostra Semifinale di Champions iniziò in una piazzola libera del camping. Ricordo che pareggiammo e ci offrirono birra e Coca Cola per me che ero piccolino. Perché la Champions è anche questo, sportività e condivisione con i tifosi avversari che amano la loro squadra quanto noi amiamo la nostra. Arrivarono le 16 ed andammo verso lo stadio. Ricordo l'arrivo del pullman dei nostri ragazzi all'ingresso della tribuna ed il pubblico in festa, le tantissime bancarelle dove acquistare gadget ed il profumo di panini, gli odori da stadio. L'emozione che provai entrando allo stadio fu indimenticabile, ero al terzo anello, dovetti fare una salita per raggiungere l'ingresso. Il verde del campo, le tribune immense del caro vecchio Delle Alpi. Fu l'inizio di un sogno che passò per la lettura delle formazioni, con il numero 1 Angelo. E tutto lo stadio a gridare Peruzzi. La mia prima volta allo stadio è stata così ma più che una prima volta direi è stato l'inizio di una rincorsa a quella maledetta Champions League, perchè dalla stagione 1996/97, esattamente un anno dopo Roma, ho iniziato a seguire attivamente la Juve allo stadio ed il sogno di vedere con i miei occhi alzare quella Coppa al cielo non si è ancora realizzato!

(Francesco Fabbretti)

Perché la Champions è anche questo, sportività e condivisione con i tifosi avversari...

Correva l'anno 2000, esattamente il 14 maggio, Perugia-Juventus 1 a 0. Ebbene sì, purtroppo è stata quella la mia prima volta. La mia prima volta allo stadio che non era in casa a Torino, ma comunque la prima volta a vedere la mia squadra; era già una gioia a prescindere da come sarebbe andata. Partiti in gruppo con la voglia di festeggiare una vittoria importante come quella che poteva essere e farci Campioni d'Italia. Ricordo una giornata calda, mentre si era in fila per entrare, il sole ci batteva in testa, si girava in maniche corte, una temperatura quasi estiva, qualche nuvola sparsa, ma niente più. La curva era strapiena di tifosi bianconeri, bandiere che sventolavano, cori a squarciagola. Si poteva respirare tanta carica in quei momenti. È stato un susseguirsi di emozioni continue. Fino alla fine del primo tempo quando il cielo inizia ad oscurarsi. Il sole splende su tutto il paese, tranne a Perugia, dove un diluvio si scatena sopra il "Curi" che rende il campo zuppo d'acqua e impraticabile. La partita viene sospesa, più di un'ora sotto la pioggia in attesa ansiosi della decisione dell'arbitro che entrava in campo più volte per controllare lo stato del terreno. Cercavamo di ripararci ovunque, ma ovunque erano solo fiumi d'acqua. La palla non rimbalzata! Ma l'arbitro Collina fece riprendere la partita, si andò avanti lo stesso e purtroppo, pochi minuti dopo la ripresa, ci piove addosso quel goal maledetto, un secondo nubifragio si abbatte sui "nostri", stanchi e ormai incapaci di reagire in un campo ostile. Vediamo svanire così le speranze di tornare a casa con aria di festa per aver conquistato il 26° scudetto. Sono trascorsi 20 anni da allora, ma, ogni anno ricorre il ricordo di quella giornata. Sicuramente una partita intensa di sensazioni. La mia prima volta in campo con la Juventus... impossibile da dimenticare... FINO ALLA FINE. *(Laura Fabi)*

La prima volta è coincisa, ahimé, con una sconfitta, il 18/03/2001 all'Olimpico di Roma... 4-1 per la Lazio, doppietta di Crespo e Nedved! Unica consolazione la perla dell'immenso Ale Del Piero e il fatto che uno dei nostri giustizieri sarebbe diventato da li a poco un simbolo Juventino, il grande Pavel Nedved! Una rarissima sconfitta vista dal vivo! Sempre forza Juve! *(Andrea Falcetelli)*

Era il 4 novembre 1998 quando a Torino si disputava la quarta giornata di Champions League contro l'Atletico di Bilbao, è stata questa la prima partita che ho assaporato allo stadio. Ero partito la mattina da Follonica destinazione Torino con tante aspettative e molta emozione. Al tempo le partite in tv non le vedevo spesso e, la Juve la sentivo spesso, e volentieri alla radio. Mi ricordo perfettamente quella giornata anche perché il tour prepartita per Torino mi ha fatto conoscere una città condita dal frastuono, simpatico e caloroso dei tifosi baschi che in massa avevano invaso le piazze cittadine. Gli spagnoli sono persone veramente amichevoli e durante la passeggiata spesso e volentieri ci fermavano per una foto anche grazie alle nostre sciarpe che ci identificavano come supporter bianconeri. Fu proprio in quell'occasione che mi sono comprato il cappello che tutt'oggi porto sempre alle partite e che custodisco gelosamente in ricordo proprio di quella prima volta. Sono entrato allo stadio circa due ore prima e, vedere il prato verde che piano piano si allargava davanti agli occhi, mi ha colto alla sprovvista: lo stadio che alla tv sembrava piccolissimo si è invece rivelato enorme. Gli atleti che scendono in campo, il tifo che cresceva all'avvicinarsi del calcio di inizio. La partita vista dal vivo è qualcosa sospeso tra geometria e fantasia, la geometria degli schemi che vedi chiaramente dall'alto degli spalti e la fantasia della giocata che si inventa il giocatore in un attimo. La partita finì 1-1 ma il ricordo dei tifosi, della partita e del viaggio rimarranno indimenticabili. *(Giovanni Falconi)*

> ...vedere il prato verde che piano piano si allargava davanti agli occhi, mi ha colto alla sprovvista: lo stadio che alla tv sembrava piccolissimo si è invece rivelato enorme...

Dicembre 1956. Come ogni anno, per le vacanze di Natale, eccoci dai nonni a Torino, anche se non posso ricordare il motivo per cui anticipammo il nostro arrivo. Avevo letto su Tuttosport che il 16 si sarebbe disputato l'incontro Juventus-Bologna e non fu difficile convincere mio padre, da cui avevo imparato ad amare i colori bianconeri, ad accompagnarmi al Comunale. La domenica non stavo più nella pelle, le ore del mattino non passavano mai e finalmente giunse zio Oreste e tutti e tre, in tram, eccoci allo stadio: la mia prima impressione fu che fosse più grande di quanto me lo fossi immaginato. L'ingresso, il rettangolo verde, il pubblico, le bandiere rimangono solo dei flashback. Un tuffo al mio piccolo cuore di tredicenne accolse l'entrata in campo delle squadre; non avevo occhi che per quelle maglie bianconere, per quei calciatori che conoscevo solo dalle fotografie di "Il calcio e il ciclismo illustrato". Dell'incontro, dopo tanto tempo, non ho ricordi ben precisi: non rammento i marcatori (facile andare a cercarli ma non sarebbe più un ricordo) anche se nella mia mente è impresso un goal di Boniperti, il mio campione preferito. Al fischio finale la mia gioia era alle stelle, pensando anche ai miei amici di fede rossoblu, quando sarei tornato a casa (già allora questo era il mio derby). Non fu questo però il mio approccio al mondo Juventino. L'ultimo dell'anno del 1953, sempre a Torino dai

nonni, allo scoccare della mezzanotte presi il coraggio a quattro mani e telefonai a Boniperti per gli auguri di rito (allora i nomi dei calciatori erano sull'elenco telefonico); anche se un po' sorpreso dalla voce emozionata di un bambino fu estremamente gentile e chiese il mio indirizzo. Qualche tempo dopo mi fu recapitata una lettera con una foto su cui spiccava una dedica: "A Franco, l'amico Giampiero Boniperti". Ancora oggi la conservo tra i miei ricordi più cari. A quei tempi non avrei mai potuto immaginare che tanti anni dopo, in qualità di presidente del Juventus Club Bologna, avrei avuto l'occasione di incontrare più volte il mio Presidente e tanto meno che avrei avuto l'opportunità di vivere fianco a fianco con la squadra tanti ritiri estivi. Così fin da piccolo, la Juventus ha rappresentato uno degli spazi fondamentali della mia vita, unitamente alla famiglia e alla scuola. Ora sono nonno, ma se Dio vuole la storia continua.
(Franco Febbo)

...non avevo occhi che per quelle maglie bianconere, per quei calciatori che conoscevo solo dalle fotografie di "Il calcio e il ciclismo illustrato".

14 Maggio 2000. Perugia-Juventus 1-0. Marcatore, non serve scriverlo che lo sappiamo. Aspettavo quella domenica più delle altre, non perchè fosse diversa, ma perchè con gli amici da una vita eravamo riusciti, con l'aiuto del buon Paolo, a rimediare i biglietti per il match decisivo della stagione a Perugia e soprattutto per me era la prima volta allo stadio a vedere la nostra amata Signora, ma in particolare per vedere i miei idoli Del Piero e Zidane. Partenza di buon mattino con viaggio in pullman organizzato dallo Juve Club Jesi, viaggio tranquillo e si arriva al parcheggio per gli ospiti, il sole spaccava le pietre per quanto era caldo. Arrivati e subito a fare la fila per entrare. Entrati ci sistemiamo nella parte alta della curva. Canti, cori e il gran caldo la facevano da padroni. Inizia il primo tempo con la Juve che attacca sotto i nostri occhi e si ammiravano le giocate di Del Piero e Zidane, ma soprattutto la ghiotta occasione mangiata da Pippo Inzaghi. Sul finire della prima frazione di gioco il cielo iniziò ad annuvolarsi e iniziò a cadere qualche goccia, ma nessuno si sarebbe mai immaginato quello che sarebbe successo da lì a pochi minuti. Fischia Collina la fine del primo tempo e le squadre di corsa negli spogliatoi e da lì iniziò un vero e proprio nubifragio. Io e Giorgio rimaniamo allo stadio (senza avere nulla per coprirci) mentre gli altri amici avevano fatto ritorno verso il bus. La pioggia cadeva sempre più battente e riusciamo a trovare riparo sotto uno striscione. Ricorderò sempre il rigagnolo d'acqua che dallo striscione scorreva sul mio braccio. Finita la tempesta, molti tifosi se ne erano andati via perché ritenevano che non si giocasse, Collina decideva invece di giocare. Inizia il secondo tempo, con i brividi di freddo che prendono il sopravvento per tutta l'acqua presa e un errato disimpegno di Conte concede un calcio d'angolo al Perugia. Palla in mezzo, rinviata fuori di testa... Calori stoppa e tira, sfiorando Montero e si insacca all'angolino basso destro di Van der Sar... Ciao Scudetto. Esili attacchi della Juventus, ma il risultato non cambierà e lo scudetto prenderà la via di Roma sponda laziale. Di quella giornata, dall'esito negativo non posso dimenticare le emozioni provate nel vedere i miei idoli così vicini, di cantare e tifare allo stadio per la Juventus.
(Emanuele Federici)

L'"iniziazione" bianconera è affidata ad un diario di scuola, rigorosamente marchiato "Ariston", lo sponsor marchigiano di elettrodomestici che per ben otto anni campeggiò fiero sul petto dei giocatori Juventini, assumendone, non a caso, la connotazione "del migliore". Frequentavo la classe V° Ginnasio di un Liceo Classico anconetano e ribollivo di passione pura per la Juventus, un amore nato nel 1977, galeotta fu la storica doppietta Campionato-Coppa UEFA. Proprio quell'agenda, custodisce tra le sue pagine costellate di appunti scolastici, due splendide foto scattate con la famigerata macchina fotografica a rullino "Nikon", in occasione di Milan-Juventus del 17/2/1985, la prima partita della squadra del cuore a cui assistetti dal vivo. Non fu esordio facile. Perdemmo 2-3 e la sconfitta bruciò ancora di più, maturata in un nucleo familiare storicamente rossonero. Sì, ero l'unico Juventino della famiglia e quelle splendide maglie in cotone egiziano makò che avvolgevano Sergio Brio e compagni mi avevano letteralmente stregato, a dispetto di un lavaggio del cervello continuo, perpetrato vanamente nei miei confronti da Papà, Zio e cugini, questi ultimi residenti proprio a Milano. Da anni coltivavo il desiderio di ammirare in prima persona i miei beniamini e quell'anno, dopo infinite pressioni, mi si presentò finalmente l'occasione, grazie alla possibilità che zio ebbe, quale dipendente della banca Cariplo, di accaparrarsi alcuni tagliandi per il match di "San Siro". Biglietti preziosi e costosi, già a quei tempi. Di quel giorno d'inverno, pallidamente soleggiato, ricordo l'interminabile marcia di avvicinamento dalla periferia milanese al "Meazza", cominciata molte ore prima del calcio di inizio. Centinaia e centinaia di autovetture, che ai tempi d'oggi farebbero sorridere per le loro fattezze, a snodarsi come un serpentone interminabile lungo le arterie della metropoli meneghina. Arrivammo a mezz'ora appena dal fischio di inizio e rimane indelebile in me il timore reverenziale provato nel trovarmi al cospetto di quel gigante di cemento e lamiere, seppure ben lontano, nella sua architettura, da quello attuale. Mancava infatti il famigerato terzo anello e la copertura superiore, aggiunti successivamente per ospitare degnamente il Campionato Mondiale del 1990, ma era già imponente e nella sua maestosità incuteva rispetto. Superati i cancelli d'entrata e percorse col cuore in gola le innumerevoli rampe portanti al settore di destinazione mi trovai finalmente sugli spalti, a bocca aperta, quasi paralizzato. Mio padre mi racconta sempre divertito l'espressione incredula che feci quando mi si parò davanti quella moltitudine sterminata di persone. Un esigente calderone che ribolliva di passione carnale, un fervore non ancora delimitato severamente in settori e aree ben distinte, che proprio per tale motivo comportava il rischio di creare assembramenti di tifosi misti, soprattutto nelle zone centrali, pronti ad esplodere alla prima controversa azione di gioco. Bisognava prestare davvero attenzione a quei tempi, erano i primi anni '80 e il tifo esasperato si concretizzava spesso in crude manifestazioni violente. Era il periodo degli agguati armati, dell'acre odore dei fumogeni e dei razzi sparati da curva a curva. Un ragazzino di quattordici anni che seguiva la sua squadra in trasferta, seppure amatissima in Lombardia, doveva mostrarsi prudente, silenzioso, nascondere la sciarpa bianconera sotto il cappotto e fare spallucce ai continui insulti avversari. L'atmosfera era assai ruspante, di una intensità difficilmente descrivibile. Fu esattamente la condotta a cui mi uniformai, protetto dalle spalle grosse dei miei familiari e dai loro sorrisi ironici ogni volta che lo stadio esplose ai goal milanisti, purtroppo tre in quella circostanza. Non potrò mai dimenticare le misere condizioni del campo di gioco, quasi in terra battuta per l'occasione. Mi colpì ancora di più contemplare da così vicino Paolo Rossi, Gaetano Scirea, Marco Tardelli, Massimo Briaschi, ecc... Mentre costruivano fantasiose trame di gioco, schizzavano impietose zolle di terra e gli immancabili piccioni facevano capolino nelle aree di rigore. Scenario indimenticabile, condito dagli odori dei mortaretti e dalle pagine dei quotidiani sportivi che volavano fra una fase e l'altra del match. Partita combattutissima, dai continui ribaltamenti di fronte, ma caratterizzata da giocate di grande valore. Ne uscimmo con le ossa rotte, ma onorevolmente, consapevoli di aver vissuto una domenica sfortunata. Una domenica in cui si giocava solo e "religiosamente" alle ore 15:00, in cui i bagarini regnavano padroni fuori dalla "Scala del Calcio", cercando fortuna tra i fumi dei chioschi esalanti improponibili miasmi di salsiccia e cipolla. A corollario di questo tourbillon di ricordi il suono sibillino del palo scheggiato dal "Bell'Antonio" su punizione, il goal su calcio di rigore segnato dal povero, indimenticato Agostino di Bartolomei (rigorosamente da fermo, con la consueta, inaudita violenza) la implacabile "sentenza" Pietro Paolo Virdis che ci castigò con una doppietta, la bionda chioma al vento dello "straniero" Massimo Bonini e quelle pennellate d'autore di "Le Roi" Michel dipinte al bacio per "Il Bello di notte". *(Vincenzo Felici).*

21 gennaio 1990, ore 13.30: fu la prima volta che provai quella strana, assurda, meravigliosa sensazione che ancora oggi, 30 anni dopo, ti assale ogni volta che finisci di salire i gradoni, imbocchi il gate ed il prato verde si staglia immacolato sotto ai tuoi occhi. Avevo 12 anni. In molti hanno provato a descriverla: un misto di vertigini e fiato corto, una specie di temporanea paralisi emotiva che somiglia a quello che, lo scoprii qualche anno più tardi, è la predisposizione corporea che prelude all'orgasmo. Ascoli-Juventus sarebbe iniziata soltanto un'ora dopo. Non è mai finita. E credo che non finirà mai. Ricordo la lunghissima notte precedente, totalmente insonne, sballottato tra la pura eccitazione e l'autentico terrore che qualcosa potesse frapporsi tra il sogno del giorno dopo e la cruda realtà. Inanellai ipotesi catastrofiche fino all'alba: furto d'auto nella notte, chiusura dei benzinai e impossibilità a partire, gomme squarciate da atti di vandalismo notturno, incapacità di trovare lo stadio Del Duca, biglietti non validi. Fortunatamente, ognuna di queste premonizioni si rivelò infondata. Partimmo così in tarda mattinata, io, mio padre - prima antiJuventino e solo poi romanista - il mio amico Federico e suo zio Giorgio. Loro entrambi sani portatori di Juventinità. Ricordo poco, della partita. Sapevo già che avremmo indossato la maglia gialla da trasferta, sicché non mi feci trovare impreparato quando li vidi entrare in fila indiana insieme ad altri 11 in bianconero. Sapevo benissimo da che parte stare. Ricordo Totò Schillaci e Rui Barros, piccolissimi e trotterellanti. Dario Bonetti e Sergio Brio, ciclopici e imperturbabili. Stefano Tacconi in calzamaglia. Ricordo una splendida giornata di sole, la curva dei tifosi dell'Ascoli gremita e compatta, dalla quale si alzavano cori a favore del "Picchio" e contro tutti I "marchigiani Juventini", considerati dal loro punto di vista dei traditori infami. Finì 2-1 per noi. Segnò Brio con un tiro da fuori area quasi subito, De Agostini su rigore pochi minuti dopo (poi se ne fece parare un altro da Lorieri verso la fine della partita), per loro Casagrande su rigore all'inizio del secondo tempo. Il vero ricordo che ho, è quello degli ultimi minuti di partita. Racchiude l'ingenua e romantica meraviglia di essere bambini. Non volevo che l'arbitro fischiasse la fine. Non volevo essere risvegliato e costretto a tornare a casa. Volevo vivere lì, per sempre. In quel pomeriggio senza fine e senza fiato. Il punteggio, non mi interessava. Potevano pareggiare. Ma non ero davvero preoccupato. L'unico vero terrore, era il fischio finale. Ecco. Adesso, trent'anni dopo, alcune cose sono intatte. L'adrenalina, la paralisi emotiva, le premonizioni catastrofiche. Ma una cosa è cambiata. Quella sì. E noi lo sappiamo. Noi siamo della Juventus Football Club. E vincere non è importante. È l'unica cosa che conta. E adesso facciamo 1200 chilometri ogni volta. 15 ore in autobus, ogni volta. E quando

entriamo a casa nostra, lo stomaco si blocca. Il fiato si fa corto. Indossiamo la nostra corazza, sempre soli contro tutti. Odiati da tutti. Fieri. Orgogliosi. Cattivi. Spietati. Noi non abbiamo paura di nessuno. E quando venite a casa nostra, siete vittime sacrificali. Punto. Ma adesso, quando la Juventus segna, quando passiamo in vantaggio, dimentichi tutto. I 1200 chilometri, le 15 ore in autobus. Adesso, ogni volta che la Juventus Football Club (adoro chiamarla così. Per esteso. Mette soggezione. Incute terrore) va in vantaggio, anche se è il quinto minuto del primo tempo, vuoi solo una cosa. Il fischio finale. L'orgasmo. La vittoria. La meraviglia è per i bambini. E pazienza se fai 1200 chilometri per 5 minuti di partita. Va bene così. Noi vogliamo vincere. Noi dobbiamo, vincere. Noi, siamo la Juventus Football Club. *(Nicola Fermani)*

È la prima partita di Champions dal vivo che vedo e l'emozione è tanta. All'andata, in pulman, si organizza un referendum per indovinare chi vincerà, il risultato è 0-1 e pertanto vinceremo noi. Durante la partita la sofferenza è alta. Abbiamo molte occasioni che non sfruttiamo oltre ad una supremazia, ma non riusciamo a segnare... poi all'Ajax ha l'opportunità di andare in gol... e la conseguente vittoria. La delusione per gli Juventini è stata grande e la mia molto forte. Al rientro ci sono anche lacrime di sconforto e l'unica cosa che ci consola è la speranza di vincere la prossima volta. *(Ettore Filicori)*

Fiorentina-Juventus del 15/12/1957. La notte non riuscivo a prendere sonno e quando mio padre si affacciò sulla mia camera, capii che era ora di alzarsi e partire. Erano le 4 di domenica ed io avevo detto a tutta la mia classe (V° elementare) che il giorno dopo sarei andato a Firenze a vedere Sivori, Charles e Boniperti. La macchina era pronta, Lancia Ardea, era stata lavata e passammo a prendere due amici di mio padre, anche loro malati di Juve. Il viaggio, lunghissimo, ma, non importava, l'odore dei panini con il salame che la mamma ci aveva preparato, inondava l'interno dell'auto. Mia nonna Esther mi aveva costruito una bianderra bianconera con un vecchio lenzuolo e delle fodere nere di un suo vecchio cappotto. Era tutto pronto, arrivammo alle 13 e dopo mezz'ora eravamo dentro allo stadio. Non stavo più nella pelle, con una vecchia macchina fotografica "Ferraania" scattavo foto a destra e a sinistra. Lo stadio era esageratamente grande e rumoroso, i cori partivano dagli spalti sfottendo i tifosi e poi all'improvviso, eccoli. Le squadre entravano in campo per il riscaldamento. Fortunatamente un amico di mio padre, mi fece salire sulle sue spalle, altrimenti non avrei visto più nulla. Tutti in piedi, ecco il fischio di inizio ed il goal dopo un po' della Fiorentina, poi il pareggio di Charles. Primo tempo 1 a 1. Con il cuore in gola seguivo il secondo tempo quando a pochi minuti dalla fine, segna Virgili e dopo poco l'arbitro fischia la fine della partita. Gli occhi erano lucidi e, con il bandierone come mantello mi riposizionai in macchina e partimmo in silenzio verso casa. All'improvviso mentre uscivamo da Firenze, sentimmo dei colpi sulla macchina. I tifosi viola ci stavano bersagliando da un cavalcavia con delle palle di giornale impregnate d'acqua. Nessuno aveva voglia di parlare, ne di reagire... La tristezza ci attanagliava, impedendoci ogni commento o reazione. A notte fonda ancora non eravamo arrivati ma sinceramente non avevo voglia di rivedere i miei amici che sicuramente mi avrebbero sfottuto. Fino alla fine forza Juventus. *(Dott. Gabrio Filonzi)*

La mia prima partita della Juve vista allo stadio dal vivo è stata Ascoli-Juventus il 19 ottobre 1986. Ero andato con i miei genitori e i miei zii

E pazienza se fai 1200 chilometri per 5 minuti di partita. Va bene così. Noi vogliamo vincere...

ed avevamo acquistato i biglietti di tribuna (mi ricordo che in tribuna c'era anche un giovanissimo Del Bosque, allenatore a quel tempo del Real Madrid, prossimo avversario della Juve in Coppa Campioni). Al primo gol (Briaschi) naturalmente abbiamo esultato rischiando di prendere le botte. Un gruppo di distinti tifosi locali si sono avvicinati, mi ricordo uno in particolare aveva l'ombrella, e ha tentato di colpire mio padre. Poi con l'intervento prima di alcuni tifosi Juventini che erano anche loro in tribuna e poi delle forze dell'ordine si è ristabilita la calma. Fatto sta che per non peggiorare la situazione abbiamo deciso di assistere al resto della gara in silenzio. Finita la partita, soddisfatti naturalmente del risultato, ci siamo rimessi in viaggio per tornare a casa. Ma non potevo immaginare che accadesse quello che ciascuno, soprattutto chi per la prima volta vede dal vivo una partita della squadra di cui è tifoso, spera che accada: il poter vedere da vicino i tuoi beniamini. Durante il viaggio di ritorno, in autostrada abbiamo raggiunto il pullman della Juve e l'abbiamo accompagnato fino a Castelferretti. Quella volta per accedere all'aereoporto si passava anche dalla stazione ferroviaria di Castelferretti. La fortuna ha voluto che la Juve prese la decisione di fare quel tragitto, ma soprattutto che il passaggio a livello fosse chiuso e quindi il pullman è stato costretto a fermarsi per alcuni minuti. A quel punto siamo scesi dalla macchina e abbiamo circondato il pullman (mi ricordo che c'erano anche altre macchine ma fortunatamente non tante). Stupendo! Non riuscivo a credere di essere a pochi centimetri da Platini, Scirea, Tacconi ecc... Mi ricordo in quei velocissimi minuti, l'incitamento forte fatto alla squadra per la partita di andata di Coppa dei Campioni a Madrid contro il Real, poi purtroppo, come sapete, finita male. *(Damiano Filippetti)*

Stupendo!!! Non riuscivo a credere di essere a pochi centimetri da Platini, Scirea, Tacconi ecc...

Sono Juventino da sempre, ma frequento assiduamente lo stadio solo dal 2011, grazie a mio figlio ora 15enne. In realtà la prima partita della Juventus l'ho vista quando avevo 10 anni, un Cesena-Juventus del 1976 quando ancora militava in BiancoNero il mitico Bobby Goal, poi più niente. Ma la svolta è, come appunto in premessa, mio figlio nato nel 2005 con la passione del calcio che gli scorre imponente nelle vene. Passione che ovviamente da buon Juventino ho indirizzato verso la Vecchia Signora. Dopo un incessante pressing sono stato quasi costretto a portarlo a Torino a vedere la sua e la mia squadra del cuore, era il 22 ottobre 2011 il primo anno dello Juventus Stadium un posticipo serale Juventus-Genoa. La partita non è stata un successo perché, dopo la repentina doppietta di Matri nei primi 15 minuti, il Genoa ha raggiunto il pareggio nei minuti finali con "l'Airone" Caracciolo, ma nonostante tutto questo, l'emozione negli occhi lucidi di mio figlio Marco, quando all'inizio della partita abbiamo salito la scalinata e ci siamo affacciati sul campo illuminato a giorno, è uno dei ricordi più emozionanti che ho. Tutto ciò che di bello aveva generato in Marco quella serata, non ha fatto altro che alimentare quel fuoco di passione calcistica che è sempre stata una sua prerogativa, e da quel giorno incessantemente ha continuato a chiedermi di tornare in quel luogo di "entusiasmante perdizione". Dall'anno successivo come auspicato dal nostro grande Presidente Andrea lo Stadium è diventata la nostra seconda casa. Siamo diventati due abbonati e tuttora lo siamo e seguiamo costantemente il nostro sogno bianconero. *(Alessandro Fiorani)*

La prima volta che sono andato a vedere la Juventus a Torino è stato l'11 marzo 1990. Juventus-Milan al vecchio Comunale. Il Delle Alpi sarebbe stato inaugurato due mesi e mezzo dopo per i mondiali di Italia 90. Siamo partiti in sette con un pulmino Wolkswagen marroncino. Quasi tutti tifavamo Juve, due milanisti ed addirittura uno che tifava Fiorentina. Il viaggio di andata è stato divertente, forse perché avevo l'adrenalina a mille, tra una barzelletta ed un racconto il tempo è volato.Poi siamo arrivati davanti al Comunale, non immaginate l'emozione quando siamo entrati. Settore gradinata centrale, stadio pieno, fumogeni, cori, sfottò... Lo speaker annuncia le formazioni, le squadre entrano in campo...Via, inizia la partita. Partita splendida, la Juve va subito in vantaggio con Totò Schillaci, poi poco dopo la metà del primo tempo raddoppia con Rui Barros. Finisce il primo tempo in vantaggio di due a zero... io incredulo! Inizia il secondo tempo con il Milan che prova a recuperare ma la Juve segna il terzo goal ancora con Rui Barros in contropiede. Lo stadio esplode in una festa bellissima, finisce la partita ed io toccavo il cielo con un dito. Esperienza indimenticabile che non dimenticare mai. Il viaggio di ritorno? Non ho chiuso occhio per quanto ero felice! Forza Juve! #Fino Alla Fine *(Simone Fioretti)*

La mia prima partita della Juventus vista allo stadio è stato un Perugia-Juventus 0-1 del 2002, abito a 30km da Perugia ma non sono mai stato tifoso del Perugia Calcio, Juventino dalla nascita. Quella domenica è stata speciale infatti era tanta la felicità nell'andare a vedere per la prima volta dal vivo la mia squadra del cuore; ero accompagnato da mio padre, anche lui super tifoso Juventino, ci recammo alla stadio circa un'ora e mezzo prima della partita ed entrammo subito allo stadio. Avevamo due biglietti di tribuna coperta e intorno a noi avevamo solo tifosi Perugini, mio padre mi disse di non fare un tifo troppo esplicito perché avremmo potuto avere qualche problema con gli altri tifosi. Iniziò la partita e subito capii che non sarebbe stato facile, infatti il Perugia si dimostro subito molto aggressivo e pericoloso dalle parti di Buffon e, già nel corso del primo tempo, prese un palo con Vryzas e successivamente una traversa con Di Loreto, la Juve faceva fatica a rispondere, riuscì a rendersi pericolosa con una bella azione tra Del Piero e Trezeguet che però tirò alto e con una punizione di Del Piero che si stampò sul palo. La partita stava per finire e si stava incanalando verso lo 0-0 nel momento del recupero mio padre mi disse andiamo che poi troviamo traffico, io risposi che volevo restare fino alla fine come recita il nostro motto, al 91' in uno degli ultimi attacchi arrivo la palla a Camoranesi che con un tiro spettacolare sotto la traversa beffò Kalac, esplosi dalla gioia e non riuscii a trattenermi tanto che mio padre mi dovette prendere per la maglia. È stata un esperienza indimenticabile grazie alla mia VECCHIA SIGNORA, FINO ALLA FINE FORZA Juve *(Alessio Floridi)*

La mia prima partita dal vivo è stata Sampdoria -Juventus il 9 Aprile 1972 ore 15,30 allo stadio di Marassi a Genova con papà e mamma. Eravamo in gradinata Nord, tutta occupata dai tifosi della Juve. Lo stadio era pieno e grande il tifo dei tifosi della Juve con cori sciarpe e bandiere. Il prato era verdissimo, sembrava un biliardo. La mia emozione è stata grandissima soprattutto quando sono entrate in campo le squadre e ho visto quelle maglie bianconere. La partita scorreva, la Juventus aveva avuto buone occasione da rete ma la partita finì 0-0. In quella Sampdoria giocava libero un certo Marcello Lippi e l'allenatore era Heriberto Herrera. Mi ricordo ancora la formazione della Juve di quella partita. Carmignani, Spinosi, Marchetti, Furino, Morini, Salvadore, Causio, Cuccureddu, Anastasi, Capello, Haller. L'allenatore era Vickpalec. Ho continuato poi negli anni a seguire la Juventus un po' dappertutto, a cominciare dei ritiri estivi con cui ho avuto rapporti e durante i quali ho legato con molti calciatori, potrei veramente anch'io scrivere un libro. Gli anni in cui sono stato più a

contatto con l'ambiente Juventus, sono stati dal 1994 al 2006, gli anni di Umberto Agnelli presidente con Giraudo Moggi e Bettega, la cosidetta triade. Sono stati anni veramente entusiasmanti e vissuti appieno con tutto l'ambiente Juventus, dai magazzinieri ai dottori ai fisioterapisti ai preparatori atletici ai calciatori alla dirigenza, ai tifosi, insomma come ho detto a tutto l'ambiente. Ora seguo un po' meno le partite dal vivo ma non ne perdo mai neanche una in tv.
(Daniele Florindi)

Breve premessa: seguo il calcio dalla stagione 1987/88. Platini era partito la stagione prima. In quegli anni il Milan vinceva in Italia ed in Europa, era la squadra da battere per evitare sfottò da amici e dispiaceri sportivi. Lo era anche il 30 ottobre 1994, si Juve Milan a Torino, da una parte il Milan campione d'Italia e d'Europa, in carica, e dall'altra la prima Juve di Lippi. In campo Peruzzi, Ferrara, Kohler, Paulo Sousa, Baggio, Vialli, Ravanelli, contro Gullit, Desally, Baresi, Panucci, Albertini, Boban e Donadoni. Una super partita insomma. La Juve vinse uno a zero e per me, ciliegina sulla torta, fu che il gol decisivo lo segnò Roberto Baggio, che era il mio idolo incontrastato all'epoca. Fu la partita del passaggio delle consegne, perché se come già detto il Milan era la squadra più forte della prima metà degli anni 90, la Juve fu la più forte nella seconda metà di quel decennio facendo poi 3 finali ed una semifinale di Champions consecutivamente. Mi ricordo che la voce mi ritornò definitivamente il sabato successivo, ed i primi 3 giorni dopo la partita non riuscivo a parlare da quanto avevo urlato, la sentivo tanto ed è stata indimenticabile.
(Sandro Fontana)

La mia prima volta non è documentata perché andai allo stadio di San Siro senza biglietto. Entrai il secondo tempo (quando si usava aprire i cancelli). Inter-Juve 1-1 (Serena, Galia) 18 dicembre 1988. *(Alessandro Francescangeli)*

10 gennaio 1990 Pescara 0 - Juventus 1 (Zavarov 58'). Dopo la trasferta in terra abruzzese, a Pescara, dove la Juve vinse 1 a 0 con gol di Zavarov. La squadra bianconera era ospitata all'Hotel "il Timone" di Porto San Giorgio, prima di trasferirsi a Roma per la partita della domenica successiva contro la Lazio. La formazione Juventina guidata dall'allenatore Dino Zoff, aveva bisogno di allenarsi in un campo sportivo non distante da Porto San Giorgio. Il comune di Porto Sant'Elpidio, su pressione dell'infaticabile Romagnoli Nazzareno, mise a disposizione l'impianto sportivo "Ferranti" e il sindaco di allora Dottor Pietro Spina, fu molto orgoglioso di aver risolto quel problema alla sua squadra del cuore. Adesso che da Sindaco, ho l'onore di rappresentare in prima persona la città di Porto Sant'Elpidio, madre di tanti calciatori che hanno figurato anche le piu alte categorie, mi fa enorme piacere ospitare la prima presentazione di un libro che racconta la passione per la Juventus, la stessa che coinvolge anche me sin da piccolino. Nel lontano 1990 il nostro comune si adoperò per ospitare la squadra della Juventus F.C., e ora a distanza di 30 anni ospitiamo la prima presentazione del libro "LA MIA PRIMA VOLTA PER LA Juventus". Ringraziamo per la fattiva collaborazione i signori Piero e Giuliano, titolari del ristorante "Il Gambero".
(Nazzareno Franchellucci, sindaco di Porto Sant'Elpidio)

La partita che ho visto dal vivo della (amata) Juventus è stata un Bologna-Juventus terminata

0 a 0 della quale non ricordo, purtroppo, l'anno preciso. Ricordo, però, le circostanze; la Juventus veniva da 7 o 8 vittorie iniziali consecutive in campionato, se avesse vinto anche a Bologna sarebbe stato record assoluto per il campionato a 16 squadre. Nonostante la Juventus fosse più forte, credo di ricordare che poi vinse il campionato, subimmo il Bologna e fu, anzi, Salvadore che evitò un goal respingendo il pallone che stava varcando la linea di porta. Io sono nato nel 1957 e sono diventato tifoso della Juventus perché mi innamorai di Sivori al punto che, giocando a calcio nei settori giovanili, nonostante il ruolo di difensore, contraddicendo tutti i miei allenatori, giocavo con i calzettoni abbassati e senza parastinchi. Siccome, nella vita, posso capire chi cambia idea su tutto tranne che sulla squadra di calcio, nonostante Sivori sia, poi, andato a giocare nel Napoli, sono rimasto tifoso della Juventus. *(Carlo Frati)*

Sono nata nel 1990 e, pur essendo femmina, mi è sempre piaciuto il calcio; senza nessuna particolare spinta o sollecitazione da parte di mio padre, tifoso della Juve, in giovanissima età, mi sono virtualmente innamorata di Peruzzi, Davids, Inzaghi e Del Piero. Negli anni, i primi tre, hanno gradatamente lasciato la Juventus ed è rimasto soltanto il "Capitano" Del Piero per il quale, effettivamente, ho avuto una, adolescenziale, cotta. La mia prima partita allo stadio è stata nel 2003, al "Del Conero" di Ancona, accompagnata da mio padre, per la partita Ancona-Juventus 2 a 3; ricordo che, tramite il rappresentante di uno sponsor, ci fu la possibilità di incontrare i giocatori al punto Juve installato presso la baia di Portonovo, purtroppo, per un ritardo nelle procedure di avvicinamento alla partita l'incontro saltò, mi consolai con la vittoria, anche se mi sono bagnata come un pulcino perché, sotto una pioggia battente, nonostante lo Stadio fosse nuovo, la copertura c'era soltanto per la Tribuna Centrale. *(Claudia Frati)*

Non era la prima volta che vedevo la mia Signora dal vivo, ma quel 20 Novembre 2011 per me è stato un giorno davvero particolare era come se non fossi mai stato allo stadio, come per un bambino vedere un bellissimo regalo che ti lascia senza fiato, ti si illuminano gli occhi, per me è stata la stessa cosa vedere la nuova casa della mia squadra del cuore, vedere un'atmosfera così surreale era stato qualcosa di favoloso. Un semplice Juventus-Palermo si è trasformata in un quarto di finale Champions... Pepe... Matri...Marchisio, tutti a casa, davvero una favola con lieto fine. Fino alla fine Forza Juventus! *(Francesco Frezzotti)*

22 Novembre 1989. Si parte dalla città Dorica all'indomani del mio compleanno alla volta di Torino per assistere alla partita di Coppa UEFA Juventus-Karl Marx Stadt, contro chi? Molte persone se lo chiedono anche oggi. Cinque super amici ed un camper, super emozionati, per tutti noi era la prima volta che andavamo a vedere la Signora bianco-nera! Arrivati a Torino comprai due sciarpe, una degli Indians e l'altra dei Fighters, ancora oggi mi fanno compagnia in molte battaglie! La partita ahimé, non fu un granché, in quanto la nebbia quella sera fece da padrona... ma per noi cinque fu comunque una grande emozione vedere i nostri campioni a pochi passi, in Curva Filadelfia cantavamo tutti con gli accendini accesi. I tedeschi passarono addirittura in vantaggio, poi ci fu la rimonta... la Juve vinse 2 a 1, prima pareggiò Totò Schillaci e dopo poco Casiraghi ci regalò il sorpasso! Super contenti festeggiammo la vittoria e il mio compleanno, e soprattutto, quell'anno, vide la nostra squadra del cuore alzare il trofeo europeo sconfiggendo in finale uno dei nostri più ostili avversari: la Fiorentina. Nonostante la nebbia la prima volta non si scorda mai #finoallafineforzaJuventus.
(Fabrizio Frontalini)

GIUSEPPE GALDERISI

Nato a Salerno il 22/03/1963
Nella Juve dal 1980 al 1983 (34 presenze, 8 goal)
3 Scudetti, 1 Coppa Italia
In Nazionale: 10 presenze

Esordio: 20/08/1980 UDINESE-JUVENTUS 2-2 Coppa Italia (Tesser 7' - Pradella 14' - Bettega 75',78')

La mia passione per il calcio è nata da piccolino. Alle medie facevo parte della squadra salernitana del Vietri sul Mare. Il mio allenatore, considerato come un padre, mi fece fare un provino con la Juventus in un campetto a Marina di Vietri. Venne Vycpalek a visionarmi insieme al nipote Zemak. Dopo questo provino fui preso e l'anno successivo andai a Torino.

Nonostante avessi solo 13 anni ho fatto tutto con un anno di anticipo: invece degli allievi B ho iniziato con gli allievi A, passando poi in Primavera e infine in prima squadra.
La mia voglia di brillare e la mia cattiveria agonistica, tiravano fuori il meglio di me quindi gli ottimi risultati che ho ottenuto, mi davano un enorme vantaggio sugli altri. Ero giovane e sfacciato, mi sentivo molto forte perché ero circondato da grandissimi campioni.

Il mio esordio in campionato avvenne il 6 novembre 1980 nella trasferta a Perugia. La squadra, reduce dal nervoso derby della giornata precedente perso per 2 a 1, fu decimata dalle squalifiche. Così, per la partita contro i Grifoni, mister Trapattoni convocò sia me che Gabriele Pin, entrambi della formazione Primavera. Io e Pin la notte precedente non dormimmo perché eravamo carichi come delle

molle. Avevo la fame di giocarmela per dimostrare il mio valore e per far capire a tutti che ero pronto per la Juventus. Partii dalla panchina. A 20 minuti dalla fine della partita, quando Trapattoni mi chiese di scaldarmi, praticamente volavo tanto ero emozionato. Entrai al posto di Marocchino.
Il mio primo goal arrivò il 4 gennaio dell'anno successivo al mio debutto. Ricordo che a Capodanno, mentre i miei amici festeggiavano, io pensavo solo a giocare e a segnare. Avevo sempre avuto l'istinto del goal ma in quel periodo era un chiodo fisso. I miei sacrifici furono ripagati nell'amichevole contro il Como. Entrai verso la fine della partita e 6 minuti dopo segnai un bel goal di testa.
Avevo la fiducia dell'allenatore che vedeva in me un ragazzo con tanta voglia di crescere e di imparare. Quando mi allenavo in prima squadra mi affidò a Furino con il quale palleggiavo tutte le mattine. Il fatto di palleggiare proprio con lui mi agitava parecchio perché se cadeva la palla erano dolori!
La crescita del Galderisi calciatore e Galderisi uomo passa proprio in quella Juventus piena di fenomeni e uomini veri che mi presero a ben volere dandomi tanto sotto tutti i punti di vista. Sono cresciuto con lo stile Juve e questo mi ha aiutato soprattutto nelle difficoltà. A 16 anni, sedersi allo stesso tavolo di Zoff e Scirea non era da tutti. Erano proprio loro che mi volevano come capotavola e mi riempivano di complimenti ma anche di tirate di orecchie. Stare insieme a questi campioni era una bellissima emozione per me.

Io ero un trequartista: giocavo dietro i due attaccanti Farina e Cipriani. Io ero quello che costruiva l'azione.
La mia carriera ebbe una svolta nella stagione 81/82 quando, a causa della squalifica di Paolo Rossi e dell'infortunio di Bettega, Trapattoni iniziò a farmi giocare davanti insieme a Virdis e Fanna. Fu una bellissima sfida per me perché questo ruolo rispecchiava a pieno le mie caratteristiche: ero rapido, furbo e giocavo molto d'anticipo.
Ricordo con molto piacere la partita del 14 febbraio contro il Milan. Quella domenica per me fu indimenticabile: circondato da grandi campioni, segnai ben 3 goal. Al terzo goal Tardelli venne ad abbracciarmi mentre festeggiavo sotto la curva.
In quella stagione giocai 16 partite e realizzai 16 goal. Vincemmo lo scudetto e la cosa più bella del festeggiarlo fu che mentre Torino era in festa io, camminando in mezzo ai tifosi, ho notato tutta la bellezza e la forza di quello che la Juve aveva fatto. Quando mi capita di parlare con Trapattoni di questa stagione lui mi dice sempre che, se non avesse avuto il coraggio di mettermi dentro, quello scudetto non lo avremmo mai vinto. Questa cosa mi riempie di orgoglio perché lui ha deciso di puntare su di me nonostante avessi solamente 16 anni.
La Juventus è stata come una madre per me, un vero e proprio punto di riferimento. Ho sempre vissuto intensamente ogni attimo della mia carriera. Tra i tanti,Vycpalek, Vicini e Acconcia, hanno contribuito ad offrirmi molte opportunità che io prendevo con ingordigia per riempire il mio serbatoio di esperienza.

Cuccureddu mi ha curato con tanto amore, si è preso molto cura di me, a Villar Perosa praticamente ero sempre attaccato a lui.
Dopo la Juventus sono approdato al Verona, altra squadra fondamentale per me. Ho giocato più volte contro la Juve e ho anche segnato esultando perché per me non ha senso non festeggiare se segni contro la tua ex squadra. Io sognavo tutte le notti di fare goal e per me non c'era nulla che teneva. Un'emozione particolare l'ho vissuta in una partita di Coppa Campioni proprio contro la Juventus. Mi ero appena operato al ginocchio e stavo rientrando in quel periodo. Avere nello stesso stadio in una competizione così importante le due squadre che mi hanno cresciuto, è stato incredibile perché io non vedevo due avversarie ma la mia famiglia unita.

Un altro personaggio che non potrò mai dimenticare della mia avventura bianconera è sicuramente l'Avvocato. Quando arrivava con il suo elicottero mi chiamava vicino a lui perché essendo il più piccolo ero considerato da lui e da tutti un po' come la mascotte del gruppo.
Per quanto riguarda la mia esperienza in Nazionale, nel 1982 ho sfiorato la convocazione in quanto ero in competizione con Franco Selvaggi. Bearzot alla fine scelse di portare Selvaggi perché già 34enne. A me che ero appena maggiorenne, assicurò che mi avrebbe chiamato per il mondiale successivo. E così fece. Nel Mondiale messicano dell'86 eravamo un bel gruppo di giovani e veterani ma non siamo stati capaci di toglierci di dosso l'ansia e far scattare quella scintilla che avrebbe sicuramente cambiato il nostro percorso. All'esordio contro la Bulgaria, Bearzot chiamò in camera me e De Napoli comunicandoci che saremmo partiti entrambi dal primo minuto al posto dei titolarissimi Paolo Rossi e Marco Tardelli che erano in tribuna.

Mi considero il 13enne che ha realizzato il suo sogno. Ogni volta che mi allenavo ero solito giocare con le figurine, le avevo dei club di tutto il mondo e mi divertivo a creare i miei personalissimi campionati da sogno. Dopo 2 anni quelle stesse figurine me le sono trovate accanto. Questo mi ha fatto comprendere che se credi in qualcosa di forte, alla fine vieni sempre ripagato. È questo che mi ha portato alla Juve dove ho acquisito dei valori importanti che mi porto dietro anche ora che faccio l'allenatore.

Giuseppe Nanu Galderisi era destinato a divenire un giocatore importante per merito di due piedi magici e di una rapidità di esecuzione fuori dal comune. Beppe rimarrà nella storia Juventina come uno degli artefici di due scudetti e di un trionfo in Coppa Italia.

"Sono orgoglioso di essere Juventino, di essere una "bandiera", come mi definite spesso, ma in realtà io sono solo una piccola parte di una grande bandiera bianconera, che cresce col passare degli anni e se ognuno di voi guarda con attenzione ci trova scritto anche il proprio nome... Perché questa bandiera continui a crescere c'è bisogno di tutti noi: restiamo uniti!"

Alessandro Del Piero

FILIPPO GASPARRINI

Nato ad Ancona il 13/02/1976
Nella Juventus Primavera dal 1991 al 1994
1 Scudetto, 1 torneo Viareggio

Mi sono trasferito alla Juventus dai Pescatori Ancona nell'estate del 1991. Nell'anno precedente avevo sostenuto 2 tornei di prova, da prestito con la Juventus giovanile.

Aggregato alla società giovanile della Juve disputai il campionato della categoria Allievi agli ordini dell'allenatore Salvatore Jacolino.

I primi tempi subii un po' una crisi di ambientazione ma, superata questa fase, ho sempre accelerato le tappe fino alla formazione "Berretti" e infine in quella Primavera (dove ero sempre titolarissimo) dove ho sempre giocato con giovani calciatori più grandi di me.

Per quanto riguarda il mio "affacciarsi" nella rosa della prima squadra ho disputato alcune amichevoli infrasettimanali quando in 4 o 5 della Primavera venivamo aggregati alla formazione maggiore.

Giocare a fianco e contro campioni come Baggio, Del Piero, Tacconi, Conte, Ferrara, Peruzzi e Torricelli era una grande emozione. Di Moreno Torricelli ho un piacevole ricordo perché molto spesso era lui che con la sua auto mi accompagnava al campo di allenamento passando per il collegio dove eravamo ospitati noi giovani.

Negli allenamenti e nelle partite contro la prima squadra, cercavo sempre di catturare tutti i segreti possibili dai prestigiosi attaccanti della Juve di quel

tempo e in particolare di Roberto Baggio che considero il giocatore più forte che abbia visto giocare, nonché il talento più fulgido fra gli italiani degli ultimi 30 anni. Roby mi aveva preso anche a ben volere. Ricordo che nella classica amichevole estiva di Villar Perosa, dopo una giocata brillante che mi riuscì ai danni del tedesco Jurgen Kolher, il Divin Codino mi si avvicinò complimentandosi e dicendomi di stare attento che lo stopperone teutonico me l'avrebbe potuta far pagare.
Nel mio stupendo periodo a Torino avevo legato con molti ragazzi della mia età ma particolarmente con il centravanti torinese Corrado Grabbi, un'amicizia fortissima che ci lega ancora. La sua famiglia mi aiutò molto sin dai primi giorni. Corrado mi chiese suggerimenti anche quando era in procinto di trasferirsi all'Anconitana, neopromossa in serie D.
La mia carriera da calciatore mi riportò all'Anconitana formazione Primavera. Nell'estate successiva ancora di ritorno alla Juventus e dopo il ritiro estivo mi trasferii allo Sparta Novara di serie D, poi ho girovagato per lo stivale italico toccando vari club di serie D, vestendo anche la maglia della Jesina.
La mia esperienza alla Juventus mi ha insegnato dei valori che rimarranno impressi per tutta la vita soprattutto nella mia nuova veste di allenatore dei giovani ai quali mi piacerebbe trasmettere tutto quello che ho ricevuto in un ambiente magico come è quello della Juventus.

CLAUDIO GENTILE

Nato a Tripoli il 27/09/1953
Nella Juve dal 1973 al 1984 (415 presenze, 10 goal)
6 Scudetti, 2 Coppa Italia, 1 Coppa UEFA,
1 Coppa delle Coppe
In Nazionale: 71 presenze, 1 goal

Esordio: 29/08/1973 JUVENTUS-ASCOLI 3-1 Coppa Italia
(Anastasi 20',63' - Altafini 69' - Carnevali 88')
Stadio Comunale

Per me la Juventus non è importante ma importantissima essendone tifoso fin da bambino.
Nel 1973 giocavo nel Varese e mi arrivò la proposta dalla Juventus. Io non volevo andarci perché nella Juve avrei trovato sì giocatori eccezionali ma proprio nei ruoli difensivi, mi sarei trovato quasi sicuramente chiuso dai vari titolari.

Avevo 19 anni quindi avevo voglia di giocare. C'erano altre squadre che mi cercavano: Bologna, Fiorentina e Roma ma Borghi, il presidente del Varese, avendo un ottimo rapporto con Boniperti, mi "ricattò" dicendomi che se non fossi andato a Torino, avrei dovuto smettere di giocare. Accettai anche perché Boniperti insistette molto quindi andai a Torino e firmai subito.
Nel mio primo anno ho ricoperto tanti ruoli, ho giocato da mediano, da terzino e da stopper. Prima di esordire in campionato ho fatto un po' di gavetta nelle varie amichevoli. Ricordo che in una stagione successiva, in occasione di una trasferta ad Ascoli andammo a visitare la sede dell'Ariston, il primo sponsor ufficiale della Juventus. C'era molto da imparare perché la Juve è diversa dalle altre società: ha un altro stile, un'altra mentalità sia dentro che fuori dal campo. Basti pensare che ad ogni vittoria, mentre io mi esaltavo, forse troppo, non riuscivo a comprendere perché gli altri restavano così freddi e tranquilli. Ho iniziato a

pensare che forse ero esagerato io ma con il tempo ho imparato a comprendere che quando sei alla Juventus vincere è considerata una cosa del tutto naturale. Il mio debutto in maglia bianconera avvenne il 2 dicembre 1973 contro il Verona al Comunale che terminò con una nostra vittoria schiacciante di 5-1. La mia prova fu molto positiva. Iniziavano tutti a pensare che forse sarei diventato qualcuno. Da questa partita ho iniziato a trovare uno spazio, giocando 16 gare compresa la finale della Coppa Intercontinentale a Roma purtroppo persa contro una squadra Argentina. Da quell'anno mi tolsi diverse soddisfazioni perché non mi ritenevo così bravo per poter giocare in un club tanto prestigioso. L'anno successivo sono diventato titolare in pianta stabile. A 19 anni trovarsi di fianco calciatori come Capello, Anastasi e Furino era piuttosto stimolante. Da questi giocatori non ho potuto fare altro che imparare tantissime cose che ho cercato di trasmettere anche quando ho intrapreso la carriera da allenatore. La mia grinta e determinazione mi hanno aiutato moltissimo a costruire la mia carriera che si è evoluta in maniera talmente rapida che quasi non me ne sono accorto. La stagione in cui sono stato protagonista è stata quella 76-77. Mister Trapattoni aveva piena fiducia in me e nelle mie qualità, decise di farmi giocare a sinistra, una posizione piuttosto insolita per me ma lui non aveva dubbi e, facendo leva ancora una volta sulla tenacia, riuscii a cavarmela decisamente bene e disputai la mia migliore stagione in bianconero. Nel 1974 ho debuttato in nazionale U-23 contro la Jugoslavia. L'anno successivo ho esordito in Nazionale maggiore nella partita Italia-Polonia. Arrivare a vestire la maglia azzurra a 21 anni è stato un sogno che si è realizzato. Ho partecipato da titolare al mondiale del 1978 in Argentina dove sono stato considerato uno tra i migliori difensori della competizione e al vittorioso ed indimenticabile mondiale spagnolo dell'82.

Nel 1991 ho deciso di ritirarmi per poi diventare allenatore. Nel 2000 sono stato il commissario tecnico dell'Under 21 partecipando all'Olimpiade del 2004 ad Atene conquistando la medaglia di bronzo. Prima di me c'era riuscito solo Pozzo nel 1936. Nel 2006, sei dei miei ragazzi hanno partecipato al Mondiale laureandosi campioni del mondo guidati da Lippi e questo lo affermo con una punta di orgoglio. Cosa posso dire di più della Juventus. Oltre che un ambiente in cui si acquisisce un'abitudine mentale di sacrificio che non c'è da nessun'altra parte. Alla Juve ti insegnano che la partita più importante è sempre quella che deve ancora venire, ti insegnano ad avere sempre fame di vittorie, a non accontentarti mai, i festeggiamenti durano sempre poco. Non è un caso che le fortune della Nazionale siano sempre coincise con la larga presenza di bianconeri in azzurro.

Claudio Gentile da Tripoli ha avuto nella sua carriera la strada lastricata da ostacoli ma è riuscito a superare qualsiasi prova con la sua proverbiale grinta, la sua cattiveria agonistica, risultando uno dei difensori più talentuosi del suo periodo. Epiche le sue battaglie contro Maradona e Zico nel vittorioso Mondiale '82 in Spagna.

Nato a Teramo il 03/03/1970
Nella Juve dal 1988 al 1990
Attuale allenatore della Recanatese

Nel 1988 andai a fare un provino al Milan ma finii per andare alla Juventus perché offrì di più al Giulianova, formazione di C2 nella quale giocavo. Andai subito in ritiro con la prima squadra dove c'era Trapattoni. Mi si aprì un mondo completamente diverso a quello al quale ero abituato: mi allenavo con i mitici Laudrup, Cabrini, Altobelli e Scirea il quale mi regalò un paio di scarpette della Puma che conservo ancora come una reliquia. Ricordo che durante il ritiro era Sergio Brio a tenere il passo negli allenamenti e diceva "Il passo lo faccio io e se qualcuno si permette di superarmi, alzo i gomiti", vista la stazza dello stopperone nessuno si è mai permesso di superarlo.

Non ho mai esordito in prima squadra ma ho fatto una panchina contro l'Atalanta in casa e una ad Amburgo terminata 4-1 in Coppa UEFA. Boniperti mi voleva bene. Ricordo che quando andavo fuori a fare delle esperienze come Verona e Bari mi mandava sempre in prestito. Di fatto sono rimasto legato alla Juve fino ai 25-26 anni. Ricordo che quando Vialli, insieme ad altri blucerchiati passarono dalla Sampdoria alla Juve per uno scambio con Corini, Zanini e Serena, il presidente Mantovani voleva anche me, ma Boniperti si oppose perché non voleva cedermi in quanto credeva molto nelle mie qualità.

La Juventus in quel periodo aveva vari contatti con lo Spezia di Governato. Nel 1990 andai da loro in prestito, poi ritornai a Torino e infine nel 1991 a Bari per mezzo cartellino.

Quando affermano che la Juve ti dà la carica perché vuole vincere sempre non dicono bugie: io sentivo questa mentalità vincente, si respirava nell'aria. Non era un'imposizione ma una condizione del tutto naturale.
Nel 2010 decisi di appendere le scarpette al chiodo e di intraprendere la carriera da allenatore. La mia prima esperienza è stata nella Primavera del Bari dove rimasi 2 anni poi passai alla Primavera del Pescara. Ora dal giugno 2019 alleno la Recanatese in serie D.

LUIGI GIANDOMENICO

Nato a Macerata l'01/09/1978
Nella Juve dal 1996 al 1998 (1 presenza)

Esordio: 24/09/1997 JUVENTUS-BRESCELLO 4 - 0
Coppa Italia (Del Piano (A) '7 - Amoruso (R) '46
Fonseca '68, '86) Stadio Delle Alpi

Nella mia vita ho avuto la grande fortuna di fare il calciatore, cosa che da bambini tutti sognano. Ci sono arrivato con tanti sacrifici sotto tutti i punti di vista ma alla fine ho ricevuto tanto da questo mondo e posso tranquillamente dire di essere stato fortunato.
È chiaro che l'apice della mia carriera l'ho avuto con la maglia della Juventus, ho provato emozioni uniche e indescrivibili in quegli anni. Ci sono due episodi che mai e poi mai potrò dimenticare di quella magnifica esperienza.

Il primo: la data è il 24 settembre 1997, giorno e data che mai e poi mai potrò dimenticare. Dopo sei anni di settore giovanile con la maglia della Juventus arriva il mio esordio in Coppa Italia. La partita era Juventus –Brescello, Stadio Delle Alpi di Torino. A inizio ripresa mister Marcello Lippi mi manda a scaldare e lì comincio a capire che sta per arrivare il mio grande giorno. Al minuto 62' l'esordio: inutile descrivere cosa stessi provando in quei momenti. Sono entrato al posto di Nicola Amoruso e alla fine vincemmo quella partita 4 a 0. Non posso nascondere che quello è stato uno dei giorni più belli della mia vita con un aneddoto: prima di entrare in campo un "certo" Zinedine Zidane mi disse: "Vai ragazzo, questa è la tua occasione".

Il secondo, magnifico, episodio che ricordo con gioia dell'esperienza alla Juve è datato 10 dicembre 1997. Prima, e unica, panchina in Champions League in Juventus-Manchester United. Abbiamo vinto 1 a 0 con gol di Pippo Inzaghi nel finale e per me vivere quell'esperienza è sicuramente un motivo di grande orgoglio, ancora oggi lo ricordo con gioia indescrivibile.

SALVATORE GIGLIO

FOTOREPORTER della Juventus
La Juventus: un eccesso di emozioni da Boniperti a Del Piero.

IL MIO PRESIDENTE
Era il 1962, avevo 14 anni. In quel periodo facevo il cameriere in un bar in Corso Bramante (To), davanti alla Filiale Fiat dove tutti i giorni portavo caffè e cappuccini... Un bel giorno arriva un'ordinazione di due caffè dal capo officina: entro in ufficio e vedo davanti a me Boniperti, il quale aveva portato la sua auto. La mia mano che portava il vassoio, per l'emozione ha cominciato a tremare. Ci mancava poco che i caffè diventassero shakerati. Servo i caffè e chiedo per cortesia a Boniperti se mi fa un autografo. Mi risponde: "Ma io ho smesso di giocare!". "Si, ma rimane sempre un Campione!", rispondo. Interviene il capo officina: "Giampiero, faglielo, è uno dei nostri". Dopo 15 giorni ho cambiato lavoro, sono andato a fare l'apprendista fotografo... La mia storia era già scritta. Oggi, al posto della Filiale c'è un Supermercato. Il bar c'è ancora e spesso ci passo a prendere un caffè... e mi piace pensare che, per una volta, il Presidente prende un caffè con me e non con il capo officina.

IL MIO CAPITANO
Un giorno speciale del 1993: leggo un trafiletto su un quotidiano che parlava

di un ragazzino preso da Boniperti dal Padova per farlo giocare nella Primavera. Sarebbe arrivato in mattinata a Torino per le visite mediche. Per i ragazzi della Primavera non avevo l'obbligo da parte della redazione di Hurrà Juventus di eseguire il servizio fotografico. Ma ero curioso, così ho deciso di seguirlo. Sono andato dal magazziniere Gianni Rosso, mi sono fatto dare una maglia, un pantaloncino e un pallone... e ho aspettato che il ragazzo arrivasse al Centro Medicina dello Sport all'interno dello Stadio Comunale. C'ero solo io; nessun dirigente, nessun giornalista, nessuna televisione e nessun tifoso. Lo vedo arrivare. Era solo. " Buongiorno Alessandro, benvenuto alla Juventus, sono Salvatore Giglio, il fotografo della Società, sono qui per il servizio fotografico. Prima fai le viste, poi facciamo la foto ufficiale con la maglia". Mi risponde timidamente: "Si, so chi è lei". Dopo le visite indossa la divisa bianconera e andiamo nel prato del Comunale. Ho iniziato a scattare e noto che era molto teso, emozionato: "Dai Alessandro, stai tranquillo sono solo delle foto". "Signor Giglio, in camera mia ho un poster di Michel Platini dove c'è scritto Foto di Salvatore Giglio. Ho sempre sognato di essere fotografato un giorno da lei". Il suo sogno è durato 19 anni: la foto del primo gol in Serie A contro la Reggiana che, guarda caso, aveva lo sponsor "GIGLIO" sulle maglie, la foto che alza la Champions League a Roma, la foto della coppa Intercontinentale a Tokyo, la foto della Coppa del Mondo a Berlino, la foto dell'ultimo goal contro l'Atalanta e l'ultima foto con la maglia della Juventus a Roma in Coppa Italia... ed io, sempre presente. La maglia della prima foto in bianconero aveva il n° 19, come gli anni che ha giocato nella Juve. Di solito quando prendevo in prestito una maglia dal magazzino la restituivo, con questa non so come mai non l'ho fatto e il magazziniere s'é dimenticato... un mistero. Forse era già tutto scritto. La maglia è ancora in mio possesso, custodita gelosamente... Il giorno prima della partenza per l'Australia, vengo convocato per un servizio fotografico con la maglia del Sydney nei suoi uffici di Corso Marconi 10 (la sede dove negli anni '80 ero andato a fotografare l'Avvocato Gianni Agnelli). Abbiamo cercato con cura di ripetere le stesse pose fatte 19 anni prima con la maglia della Juve (avevano portato bene). Mentre scattavo, Alessandro ha notato che ero teso, emozionato. "Dai Totò (è l'unico che mi chiama Totò) stai tranquillo sono solo delle foto...". Si era ricordato quello che gli avevo detto durante la sua prima foto in bianconero... diciannove anni prima.

SERGIO GIUNTA

Massaggiatore della Juventus dal 1994 al 2007

Sono stato per ben 13 anni il massaggiatore della Juventus. Quante emozioni! Io che fin da bambino tifavo Juve. Erano gli anni '60 quando mi presentai con il mio papà a fare il provino alla Juventus, mi presero e feci ben 10 anni, facendo pure un esordio in prima squadra in amichevole al posto di Menichelli.

Questa è solo una presentazione. Adesso vedo di descrivervi, un piccolo aneddoto che a me sta molto a cuore. In tutti questi anni alla Juve ho girato il mondo, ho vinto tutto quello che c'era da vincere. Ho conosciuto personaggi del calcio, dello spettacolo e del cinema. Inizio col dirvi che da bambino il mio idolo era il grande Omar Sivori e che, un giorno di allenamento, il magazziniere mi disse di andare a chiamare Sivori negli spogliatoi che lo volevano al telefono. Non vi dico l'emozione! Entrai negli spogliatoi c'erano Charles, Boniperti, Garzena, Stivanello e tanti altri. Mi sembrava di vivere un sogno! Mi chiesero cosa volessi e io gli dissi che volevo parlare con il signor Sivori. Mi dissero che era nella sala massaggi. Spialtini mi chiese cosa volevo! E io gli dissi che lo volevano al telefono.

Dovete sapere che una volta non c'erano i telefonini e che il telefono era in magazzino. Sivori mi disse "accompagnami". Non vi dico per me era davvero un sogno. Il telefono era in fondo a un lungo corridoio e c'era un bel tratto di strada per raggiungerlo. Camminavo senza guardare la strada, ero sempre con gli occhi rivolti al mio idolo. Mi guardò e mi chiese come mi chiamavo e mi passò la mano nei miei riccioli biondi. Quando tornai a casa lo dissi ai miei genitori e loro furono felici per me. Dovete sapere che a distanza di quasi 50 anni il grande Sivori fu ospite della Juventus quando si svolse la preparazione per la finale di Coppa Campioni svoltasi a Roma contro l'Ajax. Per cui ero a diretto contatto con Sivori: si faceva colazione, pranzo e cena insieme. Ebbi così la forza di dirgli quanto era successo circa 50 anni prima. Lui prese molto a cuore questa cosa e nei 10 giorni di ritiro mi aveva preso a ben volere. Passano alcuni anni e noi eravamo in ritiro nuovamente a Roma per una partita di Coppa Italia contro la Lazio. Ero in campo di allenamento (perché quando si giocava di sera ci si allenava la mattina) quando vidi il signor Sivori che mi si avvicinò, lo salutai e lui mi abbracciò. Mi chiese se avrebbe potuto fare una foto con Nedved e Thuram che furono ben felici di accontentarlo. E qui avvenne la cosa che mi rese più felice in assoluto: Omar volle che anche io fossi immortalato nella foto. Credetemi ci sono parecchi momenti che ricordo con piacere ma questo episodio mi rende felice ancora oggi.

Giocatore jesino e Campione d'Italia con la Juventus cat. Allievi nel 1971

La mia storia con la Juventus è durata lo spazio di un sogno giovanile. Nel maggio 1970 feci un provino per la Juventus nella mia città, a Jesi, avevo destato buona impressione e da lì mi arrivò una convocazione per una prova suppletiva a Torino. Anche a Casa Juve il mio modo di esprimermi in mezzo al campo piacque ai loro selezionatori e al termine di quei due giorni mi convocarono in sede per un accordo. Il viaggio di ritorno insieme a Valentino Bozzi, responsabile della società Gherardi Jesi volò via nella mia mente di bambino sognante.

A fine agosto fui convocato addirittura a Villar Perosa, nel regno della famiglia Agnelli e mi sembrava di toccare il cielo con un dito, stavo vivendo il sogno più bello della mia vita. Alla Juve, sotto le cure del mister Vicpalek e del mio allenatore signor Grosso sono migliorato moltissimo nei fondamentali e nella gestione della partita. Ricordo che con me erano arrivati il portiere Giancarlo Alessandrelli, Domenico Maggiora, Vincenzo Chiarenza, Paolo Franceschelli, Palladino e Bianco. In quel primo anno, oltre ad aver vinto il campionato italiano di categoria disputando 33 partite su 34, ho giocato contro Caso, Rosi, Braglia, Bini che militavano nelle formazioni di Fiorentina ed Inter. Mi ricordo con piacere che, al termine di una gara dove ero stato tra i migliori, mi emozionai nel ricevere personalmente i complimenti del signor Italo Allodi, direttore sportivo della Juve e di Locatelli, responsabile del settore giovanile.

Da ragazzo le mie simpatie erano per il Milan, ma posso dire di aver toccato la Juventus prima di calcare campi di serie C e posso affermare con convinzione che la società Juventus è sempre stata all'avanguardia per organizzazione e metodologie e questo lo si capiva anche dal trattamento riservato ai suoi giovani calciatori. In occasione della finale di campionato della categoria degli Allievi vinta 2 a 0 contro il Bologna a Perugia al vecchio stadio "Santa Giuliana", da Jesi, i miei amici ed ex compagni di squadra, intervenirono numerosissimi organizzando anche due pullman per venire a sostenermi in quell'occasione molto importante per me.

Io e la mia Signora. La prima volta che l'ho vista?! Era il 1984, per raggiungerla, ho fatto migliaia di chilometri, schiacciato nel mio posto su un pullman. Ero ansioso ed emozionato, la conoscevo ma l'avevo sempre guardata da lontano, non l'avevo mai vista dal vivo, di persona, sapevo già che valeva la fatica. Sono arrivato a Basilea, era il 16 maggio, l'aria era frizzante; mi sono avviato all'appuntamento, in anticipo... Ero troppo impaziente! Mi sono seduto al mio posto... E l'ho aspettata! È iniziata la musica. Ed eccola lì, l'ho vista: splendida, bellissima; io vestito di bianco e nero lei di giallo, non c'era SIGNORA più bella! Non ci potevo credere, ero lì! Insieme a tanti altri come me, innamorati di lei. Poi il fischio d'inizio e appena al 13° minuto, attraverso le gambe di Vignola, la SIGNORA segna il primo goal. Il mio cuore batte forte, grido di gioia! Alla mezz'ora il Porto pareggia e mi sento un po' in ansia... Però di tempo ne abbiamo... E infatti, poco dopo, arriva il secondo goal grazie a Boniek. Un'emozione dopo l'altra e poi alla fine... La coppa alzata al cielo! La SIGNORA anche stavolta non mi ha deluso. Ero giovane, la mia passione è cresciuta con me, ogni tanto mia moglie è gelosa. Però, comunque... Juve, STORIA DI UN GRANDE AMORE. Basilea, 16 maggio 1984: Juve-Porto 2-1.
(Giovanni Gabrielloni)

La prima volta allo stadio è stato il 23 aprile 1997 Juve-Ajax 4-1, semifinale di Champions League stagione 1996/1997, avevo 8 anni. A distanza di molti anni ricordo benissimo la spasmodica attesa vissuta durante tutto il viaggio, le parole dei miei genitori mentre percorrevamo di corsa la scalinata che conduceva al nostro settore "Michi sei pronto, dai che ci siamo", l'esultanza di Zidane sotto il nostro settore dopo aver messo a sedere tutta la difesa avversaria ed aver realizzato la rete del 4-1, ricordo quasi tutto di quella sera, me ne rendo conto, è strano che dopo tutto questo tempo ricordi ancora certi particolari, eppure è così, sono tutti li marchiati a fuoco nella memoria di un bambino di 8 anni che scopriva il calcio, che scopriva cosa significava essere un tifoso della Juve.
(Michele Gagliardini)

... io vestito di bianco e nero lei di giallo, non c'era Signora più bella...

La prima volta che abbiamo visto la Juve? Difficile da dimenticare. È stata un'esperienza fantastica! Prima nel pullman dove cantavamo tutti i cori contro l'Inter e l'inno della Juve. Poi una volta arrivati siamo andati ad aspettare che arrivasse il pullman della Juventus... un'attesa lunga ma ne è davvero valsa la pena. La parte più bella è stata l'entrata nello stadio. È stato amore a prima vista... non l'avevamo mai vista la Juventus dal vivo ma, è stato come dire, bellissimo, talmente tanto che noi non vedevamo l'ora di ritornarci. La partita era Juventus-Fiorentina vinta 2-1 con i gol di Khedira e Higuain. È stata una partita F-A-V-O-L-O-S-A! Tutti i cori degli ultrà e la presentazione dei giocatori all'inizio della partita, bellissimo. Quella è stata la prima di una lunga serie di partite che abbiamo visto. Per sempre, fino alla fine, forza Juventus. *(Giulia e Nicolò Galdelli)*

La mia prima volta ricordo una sconfitta 2-1 a Milano contro intermerda, ma nn ricordo nulla... ho cercato su internet in quegli anni 85-86, ma ci sono 2/3 partite con lo stesso risultato ahimé. *(Marco Galdelli)*

Sembravamo due bambini al loro primo gelato, felici, gioiosi. Saliti sull'autobus che ci avrebbe portati a Torino, non ci sembrava vero, ci sembrava di sognare ad occhi aperti. Non ci spaventavano le ore di viaggio, eravamo carichi e pronti. Per la tua squadra del cuore questo e altro. Durante il viaggio a fantasticare di ipotetiche formazioni, di come tatticamente avremmo dovuto giocare, di eventuali cambi da effettuare durante la partita, di chi potesse essere il match-winner della serata. Ed eccoci a Torino, laggiù lo Juventus Stadium, gli occhi pieni di emozione e noi a scalpitare per scendere dall'autobus e correre subito dentro, presentare il biglietto ed entrare nel nostro tempio ad assaporare dal vivo quello che pochi mesi prima nessuno di noi avrebbe potuto immaginare. Poi eccoci dentro ed ecco la Juventus; avevamo fatto diventare il nostro sogno un emozione unica e irripetibile. Abbiamo urlato, gridato, cantato, sostenuto per 90 minuti. Purtroppo quella sera non è andata, ma non ci è importato... si... non ci è importato... avevamo visto i nostri campioni, la nostra squadra del cuore. Quella sera eravamo colmi di gioia, soddisfatti per un amore Grande che si chiama Juventus. *(Giovanni e Marco Galeazzi)*

...questa mia grandissima passione l'ho tramandata a mio figlio perchè una Vecchia Signora non si lascia mai sola!

Sai quando decidono di farti il più bel regalo del Mondo? Quando ti mettono in mano un biglietto con inciso il tuo nome, che ti darà accesso al tuo stadio preferito, quando finalmente puoi vedere da vicino la tua squadra del cuore. 16/09/2018 Juve-Sassuolo, inizia cosi la realizzazione del mio sogno. Inutile descrivere l'emozione provata all'entrata dello stadio. Mancanza di respiro, il cuore a 2000 e le mani che tremavano. Non ricordo ogni particolare, ero troppo euforica, assistere ai primi due goal di Ronaldo ma, soprattutto sostenere e ammirare non solo da uno schermo il mio N.10 cioè il mio idolo, Paulo Dybala. JuveNTINATUTTA LAVITA. *(Sofia Gambadori)*

La mia storia d'amore con la Vecchia Signora incomincia dai primi anni '70, incollato alla radiolina inculcatami da mio babbo. Ma la prima volta dal campo fu nella stagione 81/82 al Comunale di Bologna con un pareggio a reti bianche dopo di che, tra gioie (tante) e dolori, fortunatamente pochi, è stata un'escalation di emozioni dal vivo, da finali di coppe di ogni tipo ai campionati. Dopo questa mia grandissima passione l'ho tramandata a mio figlio perchè una Vecchia Signora non si lascia mai sola!
(Gabriele Ganzetti)

La mia prima volta allo stadio per la Juventus è stato il 22 maggio 1996 - Stadio Olimpico di Roma. Juventus–Ajax. Vittoria della Champions League. Ero una ragazza, sono andata allo stadio insieme a mio fratello che era poco più di un ragazzino. L'emozione è stata talmente grande che anche adesso, solo al ricordo, sento i brividi lungo la schiena. Il pensiero va ancora a mio padre che mi ha cresciuta a pane e Juve. Lui era un uomo semplice, non ci ha lasciato ricchezze materiali, ma ci ha insegnato la lealtà, il rispetto verso gli altri, l'amore per la famiglia e la passione per questa fantastica squadra. *(Loredana Gasparrini)*

2 Maggio 1990. 30 anni fa. Una bugia ai genitori ed invece di dormire da un amico, io e lui entrambi sedicenni, saliamo sul pullman del club di zona per vedere finalmente la Juventus dal vivo, a Torino, allo stadio, in curva. Il viaggio non lo ricordo neppure, come se i 500 km fossero volati sulle ali della voglia di vedere chi immaginavo nei racconti della radio e che avevo visto solo in foto o poche volte alla TV. Entriamo ed il Comunale è già pieno, bandiere, sciarpe e inni a Firenze in fiamme. Ma non li sento neppure, tutti stretti, spalla a spalla, altro che distanza sociale, in un gradino in cui mi entra giusto il piede, io sono lì per loro, per Casiraghi, Schillaci, De Agostini e Tacconi, che venero dalla magica notte dei rigori di Tokyo. Ed eccolo lì col suo completo neroverde che si sistema sull'altra porta, quella distante, mentre in quella sotto la nostra curva dopo pochi minuti Galia insacca su cross bruciante dell'indemoniato Totò, pronto a farci vivere notti magiche. Un boato. Mi ritrovo in fondo alla curva senza sapere come. Col cuore in gola. Ai gol di Casiraghi e Gigi DeAgostini ora so come funziona e sono il primo a volare verso il basso della curva. Me ne torno a casa con una nuova coppa Uefa già in tasca e delle emozioni che provo ancora oggi. Fino alla fine. Forza Juventus. *(Andrea Giaccaglia)*

> *Per qualche minuto si ha la sensazione di essere immersi in una bolla gigante, senza cognizione del tempo e dello spazio...*

Sono fervente Juventino fin dall'adolescenza. Mai potrò dimenticare la mia prima presenza sugli spalti nel maggio 1960, in una partita vinta 4-3 sull'Udinese. Era l'epoca in cui si era soliti ascoltare la radiocronaca di Nicolò Carosio e vedere in TV la registrazione di un tempo; essere allo stadio era una grande emozione. Con il passare degli anni, la mia fede Juventina è accresciuta. Da sette anni sono abbonato e, con molto piacere, compio frequenti viaggi verso lo Stadium, non brevi dalla mia Ancona, ripagati dai grandi successi della mia squadra. *(Gianluigi Gentili)*

La prima volta allo Stadium non si scorda mai: 25/08/2012, Juventus-Parma, partita inaugurale della stagione. Dopo infinite ore di viaggio (e di coda) per raggiungere la meta, un diluvio universale si è abbattuto su di noi appena messo piede a Torino. Disorientate e in preda al panico, non ci siamo perse d'animo e, correndo a tutta velocità, siamo riuscite ad entrare bagnate dalla testa ai piedi. Che dire, ne è valsa la pena. Per qualche minuto si ha la sensazione di essere immersi in una bolla gigante, senza cognizione del tempo e dello spazio ma una volta seduto cominci a realizzare e a goderti i campioni a pochi metri da te. Scherzo del destino, è stato proprio uno dei nostri preferiti, Arturo Vidal, a sbagliare un rigore al 30'. Nonostante un primo tempo da dimenticare, la ripresa è stata tutta un'altra storia e a segnare il nostro primo goal visto dal vivo è stato Stephan Lichtsteiner su assist di Asamoah, seguito da un goal "fantasma" del maestro Pirlo su punizione, convalidato dopo alcuni secondi che sembravano memorabili. Inutile nasconderlo la prima volta, la prima volta allo Stadium senza una vittoria non sarebbe stato lo stesso. Non ce ne saremmo mai volute andare ma sapevamo già che saremmo ritornate presto, anche se non sempre, purtroppo, il risultato è stato quello della prima volta. (*Mara e Martina Giacchè)*

La mia prima volta è stata il 10.04.88 allo stadio del Duca di Ascoli in compagnia del mio amico Ubaldo e suo padre Carmine, quest'ultimo ancora oggi tifoso dell'intermerda e comunista. La sua gufata non ci fece fare una gran partita, finì 1-1, gol di Rush nella ripresa. *(Gabriele Giantomassi)*

Voglio raccontare la prima volta che ho visto giocare la Juventus ad Ancona. Era il 10/06/92, una partita amichevole Ancona -Juventus. Per me è stata un' occasione imperdibile per vedere i miei eroi con la maglia bianconera allo stadio Dorico. Ricordo che, seduto in gradinata, ammiravo Roberto Baggio, Schillaci, Marocchi, Peruzzi, Casiraghi ed il mitico Trapattoni impegnati nella fase di riscaldamento prepartita (mai visti prima così da vicino). Quando cominciarono le formazioni, sentii nominare con la maglia n.2 un giocatore sconosciuto, anche per me che ero, e sono un "pallonaro". Non c'era la possibilità, come adesso, di consultare Google per cercare informazioni a suo riguardo. Incominciò a girare varie ipotesi in proposito, il solito signor sotuttoio sentenziò che era un giovane "aggregato" dalla primavera. Questo giovane giocò un'ottima partita, mi impressionò per costanza, tenacia, grinta, e niente male tecnicamente. In questa amichevole ho visto per la prima volta giocare Moreno Torricelli, un ragazzo che arrivava, non dalla primavera, ma dai dilettanti della Caratese. Da quella partita in poi, diventò un pilastro insostituibile della Juventus contribuendo in modo determinante a tante vittorie bianconera compresa la Champion League. Quando ci si impegna con serietà e si crede veramente in quello che si fa, si possono raggiungere grandi traguardi. Grazie mitico Geppetto. *(Claudio Giuliodoro)*

... ed ecco il colpo di scena: la "Vecchia Signora" entrò in campo con la maglia rosa; la Società aveva così deciso per festeggiare la ricorrenza dei 90 anni della nascita della Juventus

La trasferta lavorativa a Genova mi portò nel marzo del '72 a vedere la prima partita e il primo derby. L'avventura iniziò in treno con tutte le aspettative di una prima volta. Avrei visto dal vivo i campioni che normalmente sentivo giocare alla radio, purtroppo in quegli anni l'unico momento per vedere la partita era "90° minuto" e per me riuscire a vedere una partita intera per 90 minuti e addirittura allo stadio è stata sicuramente un'esperienza indimenticabile che porterò in ricordo insieme a tutte le altre che si sono susseguite poi nel corso degli anni. Diciamo che il mio debutto non è stato proprio fortunato visto che in quell'occasione si perse 2-1. Nonostante la sconfitta il ricordo di quella prima volta allo stadio insieme agli altri tifosi, la novità di vedere la squadra dal vivo è stata tale che per me rimarrà comunque una vittoria.
(Antonio Gigliotti)

Cos'è la Juve per me? La mia anima, la mia

squadra del cuore. L'amo dopo mio figlio con tutta me stessa nel bene e nel male. Tra gioie e dolori, tra incazzature e sorrisi, questa è la mia Signora. Elegante e aggressiva, una leonessa, che sa rialzarsi contro ogni avversità e contro la cattiveria. Hanno dovuto inventarsi Calciopoli per abbatterci perché eravamo i più forti, ma abbiamo saputo dimostrare che distruggerci non è servito a niente. Siamo più forti di prima. Il bianco e nero colori che porto nel cuore perché la mia Signora è sempre con me. Emozionarsi e piangere per andare a vedere la squadra dal vivo come è successo a me grazie a Paolo Paoloni che me lo ha permesso. Quindi avanti con la Juve tutta la vita. *(Marta Giorgi)*

La prima volta che ho visto allo stadio la Juventus - il nome che mi ha fatto, mi fa e mi farà sempre sognare - è stato veramente particolare ed emozionante. A fine ottobre del 1987 eravamo con la mia famiglia a casa dei miei zii a Novara per il "ponte del 1° novembre" (una volta questa ricorrenza era molto sentita). Domenica 1 novembre, appena sveglio, una grande sorpresa: mio zio fece un regalo a me e mio cugino: a Torino a vedere la Juventus! Era in programma la sfida di campionato Juventus-Avellino. Ero emozionatissimo, era la prima volta che io, giovane jesino, andavo a vedere dal vivo la mia squadra del cuore. In gradinata, nel vecchio quanto affascinante stadio Comunale, ero in trepidante attesa: quel ragazzino tredicenne non vedeva l'ora che entrassero in campo i giocatori Juventini con i colori bianconeri che hanno "riempito" la mia adolescenza. Stavo facendo la mia prima "sciarpata" ed ecco il colpo di scena: la "Vecchia Signora" entrò in campo con la maglia rosa; la Società aveva così deciso per festeggiare la ricorrenza dei 90 anni della nascita della Juventus. Dopo lo smarrimento inziale, esultai comunque "come un matto" per ben 3 volte, vidi uno dei pochi gol di Ian Rush in bianconero, quel gallese che purtroppo non ha avuto troppa fortuna da noi. Un ricordo indelebile: quando la sera rividi le immagini della Domenica Sportiva con il commento del mitico Carlo Nesti, ancora non ci credevo: anche io ero al Comunale, anche io dal vivo avevo assistito alle prodezze di Rush ed Alessio. Mi reputo fortunato, quella è stata la prima delle tante partite in cui ho ammirato la Juventus dal vivo ma l'apoteosi l'ho raggiunta a Roma in curva sud all'Olimpico il 22 maggio 1996 quando tutti noi abbiamo alzato la "Champions League". *(Andrea Giuliani)*

La mia prima volta, ad onor di cronaca, è stata quando avevo 10 anni, nel lontano agosto 1998, in un Riviera delle Palme gremito per l'amichevole tra la mia amata Juventus e gli spagnoli dell'Espanyol. Sono andato con mio padre (anche per lui la prima volta) ed un suo amico ed ero emozionatissimo... Sono andato per vedere i miei beniamini ma soprattutto per il mio idolo Del Piero. Purtroppo questa partita non la ricordo con piacere non tanto per il risultato (Juventus sconfitta 1-0) ma per l'espulsione del mio idolo Del Piero per un fallo di reazione. Non contento della mia prima volta sopra, vorrei raccontarvi la mia prima volta al Delle Alpi per una classica di Champions League Juve - Real Madrid (ritorno degli ottavi di finale) del 9 marzo 2005. Sono andato sempre con mio padre ed altri amici con un pulmino 9 posti. Atmosfera bellissima e Stadio pieno (60000 spettatori), musica della Champions prima della gara con le due squadre piene di campioni in campo... Juventus con Buffon, Cannavaro, Thuram, Camoranesi, Emerson, Del Piero, Trezeguet, Ibrahimovic... e Real dei famosi galacticos Casillas, Roberto Carlos, Beckham, Figo, Zidane, Raul Ronaldo "Fenomeno"... Coreografia da favola. Passando alla partita, dopo la premessa sopra, la Juventus doveva ribaltare l'1-0 del Bernabeu per poter accedere ai quarti di finale e passare il turno. Juventus sugli scudi, pressione costante durante il match e pallino del gioco in mano. Capello mette Pessotto a uomo a tutto campo sull'amico Zidane ed il gioco del Real ne risente. Thuram e Cannavaro sfornano la solita partita monstre su Raul e Ronaldo (espulso nel finale insieme Tacchinardi per reciproche scorrettezze). Il Delle Alpi si infiamma a 15' dal termine del match con la rete bianconera del solito Trezeguet in rovesciata su sponda volante di Ibra. Match in equilibrio e partita ai supplementari. Al 10' del secondo tempo supplementare è apoteosi Juve... Esplosione di gioia e adrenalina al gol qualificazione del "Panteron" Zalayeta che dopo una sgroppata centrale da metà campo trafigge inesorabilmente dal limite dell'area l'incolpevole Casillas con un preciso rasoterra a fil di palo... SCACCO MATTO AL REAL, mai più che profetica ed azzeccata la coreografia della curva Filadelfia. *(Lorenzo Giuliani)*

Parlare della prima volta nella vita, per ogni cosa vissuta, è sempre facile e difficile allo stesso tempo,viene naturale farlo ma è altrettanto naturale dover scendere a patti con sua maestà il TEMPO, che tende ad ovattare e rivestire in qualche modo l'evento accaduto di una patina di aureo misticismo (ne è prova il fatto che proprio di recente costretto a casa ho avuto modo di rivedere la partita in questione su youtube e giuro stentavo a credere che fosse quella a cui avevo assistito io!). Veniamo ai fatti: data,05/11/1989. Luogo: stadio San Siro, Milano. Match: Milan Juventus. Io prima dello stadio meneghino avevo visto solo il mitico "Talacchia" di Polverigi... niente Dorico, Del duca ecc..., subito la cosiddetta "scala del calcio"(non certo per me che vedevo il TEMPIO nel meno incensato Comunale...). Anni di sofferenza per noi, in qualche modo di transizione, avversari fortissimi... quasi mitizzati, anche in seguito..., da una certa retorica giornalistica di cui la MIA amata non ha mai di certo beneficiato... Ho sempre percepito fin dal momento della partenza, in treno, di accingermi ad andare nella tana del lupo... troppo grande per noi in quel frangente, NOI squadra operaia (onorato) e generosa... nulla più, però degna del nome e della maglia. A tal punto da mettere paura ai diavoli, vincitori alla fine per 3 a 2 ma ai quali la vittoria arrise oltre i propri meriti. Ho provato subito l'amarezza della sconfitta, ma anche la voglia di rivalsa, che non sarebbe tardata a venire... e soprattutto la capacità di andare "oltre" il risultato, di vedere cioè un motivo di crescita e di speranza anche in un risultato avverso. La Juventus migliore sarà certamente quella che verrà.Ne abbiamo viste da allora, altre ne vedremo. Dedico questo dolce ed emozionante ricordo alle persone con le quali l'ho condiviso. FORZA Juve SEMPRE. *(Daniele Giulioni)*

Correva l'anno 1985 era la mia prima volta che partii dal mio piccolo paese di provincia, per ammirare le gesta dei miei grandi eroi sportivi! Ce ne erano infatti di grandi eroi in quell'anno nella mia amata Juventus. Ricordo tanto di quella giornata al Comunale di Torino, dall'adrenalina che provai già dal giorno prima della partenza solo nel pensare di poter vedere da vicino gli eroi mondiali come Tardelli Cabrini e Pablito Rossi, o i fuori classe assoluti come l'indimenticabile capitan Gaetano Scirea, del polacco Boniek o dell'immenso, classe cristallina, Le Roi Michel! Era la semifinale di andata della Champion Juve-Bordeaux, e la mia prima esperienza finì nel migliore dei modi, vincemmo 3 a 0 con reti di Boniek, Massimo Briaschi e Le Roi Michel. Era il 10 aprile del 1985 e, nonostante non si trattasse di una splendida serata dal punto di vista meteo, resta in me scolpito il ricordo di aver visto la partita in curva vicino a tanti ultras completamente a petto nudo verniciati in bianconero! Questa è la Juve, questi sono i ricordi che questa gloriosa società riesce a scolpire nell'animo della gente! *(Paolo Giulivi)*

Era la stagione sportiva 1988/89 ed avevo solo 24 anni. Da poco più di un anno ero stato assunto dalla società del Pescara come "responsabile amministrativo" per adempiere alle numerose attività amministrative introdotte in quegli anni dalla FIGC per regolamentare le società calcistiche, da pochi anni divenute Società per Azioni. Collaboravo con il compianto rag. Leontino (Dino) Canale, allora Segretario Generale della Società, come me grande tifoso della Juventus. Il 18 giugno 1989, allo stadio Adriatico si disputava la penultima giornata del campionato di Serie A Pescara-Juventus. In quegli anni, le società ospiti avevano il diritto di percepire al termine della gara la percentuale del 18% sull'incasso della partita. Poiché il calcolo della percentuale richiedeva tempo, era consuetudine tra le consorelle società liquidare un acconto sull'incasso al termine della gara e, la settimana successiva, provvedere a determinare l'importo esatto per pagare la differenza. Per questo motivo, avevamo predisposto un programma con l'allora foglio di calcolo "Lotus 1.2.3." che ci permetteva di esplodere i dati dell'incasso e determinare con precisione l'importo da liquidare alla società ospite. Poiché, com'era prevedibile, quasi tutti i biglietti erano già esauriti, Dino mi disse "Gigi, domenica dobbiamo fare bel la figura con la Vecchia Signora: portiamo il computer allo stadio e, al termine della partita, stampiamo il "borderò" dell'incasso e liquidiamo subito la percentuale del 18% alla Juventus!" Erano rimasti solamente alcuni tagliandi della Tribuna Maiella, messi in vendita al botteghino dello stadio il giorno della partita e quindi fu semplice predisporre i dati al computer. Al termine della gara, come consuetudine, l'accompagnatore della Juventus, Francesco Morini, si recò nell'ufficio della biglietteria per ricevere l'acconto della percentuale dell'incasso e fu grande il suo stupore quando gli mostrammo il "borderò" meccanizzato con il calcolo del 18% spettante alla Juventus. Il lunedì successivo Dino ricevette la telefonata dell'allora Segretario Generale storico della Juventus Sergio Secco il quale si complimentava per il lavoro svolto e ci chiedeva una copia del programma per poterlo utilizzare anche loro. Potete immaginare la soddisfazione professionale di Dino Canale che immediatamente fece recapitare alla sede della Juventus il programma con un floppy-disk da 5.25 pollici. Da parte mia, invece, non ricordo se fu più forte l'emozione di stringere la mano a Francesco Morini o la soddisfazione per i complimenti ricevuti! *(Luigi Gramensi. Segretario generale Pescara Calcio)*

Correva l'anno 1977, avevo da poco compiuto 13 anni, quando mio padre Mario mi disse che stava organizzando con i suoi amici una carovana di auto per andare a vedere la "nostra Juve" a San Benedetto del Tronto, io non mi rendevo conto

Ricordo tanto di quella giornata al Comunale di Torino, dall'adrenalina che provai già dal giorno prima della partenza solo nel pensare di poter vedere da vicino gli eroi mondiali come Tardelli Cabrini e Pablito Rossi...

... la grande emozione di mia nonna, ce l'ho stampata nella memoria. Quel modo in cui prese una bandiera enorme da una vecchia cassapanca in corridoio e l'euforia con la quale me la drappeggiò addosso...

all'epoca cosa potesse significare andare a vedere dal vivo una partita di calcio, in un grande stadio, grande naturalmente, riferito all'epoca in cui non esistevano i templi del calcio moderno attuale. Vi giuro, non stavo nella pelle, e non dormii per le notti che precedettero questo fatidico giorno, in cui era prevista la partenza per la città della "riviera delle palme". La carovana di auto era composta da tre vetture, se non ricordo male, quella su cui viaggiavo io, era una Fiat 124 a gas gpl. Partenza dalla piazza davanti al bar che frequentavano gli amici di mio padre, non ricordo bene l'ora, ma essendo la partita da disputarsi nel pomeriggio, saremo partiti a cavallo dell'ora di pranzo. Il viaggio in macchina ricordo, non fu dei più confortevoli, io sedevo nei sedili posteriori, incastrato tra mio padre ed un suo amico, inoltre la macchina alimentata a gas mi aveva fatto venire un mal di testa pazzesco. Non ricordo bene dove parcheggiammo, ma ricordo benissimo il rumore che si sentiva dall'esterno dello stadio, prima di entrarvi, del tifo sambenedettese della loro curva, capeggiata dallo striscione con la scritta "Onda d'urto". Altra cosa rimasta indelebile nella mia mente, più che i particolari della gara e i nostri marcatori, Roberto Bettega e Romeo Benetti, fu il fatto di stare in mezzo a della gente, oltre a quella con cui era partito da Staffolo, il mio paese, che mi sembrava straniera, infatti dopo scoprii che era il dialetto di San Benedetto, che non avevo mai udito, e ne ero rimasto a dir poco intimorito nel vedere e sentire quella gente, sicuramente erano tutti pescatori, che inveivano ad alta voce non so bene contro chi...Onestamente della partita non ho grandi ricordi, me l'emozione di vedere quelle maglie bianconere dal vivo rimase indelebile nella mia mente.
(Alessandro Graniti)

Non ricordo la data, andai con degli amici per Ascoli/Juventus, risultato 2 a 3. L'Ascoli va in vantaggio per 2 a 0, in tribuna i tifosi ascolani erano gasati come forse neanche quando hanno vinto il Campionato di serie B e non mancavano gli sfottò a tutto un gruppo di tifosi Juventini che erano in tribuna. Fintanto nel secondo tempo una doppietta di Bettega e uno mi sembra Causio (il Barone) chiude la partita. La vendetta da parte degli Juventini è immediata, ma il comportamento degli Ascolani non è identico a quello tenuto dagli Juventini. La caccia all'uomo diventa inimmaginabile distruggendo tutte le auto non targate Ascoli con un posto di blocco sul ponte dove erano attaccati chi aveva qualche oggetto bianco nero. Ricordo che arrivammo a casa dopo la mezzanotte. Passarono diversi anni prima di ritornare in uno Stadio. *(Paolo Grassetti)*

Essendo nato nel 1997, faccio fatica a parlare dei miei primi contatti con il mondo Juve, perché quando ho iniziato ad analizzare lucidamente le cose e a possedere dei ricordi nitidi (e questo, in una persona, accade più o meno dopo i dieci anni) ho dovuto affrontare gli anni difficili del post Calciopoli, per poi tornare ad esultare nel 2012. Ma nella mia memoria conservo un particolare, risalente al maggio del 2002. Avevo 5 anni e 3 mesi. Della partita non ho molte cose in mente, se non immagini riviste in seguito, nel corso degli anni. Ma di quel giorno ricordo la grande emozione di mia nonna, ce l'ho stampata nella memoria. Quel modo in cui prese una bandiera enorme da una vecchia cassapanca in corridoio e l'euforia con la quale me la drappeggiò addosso, qualcosa di unico. È come se da quel momento in avanti la mia vita si fosse riempita di una certezza, la fede Juventina, e di due colori: il bianco e il nero. Concordo con quanto detto da Buffon qualche anno fa. Gli scudetti più belli della storia della Juve sono due: quello del 5 maggio 2002 e quello della rinascita nel 2012. *(Giacomo Greci)*

La mia prima volta: Stadio Dall'ara di Bologna, stagione 99-2000. Partimmo per Bologna la mattina presto con il bus, ricordo che la notte non dormii, non stavo più nella pelle. Panini, acqua, sciarpa al collo e via. Avevo 11 anni ma ricordo come fosse ieri tutti gli istanti di quella giornata. Emozioni indescrivibili. Arrivammo ed entrammo allo stadio che ancora non c'era quasi nessuno ma, anche vedere uno stadio vuoto per me era una gioia unica. Iniziò il match. Della partita ricordo solamente il risultato 0-2 per noi, Kivacevic, Inzaghi, ma durò troppo, troppo poco, finì ed io ancora dovevo realizzare dove ero. La mia prima volta, vedere insieme Zidane, Del Piero, Inzaghi, Davids. Non male. Tornai a casa, ancor avevo l'adrenalina in corpo e subito chiesi a mio padre di andarne a vedere un'altra. La mia prima volta. *(Matteo Grilli)*

La mia prima volta con la Juve coincide con la mia prima volta allo stadio "San Siro". Si tratta della stagione 1994/95, in cui la Juventus raggiunge la Finale di Coppa Uefa con un'altra squadra italiana: il Parma. La finale, in un derby tutto italiano, si gioca in due gare ed all'andata, a Parma, i gialloblù si impongono per 1-0 con una rete di Dino Baggio. Il ritorno, la mia prima volta, si gioca a Milano il 17 maggio 1995. La Juve sceglie ancora Milano dopo averci già giocato la vittoriosa Semifinale con il Borussia Dortmund. Si parte da Jesi di prima mattina, con 3 pullman dello "Juve Club Mazzangrugno", carichi di tifosi e soprattutto speranze di poter ribaltare il risultato dell'andata. La comitiva è capitanata naturalmente dal Presidente ed amico Paolo Paoloni, Presidente anche dell'omonima squadra, il Mazzangrugno, allora militante in 2a categoria, in cui io ed altri amici presenti in questa grande trasferta, giochiamo in quella stagione. Il viaggio è lungo e pesante per la grande attesa. Da Parma a Milano poi, è un continuo sorpassarsi tra mezzi Juventini e gialloblù, con tanto di sfottò... non riportabili in questa sede! Finalmente si arriva alla "Scala del Calcio": lo Stadio "San Siro", visto tantissime volte alla tv, ma impressionante per la prima volta dal vivo. In un "San Siro" pienissimo, tanto che gli spettatori come da tabellino, risulteranno ben 80.574, Gianluca Vialli porta in vantaggio la Juve al '35, proprio sotto la nostra curva con un bel tiro al volo, scatenando una bolgia incredibile che mi fa ritrovare in mezzo all'esultanza, non so come, tre gradini più sotto. Il Parma cerca in tutti i modi il pareggio e purtroppo ci riesce con Dino Baggio al '53 che, lasciato solo sulla linea di porta, ribadisce in rete un cross proveniente dalla destra. Purtroppo la Juve, pareggiando la gara, perde la finale. Rimane però, nonostante tutto, un ricordo indelebile ed incredibile della mia prima volta in cui vidi dal vivo i miei beniamini bianconeri e lo stadio degli stadi: il "San Siro".
(Michele Grilli)

La prima partita della Juventus che ho visto era il derby Juve-Torino nel 1977 al vec-

...non sapevo cos'era il calcio a 5 anni, ma quasi tutti i compagni dicevano che "tenevano" per l'Inter o il Milan e così io e la mia amica del cuore dicemmo "noi teniamo per la Juve"! Iniziò così.

chio stadio Comunale. Ero andato con il mio titolare di allora in autobus. Mi ricordo che lui aveva attorno al collo la sciarpa della Juventus, noi tutti prima di scendere gli avevamo detto di toglierla per non avere problemi con gli ultras del Torino. Lui invece si è rifiutato perché secondo lui eravamo esagerati. Ma, poco dopo essere scesi, è stato quasi circondato dai tifosi torinesi, e alla fine la sciarpa non se l'è tolta, ma gliela hanno portata via. *(Sergio Grilli)*

Era la primavera del 1984, avevo 21 anni e per la prima volta potevo vedere i miei idoli di persona, allo stadio Bentegodi di Verona. Abitavo a Mantova ed avevo frequentato lo stadio spesso per vedere la squadra in C1, ma la Juve... allora per me era irraggiungibile! Tifavo Juve dai tempi dell'asilo, non sapevo cos'era il calcio a 5 anni, ma quasi tutti i compagni dicevano che "tenevano" per l'Inter o il Milan e così io e la mia amica del cuore dicemmo "noi teniamo per la Juve"! Iniziò così. Poi da ragazzina mi sono appassionata sempre di più al calcio, in casa compravano la Gazzetta dello Sport che leggevo e la passione è cresciuta. Ma di andare allo stadio a vedere la Juve non se ne parlava, troppo lontano e troppo costoso per me. Finalmente nel marzo 1984 alcuni amici decisero di andare a vedere Verona-Juve e così potei andare anch'io. Ero emozionata, poter vedere di persona tutti i miei idoli, i grandi del Mondiale 1982: Gentile, Cabrini, Scirea, Tardelli, Paolo Rossi e in più Platini e Boniek! Ma il Bentegodi di Verona non è lo stadio di Mantova. Eravamo in curva, in alto, i giocatori erano così piccoli. Erano sempre tutti in piedi e io sono piccola... non riuscivo a vedere bene. Il gol di Platini l'ho intravisto... ma la sensazione di essere in mezzo a tanti tifosi Juventini era fantastica. Ho esultato alla grande. E poi, abbiamo perso. Tornai a casa piena di tristezza, che comunque passò in fretta... e ci furono poi tante altre occasioni per tornare a casa felice dopo aver visto una partita con la Juve! *(Ornella Guandalini)*

MARK IULIANO

Nato a Cosenza il 12/08/1973
Nella Juve dal 1996 al 2005 (278 presenze, 7 goal)
4 Scudetti, 3 Supercoppa Italiana,
1 Coppa Intercontinentale, 1 Supercoppa UEFA,
1 Coppa Intertoto UEFA
In Nazionale: 19 presenze, 1 goal

Esordio: 11/09/1996 JUVENTUS-MANCHESTER UNITED 1-0
Champions League (Boksic 34') Stadio Delle Alpi

La mia avventura con la Juventus è iniziata nella stagione 1996-97. Giocavo in serie B con la Salernitana, quando un giorno Luciano Moggi invitandomi a casa sua, mi annunciò categoricamente che avrei giocato con la Juventus, all'epoca Campione d'Europa.

Il mio esordio fu qualcosa di speciale, infatti debuttai con la maglia bianconera nella partita di Champions League contro il Manchester United che vincemmo 1 a 0. Quando Lippi mi chiese di scaldarmi, mi tremavano letteralmente le gambe e, quando fu il momento di entrare al posto di Montero, il mister si avvicinò a me e mi disse che l'uomo che dovevo marcare era "quello con il colletto alzato", nientepopodimeno che il francese Éric Cantona, uno dei miei idoli da ragazzo. Presi subito coraggio anche pensando alla difficoltà del compito assegnatomi: in quel momento dovevo pensare subito a calarmi nel mio ruolo anche se avevo in testa tutte le emozioni del bambino tifoso che finalmente corona il suo sogno.
In quella stessa stagione ci laureammo Campioni d'Italia, in un'inconsueta partita di venerdì e proprio con un mio goal di testa contro l'Atalanta a Bergamo. Cinque giorni dopo andammo a giocarci una finale di Champions League a Monaco di Baviera contro i tedeschi del Borussia Dortmund. Una partita che

purtroppo non disputammo al meglio delle nostre possibilità e che ci vide soccombere di fronte ad una squadra forte ma che sicuramente non valeva la nostra. Nella mia prima stagione in maglia bianconera, ho ottenuto anche altri due importanti trofei: la Supercoppa Europea vinta a Palermo in seguito al doppio scontro contro i francesi del Paris Saint-Germain (festeggiammo proprio in Italia in uno stadio caldissimo e pieno di entusiasmo) e l'indimenticabile Intercontinentale contro il River Plate a Tokyo, nella quale spiccò un grandissimo Alessandro Del Piero.
Insomma devo ammettere che il mio primo anno alla Juve fu incredibile, nemmeno se avessi avuto la famosa lampada di Aladino, avrei potuto esprimere così tanti desideri da "acchiappare" insieme.
Con la Juventus ho giocato 187 partite, se potessi scegliere di rigiocarne una sarebbe una delle due finali di Champions contro il Borussia Dortmund o contro il Real Madrid. Non ho invece una presenza del cuore perché, essendo tifoso Juventino fin dalla nascita, per me ogni allenamento, ogni partita ha rappresentato un'emozione unica.

Il mio rapporto con la Nazionale fu un po' travagliato. Ricordo con estremo piacere la partita di qualificazione degli Europei 1998 contro il Galles che vincemmo 2 a 0 con goal di Fuser e di Vieri ma, oltre alla vittoria, ho avuto il grande onore di giocare insieme a Baggio, il mio idolo calcistico.
Il 1998 fu il mio anno migliore con la Juve ma venni escluso dalla Nazionale per "colpa" delle polemiche scatenate in seguito al "famoso" episodio del fallo su Ronaldo. Anche il 2000 fu un anno abbastanza triste perché perdemmo sia la finale dell'Europeo disputato in Olanda e Belgio (memorabile la nostra "resistenza" in 10 contro 11 di fronte alla nazionale orange del mio amico Davids) sia lo scudetto a Perugia nel giorno del diluvio.
Ringrazio i tifosi Juventini che mi hanno cercato e tempestato di domande ma sono stati così gentili di non chiedermi nulla riguardo alla irregolarità commessa dall'interista Ronaldo su di me nella famosa partita disputata il 26 aprile 1998 allo stadio Delle Alpi. Anche perché non avrei potuto far altro che ribadire per l'ennesima volta che "non era rigore".

Mark Iuliano è stato un difensore da rendimento altissimo. Con la maglia della Juve ha migliorato la sua tecnica impegnandosi in qualsiasi ruolo arretrato ed ha avuto la soddisfazione di segnare il goal scudetto nel 1997 nel centesimo anno della Juventus.

14 maggio 2003, Stadio delle Alpi, 67.300 persone unite e compatte per un solo obiettivo, ricordo ancora l'odore dei peperoni e delle cipolle dei paninari, l'aria di una grande serata, la fervida attesa di chi fino a quel momento aveva vissuto la Signora dalla radiolina della nonna, esultando come un pazzo ad ogni intervento dei radiocronisti che annunciavano un goal della Juve. Ricordo di essermi sentito a tratti ridicolo, quasi come un bambino che per la prima volta sale su di una giostra, di quelli insomma che chiedono a dieci persone qual è la curva nord e da che ingresso accedere allo stadio, quella sana ed ingenua inesperienza che oggi rivivo quando un anziano che per la prima volta dalla Sicilia arriva sino a Torino per la Juventus mi chiede due ore e mezza prima del fischio d'inizio se per caso so la formazione o se gioca Dybala o Higuain. Ebbene si, la mia prima esperienza diretta e vissuta con la Signora è stata a dir poco devastante, Juventus-Real Madrid, semifinale di ritorno della Coppa dei Campioni, contro una squadra stellare e dopo un match di andata complicato e perso per 2 a 1. Quella sera il Delle Alpi è stato una montagna proibitiva anche per un esperto ed abile scalatore come il grande Real, coreografia da lacrime, il cemento che scricchiola manco fosse la Bombonera, una curva nord che segue alla perfezione la sud, un primo tempo sontuoso condito dall'uno due Del Piero Trezeguet, con Alex che prima ridicolizza la difesa madrilena e poi invertendo i ruoli confeziona di testa un assist che Re David sfrutta alla perfezione. Un secondo tempo più sofferto, con il grande Gigi che ipnotizza Figo dal dischetto e la furia ceca che da fuori area insacca il tre a zero. L'apoteosi, spezzata solo da quel maledetto giallo a Pavel che salterà la finale contro il Milan. Ricordo il surreale silenzio al minuto '82 nel seguire la mano del Signor Urs Maier estrarre dal taschino il cartellino giallo, Pavel che si inginocchia quasi in preghiera sperando in un miracolo, ma ormai la frittata è fatta, classico caso in cui dalla irrefrenata gioia per un goal liberatorio si passa alla totale disperazione per una finale di Champions da vivere comodamente in tribuna. Ma lo sport è questo, gioia e dolore, felicità ed incazzatura. Sensazioni di una "prima volta" da brividi che non mi vergogno a dire non aver più provato, neanche di fronte ad un tre a zero al Barca del 2017, o al goal di Zaza che all'88 fece esplodere lo Stadium contro il Napoli. Forse perché la "prima volta" non è mai ripetibile, e vedere quella sera persone di cinquanta, sessant'anni piangere come bambini dopo una caduta dalla bicicletta non lo dimenticherò mai, come non dimenticherò mai un viaggio di ritorno ancor più felicemente devastante. Questa è stata la mia "prima volta" con la Juve, una "prima volta" da stampare, incorniciare ed ammirare ad ogni risveglio mattutino, per iniziare ogni giornata a tinte bianconere!

(Giacomo Lanari)

> *...vedere quella sera persone di cinquanta, sessant'anni piangere come bambini dopo una caduta dalla bicicletta non lo dimenticherò mai...*

La mia prima partita risale a quasi 50 anni fa: era il 14 novembre 1971 e per il mio compleanno appena passato, avevo chiesto ai miei genitori di poter andare a vedere la partita di calcio della mia amata Juve, dato che quella domenica era in trasferta nella vicina Bologna. Dopo una lunga trattativa i miei genitori acconsentirono e così, accompagnato

dal mio amico Pierino, ci imbarcammo nel pullman organizzato dal Club Juve Mazzangrugno del mio amico Paoloni. Sul pullman ed allo stadio c'era molto entusiasmo, anche perché dopo diversi anni bui, il Presidente Boniperti aveva dato il via ad un progetto di rinnovamento che aveva portato in bianconero giocatori importanti come Bettega, Causio, Cuccureddu, Capello ed altri. E soprattutto perché andavamo a Bologna da capolista, ed in testa rimanemmo fino alla fine del campionato, salvo una breve parentesi. Dopo il gran tifo che precedette l'inizio, finalmente la partita cominciò, e si mise subito bene tanto che alla mezz'ora eravamo già sul 2 a 0 grazie ai goal di Bettega e di Capello. L'entusiasmo fu in parte placato alla fine del primo tempo quando Beppe Savoldi riuscì ad accorciare su punizione, con la complicità del nostro portiere Carmignani. Nel secondo tempo la Juve si limitò soprattutto a controllare e così vincemmo la partita per 2 a 1. Naturalmente nel viaggio di ritorno lascio immaginare le feste, i cori, gli sfottò rivolti soprattutto alle solite 'simpatiche' squadre avversarie, che poi sono le stesse di oggi, fatta eccezione per il Cagliari che in quegli anni aveva un certo Gigi Riva. Ecco, da quel lontano 14 novembre 1971 è nato un profondo amore per il mondo Juventino, che naturalmente ho trasmesso (non obbligato) ai miei figli ed ai miei 6 nipoti. Di fatto la mia casa è un piccolo ghetto bianconero.
(Mauro Lancioni)

Ciao, devo premettere che nonno è stato il grande artefice della Juventinità della nostra famiglia, a casa, prima babbo e zio e poi io, abbiamo ereditato da lui la passione per i colori bianconeri. La prima esperienza è testimoniata da una foto del giugno 1977 nella nostra casa di Monte San Giusto con il sottoscritto, di soli 4 mesi, sulle braccia di Bettega e Benetti, nostri ospiti, esponenti di quella grande Juve della stagione 1976-77 composta da soli giocatori italiani che conquistò lo Scudetto (51 punti su 60) e la Coppa Uefa (primo trofeo internazionale). Il primo ricordo allo stadio risale ad un'amichevole dell'agosto 1985 a Cesena, io e la mia famiglia eravamo in vacanza a Cattolica e mio babbo esaudì il mio desiderio, mi portò allo stadio Manuzzi a vedere la partita della mia squadra del cuore. Non stavo nella pelle, la prima partita dal vivo e la possibilità di osservare le gesta calcistiche del mio idolo di allora Michel Platini, Le Roi, che tra l'altro segnò anche un goal del 3 a 1 finale in nostro favore. *(Antonello Lattanzi)*

Ciao, siamo Aurora e Lorenzo, veniamo dalle Marche e abbiamo avuto la grande opportunità di vivere la magia che solo una partita della Juventus può trasmettere... un'esperienza indimenticabile. Appena arrivati siamo andati nel centro commerciale dello stadio, allo Juventus Store, poi abbiamo fatto il tour guidato dello stadio, abbiamo avuto l'opportunità di visitare gli spogliatoi, la sala stampa e, su tutti, il Club "Gianni e Umberto Agnelli" dove l'atmosfera è unica, ricca di storia e tradizione, simbolo e senso più profondo della Juve. Ci ha lasciati a bocca aperta, è una sensazione indescrivibile. Giusto il tempo di mangiare qualcosa e poi via diretti all'intero dello stadio nel settore family dove una volta entrati siamo stati accolti dall'atmosfera unica dello stadio e da tutto lo staff della Juventus; trucca bimbi, giochi con la

...salimmo sul treno a Roma per attraversare mezza Italia in direzione di Torino, città che fino ad allora avevo visto solo sui libri di scuola o in televisione...

palla, incontro con la mascotte, siamo stati letteralmente travolti dall'entusiasmo, non riuscivamo a capire dove fossimo, era tutto così magico. Prendiamo posto e subito dopo ci accorgiamo che la telecamera di Sky ci fa un primo piano, assistiamo al riscaldamento dei nostri beniamini; Ronaldo, Dybala... Poi l'atmosfera si incendia e iniziano effetti luminosi, lo speaker annuncia la formazione e tutto lo stadio completa, poi parte l'inno, tutto lo stadio canta è un'emozione unica, adrenalina allo stato puro. Ora il fischio d'inizio... lo spettacolo inizia... vinciamo 3 a 0, doppietta del fenomeno CR7 e della giovane promessa Matthijs De Ligt. Questa fu la nostra prima grande ed entusiasmante presenza all'Allianz, la prima di una lunga serie, coronata con le foto dei nostri beniamini. Un saluto a tutti e sempre forza Juve!
(Aurora e Lorenzo Lavini)

La mia prima volta allo stadio fu nel lontano 1989, un Cesena-Juventus. Doppietta di Rui Barros e gol del condor Agostini nel finale. Ricordo perfettamente l'emozione di un bambino di 11 anni come me, nel vedere i propri campioni dal vivo, da vicino. Barros, Zavarov, Tacconi. Ero con mia madre anche lei grandissima tifosa che tutt'ora non si perde neanche un'amichevole. Ma forse la mia più grande emozione fu quando nell'aprile del 1996 andai per la prima volta al Delle Alpi. E non fu una prima volta qualsiasi. Juventus-Real Madrid 2-0 con gol di Del Piero su punizione e Padovano. L'anno che vincemmo poi la maledetta. Non dimenticherò mai il cuore che mi si fermò quando a pochi minuti dalla fine, un tiro di Guti (se non ricordo male) passò a pochi centimetri dal palo della porta di un Peruzzi immobile. Lo stadio ammutolì. Per poco però. Perché al fischio finale esplose. Si proprio il freddo delle Alpi che sembrava la Bombonera. Anche ora che sono uomo e padre, questo ricordo da adolescente mi riempie sempre il cuore.
(Matteo Lennelli)

1968, per la prima volta a 21 anni vado a Torino a veder la mia amata Juve, sino ad allora seguita solamente nelle trasferte a Bologna, alla radio e per pochi spezzoni che si potevano, al tempo, vedere in televisione. Partenza alle 5 del mattino con uno scassatissimo treno ma tanta aspettativa, quando entro nel "mitico" Comunale sono emozionatissimo, mi sembra di vivere un sogno. Sono finalmente nello stadio della Juve, canto assieme ai miei vicini, mi emoziono, gioisco e alla fine la doccia fredda; vince il Toro. Ma forse, anche in forza di quella delusione la mia passione diventa enorme e lo è tuttora. *(Umberto Leone)*

Avevo 11 anni, era il 24 aprile del 1991, quella sera, allo stadio delle Alpi, si giocava la semifinale di ritorno di Coppa delle Coppe tra Juventus e Barcellona. Io, i miei genitori, i miei zii e i miei cugini salimmo sul treno a Roma per attraversare mezza Italia in direzione di Torino, città che fino ad allora avevo visto solo sui libri di scuola o in televisione. Per me rappresentava il sogno di un bambino che, man mano che ci avvicinavamo a destinazione, diventava sempre più reale, un desiderio che avevo coltivato da così tanto tempo, e quasi non mi sembrava vero che stessi finalmente per toccarlo con mano... ero quasi incredulo che

Era meraviglioso, una "bomboniera" tutta colorata coi colori del cuore. Purtroppo, certe sensazioni non sono spiegabili con le parole, devi viverle!

stesse accadendo proprio a me. Ricordo l'emozione quando arrivammo allo stadio e ricordo la mia corsa verso l'ingresso, perché non vedevo l'ora di entrare! L'emozione raggiunse il suo culmine quando finalmente, una volta dentro, vidi quel meraviglioso mondo che tanto avevo atteso di vedere, quella meravigliosa cornice di persone che abbracciava il rettangolo verde e ricordo che sentii il profumo dell'erba e che rimasi impressionato dal bollente entusiasmo del popolo bianconero. Era meraviglioso, una "bomboniera" tutta colorata coi colori del cuore. Purtroppo, certe sensazioni non sono spiegabili con le parole, devi viverle! Perché è impossibile trovare parole appropriate per descriverle, e qualsiasi aggettivo sembra sminuire ciò che si prova davvero in quegli istanti. La partita fu avvincente, i ragazzi in campo diedero tutto, una prestazione di grinta, carattere e cuore, quasi come ringraziamento a settantamila voci che, mai come quella volta al delle Alpi, si unirono in una solo grido. Settantamila cuori all'unisono in un palpitante crescendo di emozioni. La gara si concluse col risultato di 1 a 0 per i nostri, con un gol capolavoro di Roberto Baggio su calcio di punizione, che però purtroppo non bastò per ribaltare il 3-1 subito all'andata al Camp Nou di Barcellona e per accedere quindi alla finale. La mia delusione personale fu grande, ma mai grande quanto l'emozione che tutta quella esperienza mi aveva lasciato dentro, e giurai che quella sarebbe stata solo la prima di una lunga serie di partite che avrei viste allo stadio. Quindi pensai che infondo io avevo vinto... io infondo avevo coronato un sogno... io finalmente avevo visto i miei eroi onorare sul campo i nostri colori... io ero soprattutto fiero ed orgoglioso di aver visto la Signora e Regina del calcio... la Juventus! Avevo quindi constatato che la Juve non è un sogno, ma una realtà che fa sognare. *(Gaetano Ligori)*

La prima volta che vidi giocare la Juve dal vero fu tanti anni fa a San Siro contro il Milan. Ero piccolo, mi ricordo che vincemmo, poi al Delle Alpi vidi Juventus-Real Madrid 2 a 0, gol di Del Piero e Padovano, fu questa una delle tante volte che li abbiamo battuti nel doppio confronto. Poi finalmente lo Juventus Stadium perché a me piace chiamarlo così, qui ho visto parecchie partite tra campionato e coppa e devo dire che ho sempre visto la Juve vincere tranne uno scialbo 0 a 0 contro il Barcellona. Speriamo tutti che questa situazione finisca prima possibile e che si possa ritornare a fare anche quello che a volte ci lamentavamo di dover fare ma che in questo momento stiamo capendo quanto ci manca. *(Cristiano Loreti)*

ROBERTO MANCINI

Nato a Jesi il 27/11/1964, Ex calciatore di Bologna, Sampdoria, Lazio e Leicester City
Attuale Commissario Tecnico della Nazionale

La mia prima partita contro la Juventus è stata nella stagione 81/82 quando stavo al Bologna. Fu una partita emozionante perché chiaramente giocare contro la Juve era per un ragazzo giovane come me, nonchè tifosissimo della Vecchia Signora, una situazione molto diversa dalle altre, estremamente suggestiva. Mi ricordo che in quegli anni noi giovani eravamo pochi a giocare nelle squadre di serie A: nella Juve giocava Nanu Galderisi quasi mio coetaneo, ci divide solo un anno e abbiamo giocato in Nazionale insieme. Fu un momento straordinario perché giocare contro tutti quei grandi campioni era una cosa che ti poteva far tremare le gambe.

Roberto Mancini, da calciatore ha sfiorato il passaggio alla Juventus in alcune occasioni; il suo percorso da "predestinato" cominciò a 16 anni, 9 mesi e 17 giorni quando l'allenatore del Bologna, Tarcisio Burgnich, lo fece esordire in serie A. Il padre Aldo che era andato a Rimini per vederlo giocare con la Primavera, sgomma verso Bologna appena in tempo per vedere suo figlio muovere i primi passi nel grande circo del calcio. Da quel giorno la sua carriera è stata un'escalation incredibile verso conquiste sempre più prestigiose. Da calciatore può essere considerato tra i cinque italiani più forti degli ultimi 30 anni, da allenatore ha già vinto tanto ed ancora è all'alba del suo percorso.

"Questa maglia non basta indossarla,
va cucita sulla pelle."
Claudio Marchisio

"Qui bisogna lottare sempre e quando
sembra che tutto sia perduto, crederci
ancora, la Juve non si arrende mai."
Omar Enrique Sivori

NERI MARCORÉ

Nato a Porto Sant'Elpidio il 31/07/1966
Attore, doppiatore, conduttore televisivo, imitatore, comico e cantante

Il ricordo più antico che ho della Juve risale alle partite che andavo a vedere al De Luca di Ascoli, soprattutto con mio zio e mio cugino. Confesso che il mio cuore tifoso era sempre diviso in due e finiva per propendere verso la squadra che più aveva bisogno di punti: l'Ascoli se lottava per non retrocedere; la Juve se altre squadre le insediavano lo scudetto. In entrambi i casi comunque restavo bianconero!

La prima Juve che vidi allo stadio fu quella di Platini e Boniek, in porta c'era Tacconi, Zoff aveva smesso da poco, ma soprattutto era ancora la Juve del giocatore che continua tutt'oggi ad essere il mio preferito per l'insieme delle qualità che lo contraddistinguevano, in campo e fuori: Gaetano Scirea. Le sue qualità tecniche, la modernità del suo gioco, la duttilità, la correttezza, l'umiltà, il rispetto per l'avversario, la personalità fortissima. Non a caso faceva coppia con Zoff, altro mio riferimento per motivi analoghi, al quale sono legato anche per motivi professionali, visto che la sua imitazione è stata uno dei miei cavalli di battaglia più importanti.

Sempre ad Ascoli ho visto la Juve di Del Piero, Trezeguet, Zidane... Crescendo poi è stato più facile seguire la squadra qua e là in Italia e in Europa: la prima volta a Torino fu al Delle Alpi, per la semifinale di Champions vinta 3 a 1 contro il Real Madrid. Poi a Barcellona due anni fa con quel pareggio che ci proiettò in finale. E prima ancora a Berlino, per la prima finale del ciclo Allegri, sempre contro un Barcellona stellare, purtroppo persa nonostante una prestazione esemplare. Quella coppa stregata continua a sfuggirci ma è sempre motivo di orgoglio sapere che ogni anno ce la possiamo giocare alla pari con le altre grandi d'Europa e che prima o poi tornerà anche il nostro turno.

LUIGI MASTRANGELO

Nato a Mottola il 17/08/1975
Ex pallavolista con una carriera ricca di successi (5 ori, 5 argenti, 4 bronzi)
In Nazionale 363 presenze

La mia Juventinità ha un colpevole, mio padre che è sempre stato un grande tifoso bianconero. Quindi la mia passione per la Vecchia Signora è nata con i miei primi passi.

Durante la mia carriera sportiva, spesa in 25 anni di pallavolo fra tutti i palazzetti d'Italia, d'Europa e del mondo non sono riuscito ad andare molte volte allo stadio della Juve come avrei voluto ma mi ricordo come fosse adesso, il primo goal della Juve visto dal vivo al vecchio Comunale.
La partita che mi ha trasportato di più come appassionato è quella della rimonta sull'Atletico di Madrid in Champions del marzo scorso quando, Cristiano Ronaldo con 3 goal castigò la banda di Simeone, un incontro che ho potuto

seguire solo in tv ma al terzo goal sono esploso come fossi stato io stesso in campo.
Attualmente vivo a Cuneo, la città dove ho giocato la mia ultima stagione con la società Piemonte Volley, e mi resta più facile andare allo Juventus Stadium per una questione di vicinanza con Torino. Allo Stadium mi capita anche spesso di vedere la partita dalla tribuna Agnelli e scambiare due parole con i maggiori dirigenti compreso il presidente Andrea. Da grande tifoso, sono molto orgoglioso di essere stato invitato dal direttore del J-Museum dove campeggia una mia gigantografia e, dove è esposto un mio pallone d'oro, che ho donato alla Juventus.

L'amore per la Juve è una tradizione di famiglia che ho trasmesso anche ai miei figli. Per la ripresa delle ostilità sportive a seguito di questo stop causato dal Coronavirus, mi aspetto dalla Juventus di mantenere il vantaggio sulla Lazio e sull'Inter per potersi aggiudicare lo scudetto. Ma soprattutto le mie aspettative più grandi sono rivolte alla conquista della Champions, un obiettivo che da sempre condiziona tutta la tifoseria bianconera e mi auguro che Cristiano Ronaldo, un fuoriclasse e professionista esemplare, possa portarci a sollevare questo prestigioso trofeo.

Confido molto nel talento del portoghese ma so bene che a volte l'unità e la convinzione di tutto il gruppo determina i risultati e i successi più importanti. Da atleta sono riuscito ad ottenere molte vittorie ma ho conquistato solo uno scudetto, soprattutto per merito di un grande gruppo, quando non eravamo la squadra favorita. Con la forza della determinazione e dell'unione si può raggiungere qualsiasi obiettivo.

ENZO MARESCA

Nato a Pontecagnano Faiano il 10/02/1980
Nella Juve dal 2000 al 2004 (58 presenze, 6 goal)
1 Scudetto, 1 Supercoppa Italiana

Esordio: 12/03/2000 PIACENZA-JUVENTUS 0-2
(Inzaghi 23', 74')
Stadio Leonardo Garilli

Il mio esordio con la maglia della Juventus fu contro il Piacenza nel 2000, una vittoria esterna per 2 a 0 con doppietta di Pippo Inzaghi, ed ancora rammento le emozioni di quel giorno.
Ho anche un ricordo vivissimo dell'esordio in Champions League che sognavo anche di notte. Bellissimi sono anche i ricordi del "nostro" 5 maggio. L'anno prima avevamo avuto la brutta giornata di Perugia e di uno scudetto perso sotto un diluvio inenarrabile; di conseguenza quello scudetto conquistato all'ultima giornata fu un esplosione di gioia indimenticabile. I giornali mi avevano "illustrato" come quello che dalla panchina comunicava i cambiamenti di risultato che venivano dall'Olimpico di Roma, infatti io dalla panchina ascoltavo "Tutto il calcio minuto per minuto" incredulo ma gioioso per quello che stava accadendo. E poi che dire del mio goal nel derby del 24 febbraio 2002, importantissimo per due motivi, il primo perché era il mio primo goal in serie A, il secondo perché quel gol ci diede un punto, comunque importante nel successo finale per la conquista dello scudetto.
Qualsiasi pensiero mi riporti a quegli anni passati alla Juve mi fa ricordare il legame che c'era nel nostro gruppo, Ferrara, Pessotto, Zambrotta, Conte e tanti altri... tutte persone serie.

Si può essere un calciatore qualunque, un giocatore che ha trascorso soltanto un paio di stagioni in bianconero, ma ci sono gesti che resteranno indelebili nella storia del calcio: è il caso di Enzo Maresca, ex centrocampista che nella Juventus ha giocato 58 partite, ma che è ricordato da tutti come colui che ha esultato con le corna nel derby della Mole. Nel calcio basta un gesto, a volte l'istinto di un attimo, per rimanere scolpiti nella storia ed essere amati o odiati da un'intera tifoseria. Lo show che ha "etichettato" per sempre il centrocampista 22enne (che la Juventus ha pescato due anni prima dal West Bromwich) all'89esimo minuto della stracittadina, un colpo di testa vigoroso dalla zona del dischetto del rigore si spegne nell'angolino basso alla sinistra del povero portiere torinista Luca Bucci, è il goal del pareggio definitivo per 2-2 e per Enzo il primo in serie A. Ma è solo l'inizio, Enzo ebbro di gioia corre verso il centro del campo, esulta, ci pensa, e con due indici sulla fronte, testa bassa imita Marco Ferrante, attaccante del Toro, a mo' di scherno nei confronti del popolo granata, e con il gesto delle corna corre sotto la Maratona per "matare" il toro. Sono passati più di 18 anni, ma quello delle corna di Maresca, rimane il simbolo del derby tra Juve e Toro. Un goal bellissimo e un'esultanza sublime ed indimenticabile. Comunque corna o non corna, alla fine di quella partita la Juventus è ancora terza in classifica, ad un punto da Roma ed Inter. Sarà lotta serrata, fino alla fine. Ma alla fine sarà il 5 maggio.

FRANCO MONETTA

Nato a Pietragalla il 06/02/1961
Nella Juve Primavera nella stagione 1978/79
Magazziniere e Dirigente accompagnatore Prima Squadra

Mattina della finale di Champions League del 1996 a Roma. A fine dell'ultimo allenamento pre-partita che si faceva prima di ogni partita serale, come al solito, io ero l'ultimo a rientrare perché raccoglievo i palloni e tutto quello che la squadra aveva usato. Era rimasto Pessotto uno degli ultimi e mi chiese se volevo mettermi in porta perché voleva tirare alcuni rigori. Mi misi in porta e lui tirò 3, 4, 5 rigori tutti allo stesso modo, tutti nello stesso angolo, tutti con la palla angolatissima. Gli dissi: "se stasera andiamo ai rigori e la tiri così non la prende neanche a morire", non immaginando che poi in realtà sarebbe andata in questo modo. Difatti quando andò a tirare il rigore, lo tirò in basso a destra e Van Der Sar non ci arrivò. Questa cosa a distanza di anni se l'è ricordata, tanto che la stessa scena l'abbiamo rifatta dopo che lui si era ripreso dall'incidente dopo la caduta dalla sede della Juve. Abbiamo rifatto questa scena per "Dribbling", durante un ritiro, quando lui faceva il team manager. Io in porta a distanza di 10/12 anni. Lui ha tirato il rigore e abbiamo rifatto la medesima scena, e spesso lui, quando ricorda la finale, lo dice sempre che al mattino aveva tirato i rigori a me allo stesso modo. Un altro aneddoto che ricordo con piacere è del giorno in cui abbiamo vinto lo scudetto del 5 maggio a Udine quando l'Inter ha perso a Roma contro la Lazio. Noi eravamo dietro di un punto, l'Inter era avanti, noi dovevamo vincere però se l'Inter avesse vinto non sarebbe servito a niente. Però io e il mio collega ci credevamo così tanto che all'insaputa di tutti, dirigenti e co... abbiamo preparato quella maglietta particolare, una t shirt che si usava nel precampionato e nei ritiri perché era leggera, una bianca, una nera. Ci abbiamo stampato davanti il numero 26 sperando di vincere e poter festeggiare qualcosa. La società non aveva preparato assolutamente niente per scaramanzia o perché molti non ci credevano. Di fatti quella maglietta penso sia stata la prima che ho fatto per i festeggiamenti per gli scudetti. Anche se era la più semplice con solo un 26 stampato, è stata quella che ha fatto più effetto e che viene ricordata in qualsiasi immagine dei festeggiamenti di quella partita. Si vedono i giocatori e lo staff con queste magliette bianche e nere con il 26 stampato sopra. In quella partita non c'era alcuna bottiglia di spumante; mi ricordo che sono andato nel magazzino dell'udinese a chiedere se avessero qualcosa per festeggiare. Mi diedero un paio di bottiglie di spumante o prosecco con cui abbiamo brindato.

PAOLO MONTERO

Nato a Montevideo il 03/09/1971
Nella Juve dal 1996 al 2005 (278 presenze, 6 goal)
5 Scudetti, 3 Supercoppa Italiana,
1 Coppa Intercontinentale, 1 Supercoppa UEFA,
1 Coppa Intertoto
Attuale allenatore della Sambenedettese

Esordio: 28/08/1996 FIDELIS ANDRIA-JUVENTUS 0-2
Coppa Italia (Vieri 6' - Conte 38')
Stadio degli Ulivi

I miei ricordi della Juventus riguardano il mio passaggio da un'età in cui ero ancora un ragazzo acerbo in una da professionista maturo. Sono latino e prima giocavo d'istinto e tanta "garra".

Grazie alla Juve ho giocato con compagni fortissimi, veri campioni che mi hanno insegnato tanto, anche ad essere più razionale e concentrato. Sono sempre stato un duro e, anche crescendo, ho continuato a giocare con grinta e carattere, ma ho imparato a mettere la squadra al primo posto. Anche il pubblico mi ha amato tanto e mi ha spinto a dare sempre il massimo per la Juve.
Una delle cose più belle di quegli anni era sicuramente lo spogliatoio, una vera famiglia: ci trovavamo tutti bene e quando era possibile andavamo sempre a cena insieme. Una famiglia più che una squadra, e mi ha insegnato che cosa significa vincere con il lavoro e l'umiltà.

Pochissimi giocatori sono entrati nel cuore dei tifosi Juventini come Paolo Montero, quella sua grinta tutta sudamericana, il suo modo energico di entrare sugli attaccanti avversari il suo innato piazzamento al centro della difesa, piacevano così tanto agli allenatori e ai supporter più affezionati. Paolo Montero è stato uno dei centrali più forti al mondo. Nove anni giocati con quella "garra" tipica dei calciatori uruguagi lo hanno eletto idolo assoluto dei fan bianconeri, perché come affermò un giorno, per lui indossare quella maglia era come avere addosso una corazza, da difendere ed onorare.

FRANCESCO MORINI

Nato a San Giuliano Terme il 12/08/1944
Nella Juve dal 1969 al 1979 (372 presenze)
Direttore sportivo Juventus dal 1980 al 1994
5 Scudetti, 1 Coppa Italia, 1 Coppa UEFA
In Nazionale: 11 presenze

Esordio: 14/09/1969 JUVENTUS-PALERMO 4-1
(Troja 4' - Haller 11', 64' - Leonardi 71' - Furino 79')
Stadio Comunale

Nella mia carriera da calciatore la mia fortuna è stata il mio grande amico Pietro Anastasi. Quando giocavamo da avversari, lui alla Juve e io alla Sampdoria, non faceva mai goal anche se era un giocatore dal talento incredibile e di reti ne segnava tantissime. Marcavo Pietro così bene che la Juventus iniziò ad interessarsi a me. Veniva Carlo Parola a visionarmi facendo relazioni molto positive che invogliarono la Juventus ad acquistarmi. Il mio ruolo sarebbe stato quello di sostituire lo stopper Giancarlo Bercellino, pietra miliare bianconera. Insieme a me quella stessa estate arrivò anche Roberto Vieri, il papà di Christian. L'esordio in campionato è stato in casa contro il Palermo il 14 settembre 1969. Avevo tantissima tensione in corpo prima di questa partita. La mia prima volta andò così così: dovevo marcare Gaetano Troja che dopo soli 5 minuti segnò un goal. Io fui il primo del rinnovamento, poi iniziarono a "svecchiare" la squadra: ad ottobre arrivò Cuccureddu dal Brescia poi a ruota Capello, Spinosi, Bettega e Causio. Nella stagione 71/72 con Vycpálek vincemmo il campionato. Posso dire di aver giocato con i mostri sacri della Juve, quando è arrivato Scirea mi si è allungata la carriera perché Gaetano, essendo un fuoriclasse assoluto, mi dava tantissima sicurezza. Nei miei anni alla Juventus ci sono state tante partite importanti. La finale di Bilbao è di certo il fiore all'occhiello perché ci ha portato alla vittoria della prima

Coppa UEFA. Ricordo che il ritmo era talmente serrato che nell'ultimo quarto d'ora non riuscivamo ad uscire dall'area di rigore avversaria. Ogni vittoria di campionato era una festa e in quel periodo avevamo vinto tanti scudetti di fila. Per quanto riguarda la Nazionale ho fatto 11 presenze perché nel mio stesso ruolo c'era il mediano Rosato trasformato poi in stopper, ma quando si fece male, per i mondiali del '74 in Germania chiamarono anche me e parte della difesa Juventina. Sono arrivato a vestire la maglia azzurra troppo tardi, avevo 30 anni. Ero un giocatore di forza e piuttosto attivo, quindi non vedevo l'ora che arrivasse la sosta per la Nazionale per riprendere un po' di fiato e riposarmi e godermi un po' anche le mie ammiratrici dato che l'essere biondo e indossare la fascinosa maglia bianconera mi ha aiutato molto anche in quel campo: ricevevo sacchi pieni di lettere dalle fans, ma quando poi alla Juve arrivarono Tardelli e Cabrini, due "bellocci" ahimè, persi il mio primato. Nella stagione 79/80 non giocavo tra i titolari e Boniperti decise di tenermi per fare da "balia" al neo arrivato Sergio Brio. Dato che le sue prime partite non furono brillantissime e il pubblico bianconero chiedeva un mio reimpiego, anche per non fargli "ombra" dopo qualche mese decisi di andare in America in quanto Davide Martini mi aveva suggerito il Toronto dove rimasi un anno. Quando ero in America l'Avvocato ha iniziato a chiamarmi ogni 15 giorni perché era curioso di sapere come procedeva la mia avventura e se per caso c'era qualche buon giocatore. Nell'ultima telefonata che mi fece, mi disse che sarei dovuto tornare a Torino a fare il dirigente perché Boniperti aveva fatto il mio nome. Io sarei rimasto volentieri in America visto che mi era stato offerto un lavoro presso l'università di Toronto, ma la chiamata dell'Avvocato ha scombinato, giustamente, tutti i miei piani, ritornare alla Juventus in una nuova veste rappresentava per me un grande stimolo. Mi hanno mandato a seguire un corso organizzato a Coverciano per diventare direttore sportivo e da lì sono rimasto nello staff Juventino per ben 14 anni al fianco di Boniperti, Giuliano e Secco poi nel 1994 sono arrivati Moggi e Giraudo che ci hanno "spodestato". Appena terminata la mia splendida carriera bianconera, ho incontrato sulle scale della sede Marco Boglione, il presidente della KAPPA, sponsor tecnico della Juventus che aveva appena consegnato la nuova maglia. Spiegatogli la mia situazione, decise di offrirmi un ruolo nel settore della comunicazione che ricoprii per ben 15 anni."

Soprannominato Morgan, come il pirata, perché, come scriveva un giornalista a quel tempo, da pirata era il suo modo di depredare l'avversario del pallone, arrangiandosi con i gomiti, con grinta e tenacia. Cercava di imbrigliare il gioco delle punte avversarie e si esaltava a non farli girare verso la porta, ne tantomeno a calciare in rete. Era uno stopper granitico e guerreggiante, epiche le sue battaglie contro Boninsegna dell'Inter e soprattutto Gigi Riva del Cagliari, 2 dei migliori attaccanti dei suoi tempi. Del resto il suo motto era "Munizione non arriva, cannone non spara" e gli serviva per caricarsi ad ogni battaglia.

4/12/1966 Roma-Juventus 1 a 0. Tribuna Tevere sotto il diluvio, ultimo secondo corner per la Roma, colpo di testa di Bercellino autorete, ombrelli in area e Marcello a casa scornato e zuppo d'acqua. In primavera andai a vedere Bologna Juve 2 a 0 (Juventus 75 minuti di possesso palla, nessun tiro Bologna 2 goal e 2 pali). In quell'anno due sole sconfitte della Juve e vittoria del campionato con Heriberto Herrera. Da allora ho visto tante partite della Juve, nessuna sconfitta e tante soddisfazioni. *(Marcello Magagnini)*

Da ragazzo, come tanti, sognavo di diventare un calciatore ma una volta che ho capito di non poterci riuscire (almeno per esserlo in maniera seria) ho scelto di fare il tifoso; e di tifare per la squadra più bella del mondo: la Juventus. In questo ruolo sono stato e sono ancora un "fuoriclasse", spinto dalla mia grande passione per la Vecchia Signora. Oltre ai miei tanti anni da abbonato allo stadio della Juve e alle innumerevoli trasferte negli stadi di tutta Italia, la mia malattia per quei colori mi ha preso per mano in 182 trasferte europee ed extra Europa. Posso affermare senza ombra di dubbio che buonissima parte delle mie conoscenze dei luoghi d'Italia, delle città europee non deriva dalla scuola, o dai programmi televisivi, ma dalle partite che la Juventus ha disputato fuori casa ed anche dalle pagine sportive e dagli itinerari programmati con gli amici di avventura. Poi se non conosco il Vietnam o lo Sri Lanka non è proprio colpa mia perché ancora la Juve non ci ha giocato. Del resto "dove gioca la Juve, il MAGO c'è sempre!" Fino alla fine. *(Patrizio il "Mago" Magalini)*

19/10/1986. Campionato di serie A, 6° giornata di andata. Stadio Cino e Lillo Del Duca. Si gioca la partita Ascoli-Juventus. Ricordo ancora l'emozione durante il viaggio in macchina Jesi-Ascoli, l'emozione di un bambino di 10 anni che per la prima volta vedrà la squadra che tifa e che ama. Durante il viaggio ascoltavo i racconti di mio padre e dei suoi amici, racconti di partite leggendarie, di battaglie, di vittorie, di trofei... racconti di campioni che indossavano la maglia bianconera. Arrivati allo stadio ero letteralmente paralizzato dall'emozione, finalmente avrei visto i miei idoli, finalmente avrei visto quello che tutti quanti definivano "Le Roi", quel Michel Platini che incantava gli stadi e che tutti quanti ci invidiavano. Inizia la partita, io e mio padre seduti in tribuna, la Juventus lotta contro un Ascoli tutta grinta ma poco efficace contro lo squadrone bianconero. Mio padre mi parla dei giocatori e io ascolto i vari aneddoti mentre i miei occhi non fanno altro che seguire ogni movimento di Platini. Ricordo poco della partita, ricordo il primo gol di un giovanissimo Buso, ma quello che veramente aspettava quel bambino di 10 anni arrivò a 10 minuti dalla fine: il goal dell'idolo, goal di Platini. La mia prima volta era andata come meglio non poteva, avevo visto Platini, lo avevo visto andare in goal, lo avevo visto vincere. Usciti dallo stadio la mia gioia, la mia voglia di urlare "forza Juve" sono state spazzate via da quello che successe per le strade di Ascoli. Una caccia allo Juventino che mi paralizzò e mi fece tremare di paura fin quando non arrivammo alla macchina. Grazie a mio padre e ai suoi amici però, una volta chiusi gli sportelli, la gioia ritornò. Un bambino di 10 anni stava tornando a casa col cuore pieno di felicità, un bambino che non dimenticherà mai quella storica domenica e quel numero 10 vestito di bianconero del quale solo dopo anni capirà la classe, l'eleganza e l'impronta che ha lasciato nel pianeta Juve. Quel bambino di 10 anni ha iniziato quel giorno la sua vera avventura da tifoso bianconero. 29/09/1976, nasce l'uomo Michele Magagnini. 19/10/1986, nasce il tifoso Michele Magagnini. Da allora quei colori sono diventati fede. *(Michele Magagnini)*

Juve-Rennes, Coppa Intertoto. 10/08/99. 2-0 Inzaghi, Inzaghi. Stadio di Cesena. La prima volta e fu subito amore, vedendo Zinedine entrato nella ripresa, vedendo Del Piero a due passi, non avendo lo stadio di Cesena, la pista di atletica. *(Paolo Mancinelli)*

Bologna-Juve, 04/10/1970, risultato 0 a 0, il mio primo cappuccino all'area di servizio, partita senza goal ma emozionante vedere quei campioni. *(Mario Mancinelli)*

La mia prima volta allo stadio si è verificata a San Siro, il giorno 29 ottobre 1967, ore 14.30, Milan-Juventus, risultato finale 0 a 0. Avevo compiuto otto anni il 7 luglio, ho provato una emozione indimenticabile, accompagnato da mio padre Dino, il quale ha trasmesso e demandato la passione per il calcio, l'amore per la Juventus a tutta la mia generazione. Dopo mesi di preparativi (sembrava dovessimo andare sulla luna), viaggiato tutta la notte, abbiamo raggiunto Milano in pullman, non di certo un gran turismo, ma un mezzo di ultima costruzione per i tempi. Fantastico! Un viaggio indimenticabile, la prima volta per me, in viaggio per vedere una partita della Juventus dal vero, con mio padre e tutti i suoi amici Juventini che non hanno smesso un attimo, dico un attimo, di parlare della Juventus. Un sogno realizzato. L'evento era stato organizzato dal sig. Andreoni, titolare di una nota profumeria in centro ad Osimo. Ricordo la bellissima giornata di sole, i colori delle maglie a strisce bianconere e rossonere, completamente in nero i portieri, arbitri e guardalinee, altra emozione, visto che all'epoca si vedeva 90° minuto e la domenica sportiva in televisione in bianconero. Ricordo tutta la partita, non la scorderò mai, non scorderò mai il gioco maschio, duro, le botte da orbi, dall'inizio alla fine, tra Bercellino e Mora. Mi domando ancora come abbiano potuto terminare la partita, considerando che l'arbitro era Lo Bello. Ricordo la prestanza fisica dei nostri difensori Bercellino, Leoncini e Salvatore (mamma quanto erano grossi e forti), notevole la visione di gioco di Del Sol, quel giorno al pari di Rivera. il più veloce in campo era Cinesinho. Ricordo Hamarin con i calzettoni abbassati, ma un fruscello contro Leoncini, cadeva sempre e prendeva botte, ad un certo punto il loro mister Rocco l'ha cambiato di fascia, l'ha mandato dalla parte di Salvatore, peggio che peggio non ha toccato palla. Tosto anche il duello tra la colonna Schnellinger e Menichelli. A centro campo per il Milan giocava un biondo centrocampista, faceva anche lui un sacco di falli, si chiamava Giovanni Trapattoni. In seguito, mio padre mi diceva sempre "Mauro noi l'abbiamo visto giocare", perché quel giovane centrocampista del Milan falloso era diventato un nostro grande e vincente allenatore. Grazie Babbo Dino. *(Mauro Mancini)*

La mia prima volta con la Vecchia Signora avevo 14 anni, mi accompagnò mio padre allo stadio Delle Alpi, ero in curva, era una bolgia, si disputava Juventus-Sampdoria, finì 0 a 0 con goal annullato a Bobo Vieri. Purtroppo al 3 anello del Delle Alpi la visibilità era molto scarsa, ma il sol pensiero di andare per la prima volta a vedere i miei idoli, il mio cuore batteva forte, finalmente il mio sogno si era avverato, da quel giorno il mio amore per la

nostra amata Juventus era infinito. Grazie per le gioie che ci hai regalato e continuerai a regalarci fino alla fine forza Juventus.
(Mattia Mandolini)

Premetto, visto l'amore e l'emozione che mi provoca, è sempre la prima volta per me vedere la nostra Juve... Me lo ricordo come fosse ora, avevo 13 anni, quindi 32 anni fa, un'adrenalina e una voglia di vedere quelle maglie e quei colori che non ci ho dormito tutta la notte. Il viaggio è stato lunghissimo con l'automobile insieme a mio nonno (vero Juventino) e un suo amico con il figlio, alla volta di Torino, al mitico Comunale per assistere a Juve-Verona. Beh 3 a 0 e goal del mio idolo Platini, Serena e Laudrup. Un susseguirsi di emozioni, sguardi e ad ogni azione pensavo quanto fosse bello. Questa partita resterà indelebile dentro di me. Ricordo che per tornare sono crollato, ma pieno di gioia e voglia di sostenere per sempre la nostra grande Juve! Credo che poche cose rendano felici come vedere per la prima volta la Juve! (Momi Marchegiani)

Il 24 aprile 1984, attorno alle 22 mi squilla il telefono. Era Bruno. Causa un dimenticato impegno con sua moglie il giorno successivo, non poteva assistere a Torino al ritorno della semifinale della Coppa delle Coppe, Juventus-Manchester United e mi chiedeva se mi interessasse andare (sé ahahahah) insieme ad altri 3 ragazzi cedendomi il suo introvabile biglietto. Mi informai subito su orario e luogo di incontro. Si dormì poco quella notte. La mattina mi ritrovo con i 3, fino ad allora sconosciuti compagni di viaggio, facciamo le presentazioni e partiamo alla volta di Torino. Appena arrivati nel capoluogo piemontese, aspettando l'apertura dei cancelli, entriamo in un bar nei pressi dello stadio per una birretta e per "gufare sportivamente" (mi piace l'ossimoro) la Roma impegnata nella semifinale di ritorno della Coppa dei Campioni contro il Dundee. Era un bar granata e ai lupacchiotti stava andando tutto per il meglio. Non ho resistito molto prima di uscire. Finalmente aprono e si entra a prendere posto. Lo stadio inizia a riempirsi e mezz'ora prima del fischio d'inizio il Comunale è già pieno come un uovo, tranne un piccolo spicchio vuoto nel parterre della Maratona. Erano anni di Hooligans, armate che Attila buon'anima sognava la notte devastavano con il loro passaggio tutto ciò che trovavano e per questo si era posto un freno alle loro trasferte. Sapevo comunque che una trentina di inglesi erano giunti a Torino e immaginavo che quello fosse lo spazio a loro destinato. Infatti 15-20 minuti prima dell'inizio arrivarono. Appena all'interno i primi 5-6 staccarono subito tutti gli striscioni dei nostri tifosi dove potevano arrivare incuranti di avere più di 10000 teste incazzate sopra di loro. Iniziò un bombardamento di arance e prima che arrivassero in contatto entrarono i celerini che, a forza di manganellate, li ricacciarono fuori dai gradoni. Avrebbero visto un bel pezzo di partita dentro, nello spiraglio. Sembravano tanti leoni (lions appunto) in gabbia. Ore 20:30. Le squadre entrano in campo. Il Comunale è una bolgia, migliaia di bandiere e sciarpe si intravedono a fatica nella nebbia dei fumogeni. L'arbitro fischia. Si parte. Giochiamo bene andando vicino al goal. Goal che arriva al 14°. Sublime ennesimo lancio di Le Roi e il "Bello di notte", facendo fede all'appellativo affibbiatogli dall'Avvocato, infila il portiere inglese. 1 a 0. Con questo risultato si va al riposo. Il secondo tempo loro cercano di recuperare e i loro sforzi sono premiati al 25° con Whiteside. 1 a 1. Si pareggia il risultato dell'andata.

...Ricordo benissimo una voce vicino a me dire "se segniamo adesso viene giù lo stadio"...

Si avvicina il 90° ormai rassegnati ai supplementari. Vignola sta per battere una punizione dall'estrema sinistra all'altezza della loro area di rigore. Ricordo benissimo una voce vicino a me dire "se segniamo adesso viene giù lo stadio". Beniamino crossa al centro, loro respingono, palla sui piedi di Scirea, una finta, tiro e un rimpallo fa arrivare la palla a Rossi solo davanti alla porta. GOAAOLL! Pablito impazzito corre verso la pista di atletica rischiando di travolgere chiunque si trovi davanti, mentre lo stadio, appunto, "stava venendo giù". Aspettiamo trepidanti gli ultimi secondi fino al triplice fischio e poi... il tripudio. Descrivere certi momenti non è affatto semplice ma ricordarli dopo 36 anni con la stessa nitidezza che si avrebbe se fossero avvenuti il giorno prima, credo che possa rendere l'idea in modo esaustivo. Lo speaker annuncia che la nostra avversaria in finale sarà il Porto che ha eliminato l'Aberdeen. Finale che si giocherà allo stadio St Jakob di Basilea il 16 maggio vigilia del mio 20° compleanno. Convinto che la Juve mi avrebbe regalato una grande emozione alzando la Coppa, decido anch'io di farmi un regalo seguendola anche nella trasferta in terra elvetica... ma questa è un'altra storia.
(Simone Marconi)

La mia prima volta allo stadio è stata il 14 aprile del 2001 in occasione di Juventus-Inter. Una giornata che sognavo fin da bambino. In realtà quello che sognavo da sempre era di entrare all'allora stadio Delle Alpi come giocatore della Juventus, ma dato che questo era chiaro non si sarebbe mai realizzato, ho iniziato a sognare la prima volta che sarei entrato come tifoso. Tutta la giornata dedicata alla partita è stata indimenticabile: il viaggio con il pullman organizzato dallo Juventus Club Jesi, la compagnia di due miei amici di sempre, grandissimi tifosi come me, il divertimento, la gioia e l'ansia di vedere dal vivo la mia squadra del cuore. Più mi avvicinavo allo stadio e più l'emozione cresceva, ero pieno di aspettative verso i giocatori che tanto ammiravo da casa. Una volta dentro, trovarmi in mezzo ad altri tifosi amanti della Juve, sentire, cantare i cori che tanto amavo e incitare per la prima volta i miei beniamini mi hanno regalato emozioni indimenticabili. Lo stadio era più grande di quello che immaginavo, le sciarpe e le bandiere che sventolavano, le urla ad ogni goal riempivano e coloravano il cielo di boati di gioia bianconeri. Quel giorno sono stato fortunato, ho visto 3 goal segnati da Alessio Tacchinardi, Filippo Inzaghi e infine da Alessandro Del Piero. Che gioia, che emozioni, che urla di felicità. Ovviamente sono tornato a casa senza voce, ma ricco di una esperienza che mai potrò dimenticare. La gioia è stata sicuramente amplificata dalla netta vittoria per 3 a 1 contro una storica rivale. In quella Juventus erano presenti grandi giocatori con Del Piero e Zidane, ma mai mi sarei aspettato di essere colpito in maniera così netta da Paolo Montero. Eh si, da quel giorno il mio unico e indiscusso idolo calcistico è il difensore uruguaiano che indossava con onore e orgoglio la maglia numero 4. Il clima di gioia e felicità ci ha riaccompagnato nel viaggio di ritorno, l'adrenalina era alle stelle per la vittoria e abbiamo continuato a intonare cori da stadio. Questa è stata la prima di innumerevoli volte che sono andato allo stadio, un viaggio che continua ancora adesso e che spero di intraprendere per molti anni ancora, sempre al fianco della mia amata Juventus. *(Maurizio Mariano)*

La mia prima volta allo stadio a vedere la Juve risale al 9 marzo 2004. Lo stadio in cui si gioca è il delle Alpi e la partita è Juventus-Real Madrid. Avevo da poco compiuto 8 anni e quello era il mio regalo, entrare per la prima volta in uno stadio a vedere la Juventus mi ha fatto sentire grande nonostante i miei anni. Ri-

...che emozioni, che urla di felicità. Ovviamente sono tornato a casa senza voce, ma ricco di una esperienza che mai potrò dimenticare. La gioia è stata sicuramente amplificata dalla netta vittoria...

cordo il viaggio infinito da Senigallia a Torino in compagnia di mio padre e poi ricordo poco di ciò che è successo prima di entrare. Ad un tratto mi trovavo nei distinti dello stadio, alla mia destra c'era la curva sud, avevano esposto un enorme stemma dei Drughi, ad inizio partita non lo volevano togliere e hanno creato qualche ritardo. Appena iniziata la partita, alla mia destra cioè nella curva sud, mio padre mi ha fatto notare una scritta che mi è poi rimasta impressa nel corso degli anni, la scritta era nera su sfondo bianco: SCACCO MATTO AL RE...AL. Mio padre mi ha scattato una foto, con quello striscione sullo sfondo, che è diventata poi una gigantografia appesa in camera per molti anni. Credo di custodirla ancora in soffitta.Tornando alla partita, ricordo nitidamente il gol di Trezeguet in rovesciata, come già detto avevo 8 anni e per me vedere un gol in rovesciata è stato qualcosa di sensazionale. La partita finisce 1 a 0 e si va ai supplementari, ovviamente negli anni a seguire ho rivisto la partita con più consapevolezza di ciò che stesse accadendo. L'ultimo ricordo che ho di quella partita è stato il gol di Zalayeta, non tanto l'azione da goal o il tiro, quelli a differenza del goal di prima non li ricordo nemmeno ora, ma solamente l'esultanza dello stadio e la mia. Ero piccolissimo, urlavo molto e avevo le lacrime agli occhi, mio padre mi abbraccia fortissimo e a fianco a me c'è un gruppo di ragazzi di Perugia che mi scattano una foto, immagino di averli impressionati proprio per la mia piccola età. Dopo questi piccoli sprazzi di ricordi che mi fanno venire un sorriso ancora oggi, dentro di me penso che è stata una prima volta che non dimenticherò mai. *(Lorenzo Marinosci)*

Siamo alla fine degli anni sessanta; il 1969. Io vivevo a Livorno e per un quindicenne come me l'unica possibilità di vedere la Juve allo stadio più vicino era Firenze. Mia madre non si interessava di calcio e mio padre era tifoso della Lazio in maniera molto blanda. Andai a Firenze insieme al futuro fondatore dello Juventus Club Livorno "Armando Picchi" (dott Bertini) che nacque ufficialmente l' anno dopo (nel 1970) e di cui io a 16 anni divenni segretario e co-fondatore. La partita terminò con una sconfitta della Juve (1 a 2) perché in quel periodo la Fiorentina aveva una rosa di ottimi giocatori (Superchi, Ferrante, Chiarugi, De Sisti, Amarildo, Maraschi) che proprio in quell'anno conquistò il suo secondo scudetto. Io assistetti alla partita in curva Ferrovia in quanto non esisteva il settore ospiti e i settori più ambiti non me li potevo economicamente permettere. Avevo con me una bandierina grande come un foglio A3 che ottenni comprando un numero di "Hurrà Juventus" mitica rivista ufficiale di quegli anni della Juve. La delusione fu enorme. Tuttavia dopo quella partita ne seguirono tante altre che hanno scandito e accompagnato la mia passione nella mia vita al momento per 50 anni. Spero tanto di poterlo fare per tantissimi anni ancora; non perché io pensi di essere immortale, ma perché lo è sicuramente la mia passione. FINO ALLA FINE! *(Roberto Mariani)*

Era l'anno 1977 e io avevo 14 anni. Un giorno mio zio Angelo mi sussurrò misteriosamente: "Presto ci sarà una bella sorpresa per te". A cosa si potesse riferire non ne avevo la più pallida idea. Non è che meritassi qualche pre-

Stanchi ma entusiasti arrivammo al capoluogo lombardo. Sembravamo una delle caravelle di Cristoforo Colombo. Ci guardavamo intorno come fossimo approdati in un nuovo mondo, la terra promessa...

mio particolare, ma la cosa non poteva che incuriosirmi. Trascorsero delle settimane e un bel dì mi si presentò con dei biglietti dicendo: "A maggio ti porto a vedere una partita di calcio di serie A". Rimasi meravigliato, a bocca aperta. Poi incredulo chiesi: "Cosa andiamo a vedere?". "Andiamo a Milano a vedere Inter-Juventus". Ero incantato, la bocca si era bloccata, sempre spalancata. Io, Juventino in erba al cospetto di mio zio dichiarato ultrà interista. Non mi sembrava vero. Lui che per me rappresentava una divinità, in quel momento mi poneva a un fatidico bivio. Mi portava nella tana del nemico e io magari ne sarei dovuto rimanere stregato, ammaliato. Le mie simpatie però erano rivolte alla compagine ospite. Mio zio Angelo lo sapeva, ma sotto sotto sperava che la strategia avesse presa su di me. La comitiva era formata da un totale di nove persone. Io ero il più piccolo e i restanti compagni di viaggio erano tutti adulti e vaccinati. 8 maggio 1977, il gruppo partì a bordo di un pulmino noleggiato alla volta di Milano. Alla guida Angelo. Aveva un entusiasmo contagioso, che trascinava tutti. Battute a raffica, assoluta padronanza della scena, ironia illimitata sulla sicura sconfitta dei bianconeri. Io assecondavo e emozionatissimo apprezzavo tutto, soste prolungate all'autogrill comprese. Stanchi ma entusiasti arrivammo al capoluogo lombardo. Sembravamo una delle caravelle di Cristoforo Colombo. Ci guardavamo intorno come fossimo approdati in un nuovo mondo, la terra promessa. La città. Mi viene da ridere a ripensare lo spaesamento generale. Armati di panini e lattine all'interno di anonime buste di nylon, ci incamminammo ardimentosi verso lo stadio. Sembrava un sequel di qualche film di Totò e Peppino. Alla vista dell'imponente San Siro rimanemmo ammutoliti. Imponente. Nessuno di noi aveva visto qualcosa del genere finora. Facemmo la fila ai cancelli impazientemente. Niente tessere del tifoso. Iniziammo a cercare l'ingresso preposto; a quel tempo non erano presenti molti addetti. Dopo vari tentativi trovammo la nostra entrata. Avevamo dei distinti al primo anello. Lo scenario che mi si presentò fu entusiasmante. Il terreno di gioco verde come non mai. Le tribune che lo avvolgevano erano gremite da migliaia di persone. Camminavo estasiato. Ancora ho visibile la maestosità dei colori. Sì, forse questo è il ricordo principale che in quel periodo non eravamo abituati a cogliere certe sfumature. Noi la televisione la vedevamo in bianco e nero. Assistere in tv a una partita voleva dire percepire tutto in una tonalità di grigi. In quel frangente invece, tutto era a colori, per di più in 3D. Impressionante. Ti guardavi intorno, lo sventolio delle bandiere con i cori dei tifosi, rendeva pittoresca l'attesa. Si entrava molto prima dell'inizio della partita. A me però, tutto quel tempo volò letteralmente. Le tifoserie più calde erano posizionate sull'anello superiore. Non esisteva ancora il 3° livello. Altro particolare da rimarcare era che tutto il secondo anello era pericolosamente comunicante, senza settori. Ho assistito a delle cariche tra ultras terrificanti. Ci si picchiava in maniera del tutto abituale. Gli scontri erano di ordinaria follia. Davanti a me, mentre stava passeggiando con una bandiera della Juve, un bambino fu spintonato e derubato dello stendardo da un paio di cretini. Quel giorno non mi domandai il come o il perché di tanta imbecillità, negli anni a seguire sì. Cercai di estrapolare la parte più bella dello spettacolo. Ben presto ci fu un raffreddamento nella nostra comitiva. Un terrificante gavettone piombò sulla nostra zona e tra i malcapitati ci fu il povero Ivaldo che venne centrato. Da come inveiva deducemmo che non si trattasse di semplice acqua, ma di qualcos'altro seppur liquido. Dopo pochi minuti fummo distratti dalla scesa in campo di due compagini di bambini che per ingannare l'attesa e spettacolarizzare un po' lo stadio, diedero vita a una partitella di una mezz'ora circa. Indossavano le magliette di Juve e Inter e solo dopo molto settimane mi capacitai che si fossero trattati di tutti ragazzi del settore giovanile milanese. Io nel frattempo avevo tifato invano. I miei piccoli idoli persero. Intanto scorrevano i minuti e il match era prossimo. Gli spalti erano gremiti in ogni ordine di posto. Le curve alzavano i toni dei cori. Stavamo entrando in clima battaglia. È qui che zio passò dichiaratamente all'azione. Tirò fuori dallo zaino un cappellino nerazzurro e me lo mise in testa senza dirmi nulla. Subito non mi accorsi dei colori che rappresentava. Poi una volta accertato di cosa si trattasse me lo tolsi e glielo riconsegnai schifato. "Non lo voglio". "Come non lo vuoi!". "No, non lo voglio....". "Mettilo, senti quanto è caldo?". "Io non sento caldo...". "Mettilo, dopo chi la sente a tu madre. T'ho preso in consegna io oggi!" "Io non lo voglio quel cappello". Con un repentino gesto se lo riprese e aggiunse scocciato: "Fa m'po' come cazzo te pare, io te l'ho detto". Mi dispiaceva deluderlo, ma era nel mio DNA. Quel rifiuto decretò la definitiva appartenenza a una squadra, la consacrazione. Era stato un gesto molto forte il mio. Rimandare al mittente quel cappello voleva dire contrariare il mio leader di riferimento. Avevo osato tanto, forse troppo. L'avevo sfidato davanti agli amici. Tornò alla carica più volte, invano. Man mano sempre con meno veemenza. Le squadre, intanto, sono schierate in campo. Non so se lo speaker nomina le formazioni, io non riesco a sentire niente tanto è il rumore del pubblico che grida. Il pubblico è straripante. Nelle grate a bordo campo ci sono persone pigiatissime in piedi, molto pericoloso a mio modo di vedere. Un tipo di spettacolo che per motivi di sicurezza, fortunatamente non si assiste più. Il caos è assordante. Dalle curve si alzano cori, coriandoli e fumogeni. Zio mi si avvicina e indicando la curva nerazzurra mi dice "Senti? Senti come cantano i Boys?". Io annuisco e sorrido. L'avversario va assecondato. Non posso infierire ancora. Fischio d'inizio. Ci si immerge nella diretta. È uno spettacolo. I giocatori sfrecciano a una velocità impressionante. Finora li avevo visti solo in televisione e ne era uscita una distorta realtà. I calciatori dal vero hanno una reattività che difficilmente si può percepire dal divano di casa. Ogni traversone al centro diventa un pericolo per la squadra avversaria e il pubblico lo amplifica con boati assordanti. L'emozione nell'assistere è indescrivibile. Ad un certo punto sulla fascia destra Causio si invola in una sgroppata delle sue. Funambolo incredibile riesce ad arrivare sul fondo e crossare, dove Gori appostato a centro area insacca nella porta interista. La Juventus è in vantaggio. La metà bianconera è in visibilio. Ancora ricordo l'effetto roboante dello stadio. Ammutolita la tifoseria dei locali che speravano invano. Zio compreso. Non ricordo di essermi alzato al goal. Il boato della curva mi fece un effetto d'implosione allo stomaco. Come la deflagrazione di una bomba che impatta su di te. Un muro d'aria che mi ha avvolto. Sono rimasto affascinato, tanto ero conquistato. Non avevo ben presente come manifestare un'emozione. Da una parte la gioia e la felicità di chi vince, dall'altra la delusione di chi perde. Momenti intensi. Si riparte. Le squadre riprendono le schermaglie. Ancora tutto è possibile. La Juventus gestisce bene il vantaggio. Trascorrono i minuti e le speranze

di portare a casa una importante vittoria, crescono vertiginosamente. Osservo zio che ancora non si da per vinto, mai arrendersi. Mi stuzzica dicendo che ancora non è finita. Non fa in tempo a dire non tutto è perduto che Tardelli sfodera un tiro cross che si insacca sotto l'incrocio di Bordon. Inter zero, Juventus due. A questo punto i giochi sembrano davvero, fatti. Anche nel volto di zio si legge la rassegnazione. Lo osservo. Cerca conforto intorno a se, si gira continuamente, ma i suoi adepti non rispondono più. Alza lo sguardo verso gli ultras e gli scappa un laconico "Santanna, non canta più!". Era il suo vezzeggiativo che sanciva la resa finale. Arrivò il triplice fischio finale. Per la mia squadra era il preludio allo Scudetto. Una stagione clamorosa, 51 punti su 60 a disposizione.
(Paolo Martinelli)

La prima partita della Juve vista da me? Se ben ricordo è stata Rimini-Juve Coppa Italia con l'esordio di Bonini o Brio anni 79-80 mi sembra fosse estate, poi via via è andata sempre in crescendo. Mi batteva sempre il cuore, la prima volta a Torino (Vecchio Comunale) penso di essere entrato senza toccare terra dalla calca che c'era, ma la parte più bella era partire con il pullman del club 2 Stelle Jesi. Sapevi come partivi ma non sapevi come tornavi, Madrid, Monaco, Barcellona, Tel Aviv, Basilea, Atene, potrei scrivere un libro da solo.
(Lamberto Massaccesi)

Pesaro. Partenza, destinazione: Torino. Eccoci, siamo arrivati. Ci siamo trovati davanti all'Allianz Stadium e siamo rimasti letteralmente a "bocca aperta" vedendo un vero e proprio monumento in BIANCO e NERO... Entrati, SIAMO IN CURVA, inizia la partita: GOAL. Una emozione così non l'avevamo mai provata, tutta la curva esulta, si abbraccia, urla e canta. Un'esperienza che rimarrà nella nostra memoria per sempre. Noi siamo la Juve.
(Mara Massi e Denis Stefanelli)

La mia PRIMA VOLTA rappresenta il sogno di un bambino di 6 anni che allo stadio Amsicora di Cagliari nell'anno 1969-70, partecipa a un percorso irripetibile per una città, per una intera regione, per una squadra, il Cagliari, che con Riva si avviava a vincere lo scudetto. Il 16 novembre 1969, però a Cagliari arrivava la Juventus, mio papà, Juventino da sempre, mi aveva raccontato molte cose su quella squadra a strisce bianconere, e all'entrata in campo dei giocatori quel bambino di 6 anni si innamorò di quei colori per sempre. Si dice che spesso i bambini si innamorino delle squadre più forti della loro infanzia, ma la Juve della fine anni 60 e primi anni 70, non era sicuramente tra le più forti o spettacolari, eppure, le zebre mi avevano conquistato al primo appuntamento, anche per la gioia di mio padre. E come poi, per una trasposizione temporale, capita dopo 47 anni, dopo, un'altra "PRIMA VOLTA", io ora papà, allo stadio della Juve con i miei figli di 9 e 7 anni. Venivamo dagli anni di calciopoli, da anni anonimi in campionato, anni in cui era un'altra squadra a far finta di vincere, ma evidentemente i bambini nella loro purezza, sanno distinguere le cose belle da quelle brutte, e fu anche per loro, Juve fino alla fine al primo incontro. *(Danilo Massidda)*

Dalla mia prima volta allo stadio per la Juve sono passati quasi 40 anni. Era il 29 marzo 1981 e insieme ai miei amici andammo a Milano con lo Juventus Club di Castelfidardo. Allo stadio di San Siro la Juve perse 1 a 0 contro l'Inter con goal di Evaristo Beccalossi, disputando una partita a dir poco "bruttina". Il tempo non ha affievolito i ricordi delle mie trasferte a seguito della Vecchia Signora, anzi oggi riesco a dare ancora più valore a quei momenti carichi di emozioni e passioni. In riferimento a

...mi ricordo che uno dei nostri amici, pensando che Milano fosse lontanissima, aveva con sé uno zaino carico di tantissimi panini e sandwiches. Arrivati con tre ore di anticipo sull'orario di inizio della partita, "bivaccammo" sul prato davanti al castello sforzesco e dovemmo impegnarci in tanti nell'aiutarlo a mangiare tutto...

quel primissimo viaggio mi ricordo che uno dei nostri amici, pensando che Milano fosse lontanissima, aveva con sé uno zaino carico di tantissimi panini e sandwiches. Arrivati con tre ore di anticipo sull'orario di inizio della partita, "bivaccammo" sul prato davanti al Castello Sforzesco e dovemmo impegnarci in tanti nell'aiutarlo a mangiare tutto quello che la sua premurosa mamma gli aveva preparato pensando che il figliolo potesse per un giorno perire per la fame. Nel 1985 inaugurammo il nostro Juventus Club di Mazzangrugno, e da lì in poi è stata un'escalation impressionante con viaggi in Italia e in Europa. *(Ivo Mazzarini)*

"Io sono Bettega e tu sei Causio" era questo il mantra che recitavamo nei cortili della periferia di Parma alla metà degli anni settanta. Eravamo bambini con il pallone perennemente tra i piedi e la Juventus costantemente nel cuore. Innamorati di quella maglia bianconera a strisce verticali che accendeva la nostra fantasia e la voglia di emulare i protagonisti che la indossavano. Erano anni dove l'unico contatto con la squadra lo si trovava nelle figurine, sulla rivista Hurrà Juventus e negli spezzoni di partita che la Rai ogni domenica trasmetteva; non esisteva altro se non l'immaginazione per vivere il nostro modo di tifare. Parma, cittadina di provincia emiliana, era sede di uno dei più "antichi" Juventus club d'Italia fondato nel 1961. Mio padre e mio zio erano soci del club e degli habituè del Comunale di Torino, con tanto di abbonamento in tasca e la promessa fatta che un giorno mi avrebbero portato con loro allo stadio. Sì, proprio quello stadio che nelle nostre interminabili partite immaginavamo di calpestarne il terreno di gioco. Natale, che come tutti sanno cade il 25 dicembre di ogni anno, nel lontano 1977 inaspettatamente arrivò in anticipo, esattamente il primo di aprile, un venerdì. Quel giorno che ancora oggi ricordo come se fosse ieri, al mio rientro da scuola, sopra alla tavola da pranzo stranamente non ancora apparecchiata, trovai una busta da lettera sigillata appoggiata ad un pacchetto regalo con tanto di fiocco decorativo. Istintivamente come tutti i bambini mi avventai sul pacchetto scartando con forza l'involucro di carta, all'improvviso un brivido di immensa gioia misto stupore percorse come una scarica elettrica tutto il mio corpo: una sciarpa bianconera sbucò magicamente da ciò che restava della confezione regalo. Erano stati i ferri da maglia della nonna a comporre quel capolavoro con i colori bianconeri che si alternavano in rettangoli di egual misura su una morbida lana. In un battibaleno me la misi orgogliosamente legata al collo. Con le mani ancora tremanti per l'emozione, aprii quella busta sigillata seguendo le raccomandazioni di mio padre, che sorridendo, mi invitava alla delicatezza nell'aprirla. Furono secondi interminabili, secondi che stavano per annunciare uno tsunami di emozioni, quando con stupore uscì dalla busta un tagliando rettangolare con scritto: "TORINO Juventus CURVA FILADELFIA – RIDOTTO". L'onda anomala era arrivata prepotentemente, ma invece di un muro d'acqua, venni investito da un misto di emozione ed incredulità che sfociarono in un pianto di gioia. Natale era arrivato con largo anticipo. La mia prima volta fu un derby, e non un derby qualunque, ma una partita che vedeva, una contro l'altra, due squadre impegnate in un campionato che di fatto escludeva le altre quattordici contendenti. Juventus e Torino si giocavano lo scudetto in un campionato a sé stante. Dopo 22 giornate e 8 al termine del torneo, le due torinesi erano separate da un punto, 37 per Madama uno in meno per i granata. Una partita dai sapori speciali con i cugini campioni in carica con tanto di tricolore cucito sul petto strappato proprio alla Juventus nella stagione precedente. Non c'era sul piatto solo il primato cittadino, ma la voglia da parte Juventina di riprendersi "il maltolto" e ricucirsi sul petto quello scudetto che ora era sulle maglie granata. Domenica 3 aprile, il fatidico giorno della mia prima volta, sembrava non arrivare mai, il tempo trascorreva con tremenda lentezza e la sera prendere sonno era impresa ardua. Finalmente partimmo con il pullman del club, anch'io facevo parte della spedizione parmigiana con tanto di sciarpa legata fieramente al collo. Torino, corso Agnelli, il viale dove il torpedone si fermò per farci scendere. Tutti insieme ci dirigemmo verso il Comunale, sì proprio quello stadio che avevo sempre sognato di vedere. Sciarpe e bandiere bianconere si mescolavano a quelle granata, sui larghi marciapiedi, e via via che ci avvicinammo allo stadio si sentivano sempre più forti e nitidi i cori delle due tifoserie che già si stavano sfidando sugli spalti. Agganciato saldamente alla mano forte di mio padre, varcammo i cancelli della curva Filadelfia, il cuore mi batteva sempre più forte, come un martello pneumatico spacca ritmicamente l'asfalto di una strada, l'aria era elettrica e ormai solo pochi gradini in cemento mi separavano dal Paradiso. Finalmente ero dentro allo stadio, tutto era magico, tutto mi coinvolgeva, ero immerso in un oceano bianconero fatto di sciarpe, bandiere e cori ritmati dai tifosi. Zoff, Boninsegna, Benetti, Tardelli e Causio, ma soprattutto lui, Roberto Bettega, il mio preferito, erano pronti sul manto verde del terreno di gioco a dar battaglia ai cugini del Toro. Causio imbeccato da Boninsegna portò in vantaggio la Juve, il boato della curva e l'emozione del "mio primo gol", mi fece scoppiare in un pianto di gioia e mi ritrovai seduto sulle spalle di un robusto giovanotto che mi prese per farmi vedere meglio l'esultanza dei nostri giocatori. Poco dopo Pulici segnò e portò in equilibrio la gara che terminò 1 a 1. L'attesissimo derby finì in pareggio, ma poco importava allora del risultato, avevo visto dal vivo i miei idoli. Pazienza se non aveva segnato Bettega, il mio preferito, ma d'altronde nei cortili del mio quartiere il mantra era: "Io sono Bettega e tu sei Causio", il rito era stato rispettato. La mia prima volta è coincisa in una delle stagioni più belle della storia di Madama, che oltre a laurearsi Campione d'Italia, per la prima volta vinse un titolo europeo conquistando nella "battaglia" di Bilbao la Coppa Uefa. La magia della Juventus è unica, ogni partita è come la "prima volta", le emozioni sono identiche, forti e avvolgenti e hanno il potere di farti tornare bambino. D'altronde noi tifosi viviamo per queste emozioni che solo Lei sa darci, che siano di gioia o di delusione, ma sempre di forti emozioni parliamo e queste solo quelle 11 maglie, che corrono su un verde campo da gioco, hanno il potere di fartele rivivere, partita dopo partita, anno dopo anno. Per tutta la vita ti accompagnano tenendoti per mano, come quella di un padre che ti accompagna allo stadio per la prima volta. (*Paolo Mazzera, Juventus Club Parma "G. Buffon"*)

Il Natale più bello della mia vita è coinciso con una partita della mia cara Juventus contro il Napoli, Platini contro Maradona. Era il Natale 1984. Sono arrivato al Comunale di Torino con la Lancia di Romagnoli, "divorando" l'autostrada e allo stadio, in tribuna a due passi dall'Avvocato. Inutile elencare i vip e le celebrità che erano presenti e la partita fu spettacolare: vittoria 2 a 0 con Briaschi e Platini. Proprio lui, Le Roi, il mio idolo. Spettacolo nello spettacolo, con Romagnoli siamo entrati negli spogliatoi, dove ho abbracciato letteralmente tutti, ho sfiorato Maradona ed ho ricevuto un gagliardetto con tutti gli autografi della Juve. Nel momento più importante, proprio quando Platini stava per firmare, la penna non scriveva più! Ne presi un'altra e non scrisse neanche questa. Platini stava per indispettirsi ma io riuscii a rallegrarlo con questa battuta: "Non solo le persone si emozionano, anche le penne si dimostrano timide davanti al Re!" Miracolosamente, Platini sorrise e De Maria mi diede una terza penna questa finalmente immortalò la firma del mio idolo. *(Fabrizio Mecozzi).*

Nel momento più importante, proprio quando Platini stava per firmare, la penna non scriveva più! Ne presi un'altra e non scrisse neanche questa. Platini stava per indispettirsi ma io riuscii a rallegrarlo con questa battuta: "Non solo le persone si emozionano, anche le penne si dimostrano timide davanti al re!" Miracolosamente, Platini sorrise e De Maria mi diede una terza penna questa finalmente immortalò la firma del mio idolo.

20/05/1973 ero a Roma, università, facoltà di medicina e giocava la mia Juventus per l'ultima partita di campionato, la Juve era seconda in classifica in campionato ed io decisi di andare per la prima volta a vedere la partita. La Juve giocava con la Roma, ero in tribuna circondato da tanti tifosi della Roma, erano tutti esaltati ed io vedevo la partita senza esprimere l'emozione da tifoso Juventino. Al goal della Juve, il primo, io ero impassibile tenevo tutto il mio entusiasmo dentro con freddezza, avevo saputo per radio che il Milan perdeva a Verona ma, non bastava per vincere lo scudetto pari punti, ma quando Cuccureddu con un tiro preciso segno il secondo goal, dimenticai di essere circondato dai tanti tifosi della Roma e mi misi a gridare e agitarmi, avevamo vinto lo scudetto. Un'emozione grande, come poi sempre a Roma nel '96 quando vincendo la coppa dei Campioni ero insieme a tanti Juventini con le spalle alla porta per non vedere il rigore di Jugovic. Sono tifoso dall'età di 11 anni, e vedere la mia Juve vincere lo scudetto a Roma mi aveva dato un gran coraggio perché quando si ama la Juve, ogni paura sparisce lascia l'emozione di un amore incondizionato e ideale. Giusto per cronaca ho visto la Juve vincere lo scudetto a Catanzaro e poi a Torino ultima partita di Del Piero. *(Domenico Miceli)*

Juventus-Real Madrid 2008. Vincemmo 2 a 1 con reti di Del Piero (eurogol), Amauri, e per loro Van Nistelrooij. Era una Juve così così, ma un'emozione unica! Da lì avvenne il "contagio" che ancora oggi mi fa impazzire. *(Riccardo Michelangeletti)*

La mia prima partita della Juventus la ricordo come se fosse ora ma non per il risultato (0 a 0 a Bologna con un mega goal mangiato da Galderisi), ma per tutto il prima della partita. Avevo 15 anni facevo il secondo ITIS a Jesi e mi ricordo che quando l'amico di mio padre ci chiamó per dirci che aveva preso i biglietti, il martedì, da lì in poi non ho più dormito e studiato. Non vedevo l'ora di vedere dal vivo per la prima volta i miei campioni. Mi ricordo che all'ingresso in campo delle squadre per quanto ho urlato e dalla contentezza mi scappò anche una lacrimuccia. Queste sono sensazioni che solamente la Vecchia Signora ti può dare. *(Roberto Michelangeletti)*

Ero un quasi 17enne, un 17enne del 1984. Mio padre non era un amante del calcio e per questo fino ad allora avevo sempre e solamente seguito le partite di calcio in TV. Era il 1984, non esistevano social, non esisteva la pay per view. Esistevano le figurine dell'album della Panini e il suo Almanacco, esisteva solo il Guerrin Sportivo e Hurrà Juventus, i tuoi eroi erano solo l'immagine di una figurina, un fotogramma della TV che non poteva ripetersi ma poteva essere un istante da cogliere. Arrivare allo Stadio Comunale entrare e sentire l'odore di quella stadio, sentire l'attesa del fischio d'inizio e vedere quegli eroi che ammiravi quando possibile in Tv, sentirsi di essere spettatore e protagonista di un evento. Vedere chi ti aveva fatto sognare da bambino, e chi aveva accompagnato la tua adolescenza tappezzando la tua camera ed il tuo diario. Questa è la sensazione del 17enne di provincia che arriva allo Stadio Comunale. Ancora era cocente la delusione della finale di Coppa dei Campioni persa ad Atene l'anno prima, al 90' si stavano prospettando i tempi supplementari, ma il guizzo di Pablito liberò la tensione e l'urlo di uno stadio intero si stampò nella mia mente. Questa volta il fotogramma sarebbe rimasto, indelebile. Vivere e ricordare questa partita, gli anedotti del viaggio, è soprattutto un modo per raccontare una squadra, un gruppo di giocatori e la stupefacente superiorità di Platini, la grinta di Tardelli e l'assoluta nobiltà di Scirea. Quella partita mi diede la sensazione di essere parte della Juventus.
(Massimo Migliolini)

La nostra prima volta con la Juve fu una serata memorabile! Il 16 aprile del 2000, regalo di compleanno di Roberto che aveva appena compiuto gli anni, alla Scala del calcio per il Derby d'Italia Inter-Juve. Partita indimenticabile sia per il clima infuocato che per l'ambiente ma, soprattutto per il risultato, un 1 a 2 firmato dal gigante serbo Darko Kovacevic proprio sotto alla nostra curva. I cori, l'atmosfera coinvolgente e il calore dei nostri tifosi... tutto bellissimo ma ovviamente la cosa che ricorderemo per sempre, per tutta la vita, è l'esultanza al primo dei due gol del 18 bianconero! Una vera e propria esplosione, una gioia straripante e quasi commovente! Un'emozione unica! (Riccardo Mingo)

Era il 1990... Juventus Barcellona... Avevo 17 anni... Sono arrivato allo stadio alle 17.30 e già volevo entrare... Non ti dico l'emozione quando sono entrato... L'atmosfera... Il tifo... UN RICORDO INCREDIBILE... *(Andrea Molinari)*

La mia prima partita della Juve è stata nella stagione 91/ 92 allo stadio Del Duca ad Ascoli, avevo 16 anni. Ascoli-Juve era domenica. Mi ricordo che vincemmo 2 a 0 goal di Kohler al primo minuto e poi Casiraghi. Mi ricordo che nell'Ascoli giocava Giordano, noi avevamo un attacco stratosferico, giocò Schillaci, Baggio, Casiraghi. In porta giocava Tacconi, c'era Galia Julio Cesar, il resto della formazione non la ricordo. Giocavamo con la casacca di color giallo e Trapattoni sedeva in panchina. L'ultimo episodio che ricordo, all'uscita dello stadio purtroppo la polizia ci dovette scortare per paura di tafferugli. Ecco questo è il quanto che mi ricordo spero di aver fatto bene e che serva a qualcosa. Ciao e FORZA Juve.
(Stefano Molossi)

Correva l'anno 2003, per l'esattezza il 10 maggio 2003, terzultima giornata di campionato... la Juve sfida il Perugia. Giornata piovosa, finisce 2 a 2 con goal di Trezeguet e Di Vaio... fremevo per la prima volta al Delle

Alpi... arriviamo a Torino, direzione Curva Sud, entro e subito la polizia mi ferma per la perquisizione: poliziotto: "scusi... apra lo zaino... cos'ha dentro?" - io: "la sciarpa, una maglietta della Juve e la bambola gonfiabile!" - poliziotto: "Scusi... cos'ha? - io: "la sciarpa, una maglietta della Juve e la bambola gonfiabile! - poliziotto: "la tiri fuori... che non ci credo!" - io: "eccola!" - poliziotto: "30 anni di onorata carriera nella celere... ho sequestrato spranghe, manganelli, sciabole, bombe carta, ma uno con la bambola gonfiabile non mi era mai capitato... lei non è normale!, ma scusi, con cosa la gonfia? - io: "a bocca... poi ci divertiamo... ahahahahah!" In curva mi chiama in balconata uno dei capi ultras e mi prende la bambola, e la fa girare per tutta la curva... e con il megafono dice che la bambola deve ritornare li...!". La bambola ritorna a destinazione... e i festeggiamenti fuori dallo stadio sono un delirio con le migliaia di persone che mi chiamano per fare le foto... dentro i pullman,sopra le macchine... sopra i muretti... Poi quando la Juve scese in serie B... oltre ad andare in ritiro, la prima di campionato a Rimini ero in curva ospiti ad incoraggiarla ancor più di prima... perché ci hanno fatto sprofondare "gli onesti"... ma noi siamo la Juve e siamo rinati più forti di prima... ritornando verso casa dopo la trasferta... incontri lui il grande Lapo Elkan che ti racconta di suo nonno e la storia della Juve vissuta in prima persona, a me è apparso un grande, molto disponibile!
(Emanuele "Schooltz" Morbidoni).

La mia prima volta con la Juve risale al 19 ottobre 1986 quando decisi di andare allo stadio Del Duca di Ascoli in treno insieme al mio amico Damiano. Quel giorno la Juve non concesse molte chance agli ascolani ai quali rifilo' un sonoro 5 a 0 con reti di Briaschi (doppietta), Buso, Ivano Bonetti e Platini. Vedere la Juve dal vivo fu un'emozione unica, cosi come vedere da vicino uno dei più grossi interpreti della nostra storia, Le Roi Michel Platini. *(Mirko Moretti)*

Milano, domentica 30 novembre 1997, Stadio "Giuseppe Meazza", San Siro, Milan–Juve, io e Gabri arriviamo allo stadio alle ore 16:00. Parcheggiamo l'auto molto lontano sapendo che non sarebbe stata una serata "tranquilla" e ci avviciniamo allo stadio in maniera "anonima", senza farci riconoscere, bandiere e sciarpe ben nascoste, mangiamo un panino, due patatine e aspettiamo passeggiando nei dintorni, l'arrivo dei tifosi; i celerini sono già schierati e aspettano l'arrivo dei tifosi. Ore 17:30 arrivano gli ultras della Juve, scortati dalla polizia a sirene spiegate, scendono dai bus e subito iniziano scontri con la tifoseria avversaria, io e Gabri cerchiamo di allontanarci velocemente dal centro dei tafferugli, la polizia lancia lacrimogeni per disperdere la folla, anche noi veniamo investiti dai gas dei lacrimogeni, tenendo bocca e naso coperti iniziamo così a correre nella direzione opposta agli scontri facendo per ben due volte il giro di San Siro. Ore 18:30 si aprono i cancelli e la folla si disperde per riaccalcarsi agli ingressi dello stadio, noi aspettiamo che tutto si calmi un po' e poi ci avviciniamo per entrare. Meraviglioso, uno stadio immenso, illuminato a giorno, completamente sold-out. Nel settore ospiti migliaia di bandierine bianche e nere che sventolano sulle gradinate. Ore 20:30, l'arbitro Domenti Messina da il fischio di inizio, si gioca, dopo pochi minuti autorete di Ferrara e poi pareggio di Pippo Inzaghi, la partita finisce 1 a 1. Un'emozione ineguagliabile! *(Gioia Moroni)*

Nel settembre del 1995 finalmente il mio sogno si è avverato, ho visto giocare la Juventus dal vivo! Come si potrebbe pensare, se vai a vedere la prima partita dal vivo della tua squadra, vai a vederla nello stadio della tua squadra ... Invece no, la mia prima volta con la Juve è stata allo Stadio Olimpico di Roma e si giocava Roma-Juventus, una volta entrato allo stadio non mi ricordavo neanche più con chi avevo fatto il viaggio tanto è stata forte la botta di vedere tanta di quella gente tutta insieme. Non ricordo praticamente niente della partita, ero affascinato e attratto da quell'atmosfera intorno a me tra cori, fumogeni e sfottò, avrò girato lo stadio con gli occhi mille volte. La prima volta di una esperienza importante della vita non si dimentica mai. L'emozione è tanto forte e lo stupore così grande che ce li portiamo dentro per sempre. A maggior ragione se si tratta di un'esperienza bellissima. È impossibile descriverla in poche righe bisogna viverla. *(Daniele Morosetti)*

Ci sono momenti nella vita di ciascuno di noi, che rimangono indelebili. Uno di questi è il giorno nel quale si sceglie, più o meno consapevolmente, la squadra per la quale si tiferà per il resto della vita. Per quanto mi è dato ricordare il mio battesimo calcistico, si tenne in un pomeriggio dell'estate 1977, quando accompagnato da mio padre e dal suo amico Manrico ebbi modo di assistere allo stadio Ballarin di San Benedetto del Tronto ad una gara di Coppa Italia che vedeva opposte la Vecchia signora alla compagine rivierasca, all'epoca militante nel campionato cadetto. La partita si concluse con il più classico dei risultati: 2 a 0 per i piemontesi con reti di Roberto Bettega prima e Romeo Benetti poi. Da quel giorno sono trascorsi quasi 43 anni ed il mio amore per la Juventus non si è mai sopito, neppure nei momenti più bui. *(Andrea Morroni)*

Ho 20 anni e nella mia vita ho avuto la fortuna di fare diverse esperienze nel mondo del calcio. Ho iniziato ad avere i miei primi rapporti con il pallone quando avevo 9 anni nelle giovanili della Ducato Calcio. Successivamente sono stato trasferito alla Maceratese dove ho ricoperto il ruolo del titolare per due anni. Ho concluso poi, gli anni del settore giovanile nella primavera della Ternana. L'anno successivo ho affrontato un grande passo per me: sono passato dal settore giovanile alla prima squadra del Bastia dove attualmente ancora gioco. È stato un passo fondamentale, seppur difficile, per la mia crescita personale e interiore, per la prima volta ho ricoperto un ruolo importante che mi ha fatto sentire adulto e responsabile. Il mondo del calcio ha sempre rappresentato una parte fondamentale della mia vita, fin da piccolo sono stato un grande tifoso della Juventus . Una figura chiave per me è Gianluigi Buffon, ho sempre aspirato a diventare un portiere bravo come lui. Ricordo ancora quando ad aprile dell'anno scorso ho assistito all'Allianz Stadium alla partita della Juventus contro la Fiorentina. Un'emozione incredibile... la Vecchia Signora batte la Fiorentina per 2 a 1 guadagnandosi il trentasettesimo scudetto italiano. *(Valerio Nardi)*

La mia prima volta a vedere la Juve, fu ad Ascoli, vincemmo 3 a 1 e segnò Platini (coronamento dei sogni di ogni bambino)... ero molto piccolo... e fu come una prima pagina di un romanzo, così avvincente... che continua tutt'oggi e che non finirà mai. La mia prima volta al Delle Alpi, invece fu un Juve-Sampdoria 0 a 0 di fine stagione 91/92 credo, dove da quattordicenne ricordo solo 2 cose che mi colpirono a fondo: l'immensità di un vero stadio di serie A con la curva bianconera che metteva brividi ad ogni canto, ma soprattutto il carisma di un grande centravanti che da lì a poco avrebbe scritto pagine indelebili della nostra storia: Gianluca Vialli. *(Lorenzo Naspetti)*

Lecce Juventus 0 a 3 nel 2005. A segno ricordo Ibra. Dovrebbe essere anche Mutu e Zalayeta. Avevo 10 anni, ricordo che quando vidi per la prima volta la partita e la Juve segnò, mi girai verso mio padre e dissi "papà ma il replay perché non c'è?" Convinto fosse come in tv. Mio padre ride ancora. *(Andrea Negro)*

La mia prima partita allo stadio risale al lontano 1974. Esattamente il 6 ottobre. Lo stadio era il Dall'Ara di Bologna. La partita Bologna-Juventus. Ricordo di un pomeriggio soleggiato con una temperatura ideale per una partita di calcio. Ero emozionatissimo. Era la prima volta che vedevo la Juventus dal vivo. Sino ad allora l'avevo seguita sempre e solo attraverso la radiolina e la tv. All'ingresso delle squadre in campo, nel vedere le maglie bianconere sbucare dal sottopassaggio, il mio cuore batteva all'impazzata. Non mi pareva vero di vedere i miei idoli, la mia Juventus così da vicino. Che bello! Non ne ricordo il motivo ma mi trovavo nel bel mezzo del tifo bolognese (curva Andrea Costa) e questo mi impediva di dar sfogo a tutta la mia gioia. La partita ebbe inizio e dopo un po' il Bologna passò in vantaggio con un bel goal di Beppe Savoldi (idolo locale) proprio nella porta sotto la curva dove mi trovavo. Che brutto colpo! Fortunatamente quasi subito la Juventus pareggiò i conti con un goal di "Pietruzzu" Anastasi. Nel secondo tempo dopo una decina di minuti venne fischiato un calcio di rigore a favore della Juventus. Tiro di Cuccureddu, parata di Buso. Non volevo crederci, che amarezza! Poi, come spesso accade, dal possibile vantaggio arrivò la beffa. Mancavano una decina di minuti alla fine, quando Cresci indovinò un gran tiro dalla distanza che non lasciò scampo a Zoff. Risultato finale: Bologna 2, Juventus 1. Alla fine della partita, il clima festoso dei tifosi bolognesi, non fece che accrescere la grande delusione che provavo. Nonostante tutto, ho ancora un bel ricordo di quel pomeriggio così ricco di emozioni contrastanti. Ricordo che già al mio rientro a casa, attendevo con ansia la partita successiva per poter tornare a gioire. Sono tante le vittorie e i momenti meravigliosi che la nostra squadra ci ha regalato ma, per quel che mi riguarda, sono state le sconfitte e le delusioni più cocenti ad alimentare sempre più la mia passione ed il mio amore per la Juventus. *(Gianfranco Neri)*

La mia prima volta a vedere la Juve allo stadio è stata il 19/10/2002, contro i non ancora cartonati, a San Siro. All'epoca ero ancora un tifoso normale, tanto che un mio caro amico dovette perfino insistere per convincermi ad andare allo stadio; bè da quel giorno sono passati 18 anni e non ho più smesso di seguire la Vecchia Signora. Tutto è successo dopo un finale alquanto rocambolesco di quella partita, quando i non ancora prescritti pareggiarono al 95' con il loro portiere dopo una carica evidente su Buffon, ovviamente non fischiata dal presunto miglior arbitro (per gli altri) del mondo Collina. Di conseguenza tutto lo stadio dopo essere stato totalmente in silenzio per tutta la partita, riprende fiato e comincia a cantare contro la Juve e intonando cori offensivi contro noi tifosi ospiti; vedevo proprio l'odio più profondo uscire dalle loro voci e dai loro occhi che fece scattare in me qualcosa, infatti da quel giorno mi sono reso conto di quanto la Juventus fosse odiata dal resto delle tifoserie d'Italia. Il loro odio io l'ho trasformato in amore per la Juventus. Contro tutto e tutti. Quella maglia era ed è una corazza. *(Simone Nicoletti)*

Mi chiamo Roberto ho 56 anni e la prima volta che ho visto la mia amata zebra fu allo Stadio Comunale di Torino. Era il 5 novembre del 1986. Un mercoledì. Allora la Coppa dei Campioni si giocava solo di mercoledì. La stagione era quella 1986/87. Non finì bene. Fummo eliminati ai rigori dopo che, un gol di Cabrini, rimise in parità il risultato dell'andata. Ricordo il viaggio verso Torino con altri quattro amici, un viaggio pieno di sogni speranze di impresa ma anche di tanta ansia e paura. Ricordo l'emozione quando entrammo allo stadio e soprattutto ricordo come era piena la curva Scirea! Eravamo così pigiati che a volte non toccavo entrambi i piedi per terra! Non dimenticherò mai il boato e la felicità al gol del "Bellantonio" è l'amarezza dopo i rigori. Solo Beniamino Vignola riuscì a realizzare il penalty per la Juve. Il viaggio di ritorno nelle Marche fu nel silenzio più totale. Ma dopo 34 anni mi emoziono ancora pensando a quella sera e mi rendo conto che fu la mia consacrazione in eterno per i colori bianco e nero e per "l'amore del mio cuore": La Juventus! *(Roberto Novelli)*

La prima volta che ho visto la Juventus? È stato allo Juventus Stadium il 18 gennaio 2014. Mi chiamo Niccolò ho 19 anni e un padre che oltre ai valori della vita mi ha fatto capire anche la differenza di mentalità che c'è tra chi tifa Juve e chi tifa le altre squadre italiane. Non ci ho messo molto a scegliere i colori bianconeri che tra l'altro sono tradizione di famiglia dai tempi dei miei bisnonni! Così a bordo del pullman dei miei amici Gabriele e Paolo insieme a mio padre inizia un cammino verso Torino che in 6 anni ho compiuto almeno 60 volte. 4 a 2 per la Juve! 2 gol di Vidal, 1 di Llorente e poi il "polpo" Pogba. E da allora è iniziato un rito: l'attesa, il pullman, gli amici, il viaggio, l'inno prima dell'arrivo allo stadio, l'entrata in curva, la partita dei miei campioni, il panino dopo la partita è il quasi sempre felice ritorno a casa. Per la Juventus andrei in capo al mondo! E giuro che è vero! *(Niccolò Novelli)*

Nato a Fermo il 09/05/1978
Nella Juve dal 1998 al 1999
Attuale allenatore del Forlì

È il giorno 20 Giugno 1998, sono a casa ed il telefono squilla. Quella telefonata cambiò la mia vita. È il mio procuratore Moreno Roggi, il quale mi annuncia che Moggi ha chiesto di me e vorrebbe iniziare una trattativa per portarmi alla Juventus. Da li a pochi giorni sono ufficialmente un giocatore della "Vecchia Signora". Da qui inizia la mia storia alla Juventus. Una storia particolare, non quella di un ragazzo che senza difficoltà è riuscito a dimostrare il suo valore, ma una storia di imprevisti, che il destino a voluto mettere alla prova. Arrivo alla Juventus ed entro in una Mondo totalmente diverso da quello che conoscevo: Del Piero, Zidane, Montero, Davids ecc.. sono giocatori che solo a stargli vicino emanano un fascino unico e li, pensi di avere realizzato un sogno. Durante la fase di preparazione il mister Marcello Lippi crede molto nelle mie qualità e mi utilizza in varie amichevoli. Mi sento in cima al Mondo, io che pochi mesi prima, in serie B ero un giocatore come tanti.. Ma come racconta la storia, dopo 20 giorni di ritiro, una terribile infezione ai reni, mi costringe ad un ricovero in ospedale per circa 2 mesi. Sono stati dei momenti terribili, in cui il mio ultimo pensiero era tornare a giocare a calcio, la mia salute mi stava abbandonando e tutto il resto mi sembrava inutile. Dopo 2 mesi sono uscito dall'ospedale e incomincio lentamente la mia riabilitazione che inevitabilmente, ha richiesto molto tempo. Nei mesi successivi, una volta tornato con la squadra, per me ci sono state tante panchine ma mai un esordio da titolare. Durante la stagione c'e stato anche un avvicendamento tecnico in panchina in cui Carlo Ancelotti, subentrò al posto di Lippi. Forse senza quell'infortunio le cose sarebbero andate diversamente, ma le grandi difficolta che ho dovuto affrontare per tornare successivamente a giocare ad alti livelli, mi hanno reso oggi la persona che sono, per questo, ringrazierò sempre il destino. A fine stagione la società mi liberò e da li finisce la mia storia alla Juventus. Ho molti ricordi legati a quell'esperienza, ricordi impressi nella mia memoria, ricordi legati soprattutto ad amicizie con giocatori di grande spessore umano. Per diventare un campione, devi essere prima un campione nella vita. Ricordo un aneddoto particolare di cui parlo sempre con grande affetto. In quella stagione Zinedine Zidane, vinse il pallone d'oro e come regalo, invitò tutti a cena regalando una penna Cartier d'oro ad ogni singolo componente della squadra, un gesto da grande signore quale era. Conservo ancora quella penna con molto orgoglio.

SIMONE PEPE

Nato ad Albano Laziale il 30/08/1983
Nella Juve dal 2010 al 2015 (95 presenze, 13 goal)
4 Scudetti, 1 Coppa Italia, 2 Supercoppa Italiana
In Nazionale: 23 presenze

Esordio: 29/07/2010 SHAMROCK ROVERS-JUVENTUS 0-2
Europa League (Amauri 3', 75')
Tallaght Stadium

L'emozione più forte del mio periodo bianconero è sicuramente quella della serata d'inaugurazione del nuovo stadio della Juventus, l'8 settembre 2011 con la presenza di tantissimi ex campioni di questo glorioso club. Ed io lì insieme ai miei compagni a dovermi cimentare in un'occasione storica per tutti i tifosi e per la società.
Certamente ricordo con piacere il mio goal al Parma nella prima partita allo Juventus Stadium di tre giorni dopo, era quello del 4 a 0, ma sempre importante, in una settimana festosa. Un altro mio goal che metto tra i più importanti è quello che realizzai sempre in casa, il 12 aprile 2012 contro la Lazio, su imbeccata geniale di Andrea Pirlo, al 30' colpisco la palla in un'acrobatica semi-rovesciata e il portiere Marchetti può solo vederla finire in rete. Il pubblico in delirio per il mio gesto assaporava già la conquista di uno scudetto che alla Juventus non arrivava da tempo.
Se non avessi avuto quella dannata sequenza di infortuni, non so dove sarei potuto arrivare. Quello di cui sono certo è che i miei sacrifici mi hanno regalato 10 anni di carriera in crescendo: ho giocato in serie C, poi due anni in B, poi all'Udinese fino ad arrivare alla Juventus, una società che ti insegna cosa vuol dire avere una mentalità vincente.

Simone "Speedy" Pepe arriva alla Juventus nell'estate 2010, proviene dall'Udinese dove ha fatto faville nel tridente con Totò Di Natale ed il Niño Maravilla Sànchez: 41 reti in tre e giocate altamente spettacolari. Poi protagonista nel primo anno di Antonio Conte culminato con la conquista dello scudetto. Simone diventa ben presto l'idolo della "torcida" Juventina per il suo impegnarsi sempre a fondo, dà l'anima per la squadra, alternandosi tra attacco e centrocampo, nonché in alcune partite anche da difensore laterale.
La sua caratteristica esultanza dopo i goal, con il classico colpo Swing del golf verso la curva, nasce dal suo amore per questo sport, trasmesso dal suo compagno di squadra e romano anche lui, Alberto Aquilani.
Ma i guai e la sfortuna sono dietro l'angolo. Una serie di infortuni lo penalizzano in maniera determinante, torna comunque in campo per dare il suo importante apporto. A Torino con la maglia della Juve ha disputato 5 stagioni mettendoci tanto cuore e sacrificio e rimettendoci anche una gamba. I tifosi l'hanno sempre capito ricambiandolo con un incredibile affetto.

MAX PISU

Nato a Legnano il 23 gennaio 1965.
Comico intrattenitore

Sono tifoso della Juventus da sempre. Una passione che mi ha trasmesso mio zio, perché mio padre non era un appassionato di calcio.
Da piccolo indossavo la maglia bianconera nel campetto per giocare con i miei amici. L'idolo della mia infanzia è stato Roberto Bettega, un cannoniere di classe, anche se il mio ruolo di calciatore in erba non era proprio quello. Mi affezionai a "Penna Bianca - Bobby goal" anche perché all'inizio della sua carriera ebbe seri problemi di salute. La mia prima volta allo stadio è stata il 4 ottobre 1981. Avevo 16 anni e con i miei amici e compagni di classe, tutti milanisti, sono andato a San Siro per assistere a Milan – Juve. A circa metà del secondo tempo segnò Virdis, decidendo con quel goal un'importantissima vittoria. Negli anni successivi Pietro Paolo Virdis si accasò proprio al Milan. La passione per la Juve me la sono portata anche al lavoro. Grazie alla mia partecipazione alla trasmissione "Guida al campionato" ho avuto la fortuna di poter andare agli allenamenti della Juventus e quindi conoscere personalmente tutti i giocatori, l'allenatore di allora era Carletto Ancelotti. Ho avuto modo di conoscere Zidane, Inzaghi e sono diventato amico di Alex Del Piero. Sono entrato nell'ambiente Juve e soprattutto nel mondo dei club e conoscere molti tifosi eccellenti ed appassionati, come quando sono stato ospite del club di Jesi. Ho partecipato ad alcune serate particolari insieme a Buffon, Del Piero, Rampulla, Chimenti e la signora Mariella Scirea.

Nel 2005 ho partecipato alla sitcom "Bar Stadio. Il calcio visto dai tifosi" proprio come tifoso Juventino. Insieme a me c'erano l'interista Bebo Storti, il milanista Ugo Conti e il romanista Scintilla. Ci siamo divertiti a commentare in maniera ironica il campionato italiano di calcio.
Mi piace ricordare il periodo della serie B, un momento difficile in cui anche i tifosi avevano bisogno di risollevarsi il morale. Proprio in quel periodo di purgatorio, sono stato più vicino alla squadra: andavo in ritiro con loro, presentavo la squadra, facevo intrattenimento quando allenava Deschamps. In quelle occasioni ho conosciuto persone eccezionali come Ciro Ferrara, Alessandro Birindelli e Gianluca Pessotto. Grazie a questo lavoro ho anche trasformato il mio sogno di tifoso in piacevole realtà.
Ho avuto modo di giocare al vecchio Olimpico di Torino per una partita di beneficenza contro la Nazionale Cantanti. Ero in squadra con Del Piero, Montero, Peruzzi, Di Livio e Zidane e proprio in quella partita ho segnato anche un bellissimo goal (per me). Mi ritengo fortunatissimo per aver avvicinato il mio lavoro alla passione per la Juventus.

CLAUDIO CESARE PRANDELLI

Nato a Orzinuovi il 19/08/1957
Nella Juve dal 1979 al 1985 (139 presenze, 2 goal)
3 Scudetti, 1 Coppa Italia, 1 Coppa delle Coppe,
1 Supercoppa UEFA, 1 Coppa dei Campioni

Esordio: 15/08/1979 Juventus-JUVENTUS PRIMAVERA 7-0 Amichevole (Tavola 31', 51', 82' - Bettega 39' - Tardelli 56' - Virdis 62' - Marocchino 89') Villar Perosa

Alla Juve ho capito fin dal primo momento a cosa andavo incontro. Al mio arrivo, le prime parole che disse il presidente Boniperti furono: "Per prima cosa ti devi tagliare i capelli. Poi devi sapere che qui si viene solo per vincere".
Ricordo che a volte si formavano dei gruppi contrapposti, anche antagonisti, c'era imbarazzo nello spogliatoio certe volte, però la cosa miracolosa, quando si metteva la maglia, era unica per tutti e lì si tornava più che amici, fratelli. Si giocava per vincere tutti insieme, si lottava, si reagiva anche, tutti assieme e si vinceva da squadra. Poi, tornati in spogliatoio, ognuno per la sua strada. Sembravamo amici veri, anche se a volte non tutti lo erano. Spesso nei libri di psicologia si parla di leadership e dinamiche di gruppo, di come non sia possibile vincere se non c'è spirito di gruppo, in realtà i gruppi vincenti, sono quelli composti da uomini che vogliono vincere al di là di tutto. Alla Juve, una volta indossata questa maglia, è così. I grandi giocatori erano così, lo stesso il grande Trapattoni.
Tanti sono gli aneddoti e gli episodi. Uno di questi riguarda una partita a Genova con ghiaccio e fango, tempaccio e campo impraticabile. Il mister ci dice di vedere le condizioni del campo e di scegliere i tacchetti adatti. Allora non ci pensavano i magazzinieri ma li sceglievamo da noi. Platini scelse praticamen-

te le scarpe da calcetto. Tutti a dirgli che era matto e che non poteva stare in piedi così. Il Trap coinvolse persino Boniperti: "Presidente, glielo dica lei a 'sto francese che non può giocare con queste scarpette!". Nonostante gli ordini, Platini le indossò giocò e a metà del primo tempo segnò da 25 metri. Poi indicò le scarpette a tutti e quel gesto restò nella nostra storia. I grandi campioni riescono a vedere e prevedere quello che i giocatori normali non possono.
Sempre di Boniperti, ricordo che mi insegnò a parlare, o meglio a non parlare, con i giornalisti. Al mio primo anno mi disse a chi potevo rilasciare interviste e a chi no dato che ero giovane ed inesperto. Quindi mi feci una lista e quando un giornalista iniziava a chiedermi qualcosa lo fermavo subito e gli chiedevo chi fosse per controllare se era nella lista. Era divertente ma anche una forma di rispetto che giustamente il presidente pretendeva. Come quando ci convocava in sede, e la segretaria, la Marisa che amava i giovani alla follia, ci raccomandava di correre a cambiare i jeans e metterci pantaloni più eleganti e rispettosi. Il presidente Boniperti ci convocava spesso ogni 15 giorni e voleva un rapporto diretto con i suoi giocatori. Era il migliore, un vero esempio, e quando capì che non riusciva più ad avere questo tipo di gestione, preferì smettere.
Che dire poi di Gaetano Scirea, un autentico capitano sempre leale, mai critico. Ricordo che una sera, eravamo in camera sua in 6 o 7 e lo forzavamo a rivelare qualcosa di poco carino su qualcuno, ci doveva pur essere qualcuno che non gli piaceva. Gaetano invece, riusciva sempre a trovare un lato positivo, ti spiazzava per questo, trovava sempre del buono in tutti. Poi era un leader vero, silenzioso ma con tranquillità, altruismo e classe e in campo si faceva sentire, a volte diceva solo una parola, una piccola frase. Come ricordo, successe in una partita che stava davvero degenerando, ci prendevamo letteralmente a cazzotti (perché una volta ce ne davamo davvero a destra e sinistra in campo) e lui disse: "ma non vi vergognate? Avete le mogli e i figli che vi guardano in tribuna!". E lì, tutti smisero quella rissa.
Posso affermare questo anche per Dino Zoff. Entrambi uomini di poche parole, ma quando parlavano regnava il silenzio rispettoso di tutti.
La Juve è stata sempre composta da uomini veri in campo e da dirigenti capaci in società, forse è questo il suo segreto vincente.

Claudio Cesare Prandelli, da calciatore, è stato sempre definito un jolly cioè quel giocatore capace di ricoprire qualsiasi ruolo. Ci vuole temperamento, doti fisiche e soprattutto intelligenza per svolgere ogni compito sempre al meglio, e queste caratteristiche l'hanno aiutato anche a diventare un allenatore di successo.

Nato a Perugia il 24/01/1947
Negli allievi Juve nella stagione 63-64.
Nella stagione successiva nella Primavera

"Indimenticabile il primo allenamento, il nostro spogliatoio vicino alla prima squadra e scendere in campo a fianco di Sivori, Del Sol, Salvadore, Leoncini, Cinesinho ecc..emozionante, da pelle d'oca. E poi come non posso non ricordarmi le partite infrasettimanali contro la prima squadra, i festeggiamenti per lo scudetto con il presidente Boniperti e tutti i campioni, la mia partita contro il Milan dove mi marcò Trapattoni e riuscii a fare comunque una bella figura. I due anni passati alla Juve con Franco Causio, mio compagno di camera e soprattutto il debutto in prima squadra in una partita amichevole a Ravenna con Heriberto Herrera come allenatore.

...la salivazione era quasi azzerata e a stento mi usciva la voce dalla bocca; al pareggio di Morata ci siamo abbracciati tutti come fossimo fratelli anche se eravamo sconosciuti...

Juventus-Barcellona, 1 a 1, Torino 19/03/1986, Coppa dei Campioni. Era un marzo del 1986 e l'idea di vedere i miei beniamini si stava concretizzando. Arrivammo al vecchio Comunale di Torino abbondantemente in anticipo, la marea di gente già in attesa, in gradinata se i posti erano numerati, nessuno li rispettava, quindi appena aperti i cancelli, tutti dentro. Man mano che si avvicinava l'ora, le gambe erano meno stabilì, la partita vissuta in totale confusione, tra le serpentine di Laudrup, gli errori di Pacione, la delizia calcistica di Platini e le urla di Tacconi. Arriva il goal di Archibald che gela il Comunale... e per la magia di Laudrup, concretizzata da Platini addolcisce la pillola.La spinta della Juve per cercare il goal della vittoria, e della qualificazione. L'emozione della prima partita fa placare la delusione dell'eliminazione. Rimarrà per sempre un ricordo unico. *(Alberto Oreficini)*

Correva l'anno 1991, precisamente il 19/05/1991 e la Juventus affrontava in casa il Pisa. Partenza da casa mia molto presto, la partita era di pomeriggio e considerando che il mezzo che mi doveva portare a Torino era il treno, arrivai prestissimo alla stazione di Ancona per prendere il famoso Bari-Torino. A Torino mi aspettava mio cugino che stava facendo il servizio militare nella città sabauda e che si era premunito di trovarmi i biglietti. Arrivo alla stazione intorno di Torino Porta Nuova intorno alle 11.30 e trovo mio cugino che mi aspetta. Dopo il saluto di rito gli ho detto "andiamo allo stadio svelto!". Non vedevo l'ora di arrivare e una volta entrato ho capito che quel posto sarebbe diventata la mia casa, per sempre, gli odori, i colori e l'atmosfera sono entrati dentro di me e non mi hanno più lasciato. Per la cronaca la Juventus ha battuto il Pisa per 4 a 2 con doppietta di Schillaci, 1 goal di Baggio e 1 di Alessio. *(Fabio Palmucci)*

La più grande emozione che ho avuto con la nostra amata Juventus è stata la finale di Champions League del 2015, all'Olympiastadion di Berlino contro il Barcellona di Messi, Suarez, Neymar, Iniesta, ecc. Nonostante il risultato negativo, quella finale è stata un turbinio di emozioni fortissime. Sicuramente perché è stata inaspettata, essendo il primo anno di Massimiliano Allegri alla panchina della Juve; mi ricordo il giro di telefonate per cercare di accaparrarsi un biglietto e l'emozione fortissima mentre su 2 computer diversi cercavo di acquistare il pacchetto per la finale, poi quando l'ennesimo tentativo andò a buon fine mi misi ad urlare come un matto davanti a tutti i colleghi di lavoro in ufficio. È difficile spiegare a parole l'emozione del viaggio e dell'attesa per quella partita e per quella coppa tanto desiderata; l'adrenalina cominciava a salire già nel tragitto dalla metropolitana allo stadio e immerso nel fiume umano di tifosi bianconeri e blaugrana festanti, potevo dire "ci sono anch'io, ce l'ho fatta!". L'emozione era talmente forte che per tutta la partita la salivazione era quasi azzerata e a stento mi usciva la voce dalla bocca; al pareggio di Morata ci siamo abbracciati tutti come fossimo fratelli anche se eravamo sconosciuti. Di quella serata non potrò mai dimenticare il saluto di Alessandro Del Piero prima del fischio d'inizio sotto il settore riservato ai tifosi bianconeri, il volto di Buffon dopo il terzo gol subito, le lacrime di Andrea Pirlo e quelle di mia sorella Barbara, con me allo stadio insieme a mio cognato. Nonostante la finale persa, solo la Juventus può regalarti queste emozioni che custodirò gelosamente per tutta la vita! *(Marco Pambianchi)*

Alcuni ricordi di quando ero piccola, mi portano ai giorni in cui giocava la Nazionale. In casa mia si chiudevano porte e finestre, e si staccava addirittura il telefono. Nessuno doveva disturbare, eravamo tutti uniti in un unico tifo. I problemi nascevano la domenica, quando c'era il campionato, mio padre interista e mia madre Juventina, vi lascio immaginare, una guerra. Mia madre che aveva 40 anni più di me, era fantastica. La domenica mattina appendeva la bandiera della Juve alla finestra, alla faccia di chi non concepiva come a una donna di quella età potesse piacere il calcio. Per l'epoca era quasi uno scandalo. Ho vissuto piacevolmente quegli anni, era uno spasso vedere i miei genitori discutere per un fallo o un rigore non dato. Avevo circa 9 anni quando mia zia tifosissima del Bologna, mi chiese se volevo andare allo stadio con lei. Andai con piacere, non avevo mai assistito ad una partita dal vivo, fino ad allora l'avevo vissuta solo attraverso le radiocronache di tutto il calcio minuto per minuto. La giornata era stupenda, la gente si recava verso stadio come se andasse ad una festa, io ero incantata nel vedere le bancarelle con le maglie, con bibite e panini e tante altre cose. Si, era una festa. Finalmente entriamo nello stadio, ovviamente nella curva A. Costa, quella degli ultras del Bologna. Mi guardavo intorno, c'era tantissima gente che sfoggiava con orgoglio la propria sciarpa e bandiera del Bologna, quasi tutto lo stadio oramai gremito cantava il loro inno, quasi, perché in fondo nell'altra curva, intravedeva delle bandiere incredibilmente di colore diverso, erano bianconere. Guardo il prato bellissimo, in quella giornata così piena di sole, sembrava di un verde smeraldo indefinito, rapita da queste sensazioni non mi accorsi che i giocatori erano già in campo. D'improvviso vidi le maglie bianconereche spiccavano sul prato verde esaltandone ancora di più i colori. Non c'era maglia più bella, era la Juve! Non dimenticherò mai quel giorno, non posso dimenticarlo, perché lì ho capito il mio amore per la Juve. *(Ada Panno)*

Ricordo con grande emozione la mia prima volta allo stadio per vedere l'amata Juve. Era la stagione 1985/86 stadio Comunale di Torino Juve-Napoli. Il Napoli del grande Maradona. Partenza da Jesi con il pullman del club Mazzangrugno sotto la guida di Paolo Paoloni, sono insieme a mio padre. Arrivammo a Torino dopo un viaggio infinito; non avevo mai visto uno stadio dal vivo e per me amante del calcio fu una grande emozione scoppiata in adrenalina pura quando siamo entrati all'interno dello stadio dove ancora ho il ricordo indelebile del colore e l'odore del prato verde. Ci accomodiamo nella gradinata centrale, inizia il riscaldamento del Napoli. Maradona entra in campo prende un pallone si mette al centro del terreno di gioco e con uno strano effetto calcia verso la porta, il pallone all'improvviso gli ritorna indietro come che ci fosse una calamita verso di lui, mai vista una cosa simile, lo stadio lo applaude! Entra la Juve, tutti in piedi, grande festa, c'è il mio idolo in campo Platini! Inizia la partita, Napoli avanti proprio con Maradona poi il pareggio del gigante Brio.

... In casa mia si chiudevano porte e finestre e si staccava addirittura il telefono. Nessuno doveva disturbare, eravamo tutti uniti in un unico tifo. I problemi nascevano la domenica, quando c'era il campionato, mio padre interista e mia madre Juventina...

...La mia prima volta è stata la notte del mio concepimento, il mio papà e la mia mamma... ero solo un puntino dentro di loro...

La partita non è bellissima ma l'emozione di tutto il contesto è qualcosa di magico. Finisce la gara ci avviamo verso il pullman, compro una sciarpa che ancora custodisco. Il ritorno a casa di notte, qualche ora di sonno poi il giorno dopo a scuola a raccontare a tutti quanti è bella la Juve! *(Mirko Panzarea)*

4 gennaio 1981 alla tenera età di 9 anni l'amico laziale di mio papà mi portò a vedere la mia prima partita di calcio dal vivo nel tentativo, neanche troppo nascosto, di farmi abbracciare la fede bianco celeste. È cosi che con tanto di bandiera e cappelletto venni portato in Tribuna Montemario per assistere al big match di serie B Lazio-Milan. Risultato finale Milan batte Lazio 2 a 0, doppietta di Antonelli. Fortunatamente, aiutato dal risultato e dall' età che non mi consentiva di intendere ne di volere, rimasi impassibile. Il primo ricordo successivo mi riporta ad un pomeriggio del 10 maggio 1981, attaccato alla radiolina in trepidante attesa, un sospiro di sollievo quando Enrico Ameri comunica che il gol di Turone "non è bono", eh niente in quel periodo ero già contagiato! Il debutto allo stadio con la mia Vecchia Signora è datato 6 marzo 1983, anno dello scudetto giallorosso, Stadio Olimpico, curva nord, 70 mila spettatori, un tripudio di bandiere giallorosse con un tifo d'altri tempi, in compagnia di mio papà, di leggera fede milanista ma lontano da essere considerato un malato del pallone ne tantomeno tifoso, e di un mio coetaneo amico giallorosso... avevamo 11 anni. Il primo gol di Falcao sotto la curva opposta, io piccolo, impaurito, terrorizzato dai settantamila indemoniati... mio papà spaventato dalla mia reazione emotiva, voleva portarmi via. Poi Le Roi, idolo incontrastato di allora, su punizione e Sergione Brio misero le cose a posto; ero rinato, avevo ripreso colore tranquillizzando mio papà. Quell'anno la Roma vinse il secondo scudetto della sua storia perdendo le uniche due partite sia in casa che in trasferta con la Juventus, e fu in quell'anno, in cui a Roma esplose la gioia incontenibile dei tifosi giallorossi, che capii che la "Juventus FOOTBALL CLUB" sarebbe stata per sempre il mio grande amore. *(Federico Paoli)*

Mi è stato chiesto di descrivere la mia prima volta con la Juve. Chiudo gli occhi. Penso. La mia prima volta è stata la notte del mio concepimento, il mio papà e la mia mamma...ero solo un puntino dentro di loro ma già nel cuore di quel puntino viveva una passione difficile da descrivere, quella passione che solo un grande uomo ed un tifoso ed un tifoso bianconero come pochi poteva trasmettermi: mio padre. Io... la Juve... da sempre e per sempre *(Enrico Paolini)*

Tifoso Juventino dalla nascita, non dimenticherò mai l'emozione che ho provato quella volta a Villar Perosa, insieme a mia moglie e all'amico Romagnoli. Era il ritiro pre-partita di Coppa Italia, finale del 1990 e ho conosciuto il mio idolo Tacconi... la partita fu modesta, ma la giornata, indimenticabile! *(Marco Paolini)*

Torino 07/05/2006. Juve-Palermo fu la mia prima volta allo stadio. Avevo 10 anni e mio zio, presidente del club Juventus 2 Stelle di Jesi, mi accompagnò allo stadio "Delle Alpi" di Torino insieme a mio fratello maggiore e un mio amico. Partenza da Jesi in autobus, verso la casa della Juventus. Avevamo i biglietti al terzo anello e appena entrati la visuale era spettacolare: colori, grida, le curve che cantavano all'unisono con battimani frequenti, fino all'ingresso delle squadre. Boato incredibile e finalmente la partita iniziò potendo così ammirare i miei idoli dal vivo. Rimasi folgorato dall'atmosfera che una partita di calcio può creare unendo decine di migliaia di persone. Un'emozione forte, indelebile che rivivo ogni volta che torno allo stadio, ormai Juventus Stadium. *(Edoardo Paoloni)*

In una caldissima giornata di maggio del 2006 all'età di 13 anni partimmo, io, mio fratello ed un nostro amico, direzione Torino. Guidati dal mio super zio Paolo, (presidente del club Juventus 2 Stelle di Jesi) arrivammo allo stadio due ore prima della partita, l'emozione era alle stelle e appena entrati allo stadio le aspettative furono confermate. Una bolgia pazzesca, colori, cori, striscioni e grida all'unisono, un'emozione indescrivibile. Finalmente scese in campo la Vecchia Signora che in quell'anno aveva una squadra di fuoriclasse e potete solo immaginare come finì la partita: la Juventus vinse 2 a 1 con goal di Nedved ed Ibrahimovic. Un'esperienza veramente emozionante che, nonostante per noi delle Marche arrivare a Torino non sia una passeggiata, posso dire che per quei 90 minuti allo stadio ne è valsa la pena. Direi che come mia prima volta allo stadio vedere una squadra del genera con una rosa di campioni di grosso calibro non sia poi così male. *(Giulio Cesare Paoloni)*

La Juventus a Falconara? Proprio così. Anconitana-Juventus, amichevole precampionato in programma il 20 agosto del 1972, per la momentanea indisponibilità del Dorico, era stata spostata allo stadio Roccheggiani di Falconara. Dopo una vita trascorsa alla radiolina ad ascoltare Sandro Ciotti ed Enrico Ameri, voci inconfondibili di "Tutto il calcio minuto per minuto", il sogno stava per realizzarsi: potevo finalmente vedere la mia Juve dal vivo, nella mia cittadina, sullo stesso campo dove giocavo i miei campionati giovanili. Purtroppo però, almeno per il momento, il sogno doveva rimanere tale. La data della partita, il 20 di agosto appunto, era infatti all'interno del periodo di ferie di mio padre ed era consuetudine della mia famiglia trascorrere queste due settimane dai nonni in Versilia. Non servirono implorazioni, pianti, la promozione al Liceo. Niente da fare: quella sera, invece di essere al campo ad ammirare i neo Campioni d'Italia e i nuovi acquisti Zoff ed Altafini, ero a Viareggio! Ma non mi arresi e alla fine strappai al babbo (ben consapevole del "torto" che mi aveva fatto) una promessa: la prima partita di Coppa dei Campioni al Comunale di Torino il mese successivo. Ci avevo guadagnato! Di quell'indimenticabile 27 settembre 1972, a distanza di quasi cinquant'anni, ho ancora tanti ricordi: il viaggio in pullman, la lunga attesa fuori dallo stadio, l'apertura dei cancelli, la meravigliosa curva Filadelfia. Juventus-Olympique Marsiglia, ritorno dei sedicesimi di Coppa dei Campioni 1972/73. Che emozione! In Francia, nella gara di andata, dopo novanta minuti non belli ma neppure fortunati, avevamo perso 1-0 per un autogol di Salvadore. Serviva una grande vittoria per passare il turno. Neanche il tempo di cominciare ed ecco la prima rete di Bettega, poco oltre la mezzora ancora Bobby Gol, poco prima dell'intervallo terzo gol di Haller: 3 a 0 alla fine del primo tempo. Che sensazioni nel ripensare a quei momenti, a quel battesimo bianconero: Bettega, uno dei più grandi calciatori che abbia mai visto giocare, era reduce da un lunghissimo stop dovuto alla malattia ed era ritornato con due bellissimi gol di testa. Haller, il migliore in campo aveva fatto il resto. Della ripresa, pressochè inutile, ricordo ben poco: un lungo applauso della curva Filadelfia all'ingresso in campo di Roger Magnusson, ex bianconero, grande protagonista della precedente Coppa dei Campioni ai tempi di Heriberto, 1967/68, ed un rigore malamente sprecato da Causio. Dopo i francesi eliminammo il Magdeburgo, l'Ujpest e il Derby County. L'Ajax no, forse era troppo forte. *(Giampiero Parigini)*

Comunale, Delle Alpi, J Stadium, ti ho vista crescere, sono cresciuto con te, Vecchia Signora. Per non parlare della passione che è la stessa e le emozioni che mi regali, ma anche qualche incazzatura. La prima volta che ti ho vista era al Curi di Perugia. Masticammo amaro, per il risultato finale (peggio venne qualche anno dopo) ma in campo ho potuto apprezzare i campioni che ammiravo, che coccolavo con le figurine Panini. Un mito, quella maglia a strisce e quei colori che non ammettono sfumature: il bianco ed il nero. Grazie a mio padre Luigi, tifoso del Toro con tre figli bianconeri in casa, ti ho seguita "Vecchia Signora" ed ho cercato di trasmettere la mia passione per il bianconero anche ai miei figli: Martina, Gianluigi e Michelangelo. Trasferte in pullman con il tifo organizzato per seguire la Champions: Juve-Real Madrid vista dal vero al Comunale, ore e ore di torpedone per poi tornarsene a casa con la coda tra le gambe. Ora dico di aver assistito ad un grande spettacolo ma allora ero solo dispiaciuto. Son cresciuto con te ed ho condiviso le mie gioie prima con i miei fratelli, poi con i miei figli. Con i due ragazzi ci sono riuscito, Marti è interista, come la zia ma per questo è ancor più bello perché in casa da piccolo c'erano gli sfottò per i derby: quel Toro dei gemelli del gol: Pulici e Graziani, del poeta Claudio Sala... e oggi si parla del derby d'Italia con i prescritti... Ti ho seguita dai gradoni dello stadio di Cesena appesi all'ultima balaustra della curva lato ferrovia, piuttosto che al Del Duca con quella passione e quella riverenza che solo un grande Amore merita. Cara Juve, siamo cresciuti insieme. Dal batticuore per la prima volta con i Cabrini, Gentile, Zoff e Scirea in campo, e le emozioni che condividevo con i miei fratelli Emanuele ed Americo, a quella che mi ha fatto battere il cuore all'Olimpico di Roma per la conquista della Coppa Italia con il gol di Morata, con accanto mio figlio Gianluigi, abbracciati al gol e per la conquista del trofeo. Per finire ai giorni di oggi a quello Juve-Spal che ho vissuto con gli occhi di chi, mio figlio Michelangelo, a otto anni sale sul pullman alzandosi alle cinque e mezzo di mattino per andare a seguire la squadra del cuore. Maglia di Cr7, sciarpa, non chiude mai occhio per l'emozione. Entra nello J Stadium e con grande meraviglia inizia a guardarsi intorno. Si emoziona e mi emoziona quando i campioni scendono in campo per il riscaldamento e quasi corre lungo la linea laterale per seguire i propri idoli. Già, perché campioni si diventa ma bisogna sognarlo da piccoli ed inseguire quel sogno che per pochi eletti diventa realtà. Una realtà tinta di due colori: il bianco ed il nero. *(Gianluca Pascucci)*

La prima volta che ho visto la Juve dal vivo in uno stadio era un'amichevole Potenza-Juventus il 12/5/1994, si giocava nello stadio Viviani di Potenza appunto. La partita terminò 2 a 0 per la Juve ovviamente con doppietta di Ravanelli. Mi ricordo quel giorno febbricitante la mia amata Juve a casa mia? Non ci credevo, ma era tutto vero. La Juve stava per venire a giocare a Potenza, allora mi ricordo poco più che maggiorenne e senza patente, inizio la caccia al biglietto che ancora custodisco gelosamente. Non fu facile trovare il biglietto, anche perché non avendo la patente non potevo muovermi. Ed ecco, incontro degli amici, anche loro erano alla ricerca disperata del biglietto. Con i loro mezzi raggiungemmo Potenza, distante 30 km e, tramite altri amici di Potenza trovammo questi introvabili biglietti. Il sogno si stava per avverare, vedere la Juve dal vivo, ma non ero ancora soddisfatto! La mattina della partita la Juve doveva arrivare alle 10.00 in un noto albergo, potevo farmi sfuggire questa occasione? Macché! Sembra ieri quando, io ed un caro amico, prendemmo il pullman delle 06 della mattina che faceva la tratta dal mio paese, Vietri di Potenza fino al capoluogo, ed eccoci alle 07 davanti all'albergo di primo mattino, l'adrenalina saliva, il sole scottava ma a noi non interessava. Le 10 passate da poco, polizia ovunque, arriva il pullman, il primo a scendere fu Julio Cesar un armadio, poi Porrini, Carrera, Ravanelli, Vialli, e man mano tutti, ci stava solo il cordone della polizia e io a gridare come un pazzo. Gli ultimi a scendere furono Torricelli e Di Livio. Del Piero appena arrivato alla Juve non partecipò così come Ferrara e il nostro Marcello Lippi tutti da poco approdati alla Juve. Baggio era in ritiro per il mondiale così come gli altri nazionali (peccato). In panchina sedeva Pezzotti il gran baffone, man mano la strada si svuotò e io feci ritorno a casa sempre con il pullman alle 14. Alle 17 avevamo appuntamento con gli altri ragazzi che avevano la macchina per andare a vedere la partita sempre partendo dal paese, ed ecco entrare allo stadio, una bolgia incredibile anche se lo stadio Viviani aveva una capienza massima di 5.000 persone. L'emozione saliva sempre più, avevo il cuore che mi batteva a 1000. Per alcuni tratti lo sentivo in gola. Ad un certo punto Ravanelli parte in solitario e GGGOOOAAALLLLL con un pallonetto incredibile, poi arriva anche il secondo goal di Ravanelli su rigore procurato da Vialli. Fu un'emozione incredibile... ma durante la partita i miei occhi si soffermarono molto su Andrea Fortunato che giochicchiava a bordo campo con Zoran Ban il croato. Fortunato era a meno di un metro da me, ci separava solo la rete di recinzione, mi ricordo benissimo quegli attimi e nonostante la pioggia con Fortunato ci siamo incrociati molte volte con gli sguardi e mi sorrideva sempre. Questo è il ricordo più bello della mia prima volta. Il viso di Andrea sorridere sempre e in alcuni momenti mi burlava anche, quel sorriso lo porterò sempre con me. *(Carmine Passannante)*

La partita della Juventus che ho visto dal vivo e che ricordo bene è Tottenham-Juventus a Wembley, ottavi di finale della Champions League del 7 Marzo 2018 (vittoria 2 a 1 della Juventus con goal di Higuain e Dybala). Avevo otto anni. Avevo già visto diverse partite della Juventus a Torino, quando ero in vacanza, ma questa la ricordo molto bene perché è stata la prima in trasferta e poi, proprio a Londra, dove abito. Ero molto contento di andare a vedere la Juve a Wembley, che è uno stadio molto famoso, che avevo visto tante volte in televisione e da fuori, passando lì vicino in auto con mio padre, ma dove non ero mai entrato. Sono andato allo stadio con mio padre che è anche lui tifoso della Juve. Quando siamo entrati ho pensato mamma mia come è grande questo stadio, era molto più grande degli altri stadi che avevo visto. Dove eravamo noi c'era tantissima gente, tutti tifosi della Juve, che facevano già tifo, mentre il resto dello stadio era quasi vuoto. Sembrava di essere in Italia. Dopo un po' però lo stadio si è riempito di tifosi del Tottenham. Comunque anche noi Juventini eravamo tantissimi. Ricordo che eravamo in piedi tutta la partita e facevamo tanto tifo, anche dopo il goal del Tottenham. Però alla fine del Primo tempo eravamo un po' tristi perché la Juve perdeva uno a zero, e avrebbe dovuto segnare due goal per passare il turno, ma sembrava impossibile perché il Tottenham giocava molto meglio.

Con i loro mezzi raggiungemmo Potenza, distante 30 km e tramite altri amici di Potenza trovammo questi introvabili biglietti. Il sogno si stava per avverare, vedere la Juve dal vivo,

Poi, dopo che Allegri ha cambiato due giocatori, abbiamo all'improvviso fatto due goal come per magia, prima con Higuain e subito dopo con Dybala. Al goal di Dybala, sembravano tutti impazziti. Tutti si abbracciavano e urlavano di gioia. Ricordo che anch'io urlavo e saltavo tantissimo abbracciato a mio padre. Verso la fine della partita ci siamo presi un bello spavento perché il Tottenham ha colpito un palo. Ricordo anche un super salvataggio di Chiellini, abbracciato da Buffon come se avesse segnato un goal. Alla fine ero contentissimo, anche perché se perdevamo, il giorno dopo a scuola qualcuno mi avrebbe sicuramente preso in giro, invece sono stato io a prendere in giro i miei amici del Tottenham. *(Max Pellegrini)*

... Era una partita in notturna, e non potrò mai dimenticare le espressioni tra l'estasiato e l'incredulo sulla faccia di mio figlio durante i giochi di luce che preludevano alla lettura delle formazioni...

Più che della "mia prima volta" di cui ho un ricordo molto vago (per la cronaca Bologna – Juventus del 2 maggio 1976, con vittoria della Juventus per 4 a 1; avevo 10 anni), preferisco raccontare la prima volta in cui ho portato allo Stadium mio figlio, che nell'occasione aveva poco più di quattro anni. Si tratta di Juve – Roma del 5/1/2014, con vittoria della Juve per 3 a 0 (reti di Vidal al 17', Bonucci al 48' e Vucinic al 77'). Di questa partita ho invece un ricordo estremamente vivido e mi fa piacere offrire questa testimonianza, in sua vece, visto che lui non ha un ricordo "diretto" di quella giornata (mi dicono sia normale per un bambino di dieci anni, che nel frattempo ha visto molte altre partite dal vivo). Si diverte però ogni tanto (in genere per mostrarli/e a chi gli chiede della sua "prima volta") a rivedere le foto scattate ed i video girati nell'occasione dal sottoscritto. Ricordo lo stato di totale esaltazione fin da molto prima di arrivare allo stadio. Aveva visto alcune partite/spezzoni in tv e si era subito straordinariamente entusiasmato, evidentemente devo averlo "gravemente" contagiato, ma non avrei mai immaginato che avrebbe raggiunto un livello di euforia tale già nella fase di avvicinamento alla partita. Una volta giunto allo stadio parlava con chiunque gli passasse a tiro, urlando in continuazione come un "invasato" (da un lato era divertente, dall'altro mi stavo quasi cominciando a preoccupare!) cose tipo "siamo della Juve", "siamo qui per la Juve", ecc., tanto che ricordo uno steward all'ingresso gli rispose sorridendo: "allora sei nel posto giusto!". Ci sono poi tre momenti, in particolare, che sono rimasti impressi nella mia memoria: il momento della lettura delle formazioni, la diffusione dell'inno, e il goal dell'uno a zero segnato da Vidal nel primo tempo. Era una partita in notturna, e non potrò mai dimenticare le espressioni tra l'estasiato e l'incredulo sulla faccia di mio figlio durante i giochi di luce che preludevano alla lettura delle formazioni. Quando poi è arrivato il momento della formazione della Juve... un esagitato, urlava a squarciagola tutti i nomi dei giocatori (non sapevo neanche che li conoscesse già tutti), ma soprattutto sprizzava gioia e entusiasmo da tutti i pori! Stessa cosa, quando è partito l'inno. Anche in questo caso non avevo neanche idea che avesse imparato tutte (o quasi) le parole (in parte storpiate, per la verità). Poi è arrivato il goal di Vidal, la reazione al quale, può essere semplicemente descritta con una sola parola: delirio! Però la cosa che più di ogni altra segna per me il ricordo di quella partita, e per certi versi, la più divertente, è che, in generale, mio figlio non è stato fermo e zitto un solo secondo di tutto il primo tempo, tanto da "tirar scemo" (immagino e temo) chiunque fosse seduto intorno, ma soprattutto portando il sottoscritto al totale sfinimento psico-fisico! Al punto che alla fine del primo tempo, arrivato, ho preso la decisone "estrema" di fare, per la prima volta (e resterà l'unica) nella mia vita, il Boniperti, e lasciare lo stadio nell'intervallo. Veramente, non ce la facevo più! Tanto oramai ero più che soddisfatto della serata e mi ero ampiamente già ripagato il prezzo del biglietto, sia con lo spettacolo dei primi 45 minuti di partita, sia con lo spettacolo nello spettacolo offerto da mio figlio! Per fortuna, nonostante qualche sua resistenza iniziale, ho avuto buon gioco nel convincerlo che la partita fosse terminata. Il due a zero, lo avrei poi appreso dal boato mentre stavamo raggiungendo l'auto, mentre il tre a zero riuscii a vederlo al rientro in albergo dalla tv presente nella hall. Mio figlio, a quel punto, dopo l'adrenalina scaricata nelle ore precedenti, era in uno stato di torpore tale che non se ne rese nemmeno conto. *(Roberto Pellegrini)*

La mia prima volta al vecchio Comunale è stata il 6 aprile 1983 Juve-Widwew Lodz (l'allora Coppa dei Campioni) vincemmo 2 a 0 con un autorete polacca nel 1° tempo e raddoppio di Bobby Gol (Bettega) nel 2° tempo. Viaggiai in treno da Parma fino a Querceta (Lucca) e si andò a Torino con lo Juventus Club di Viareggio allora presieduto dal mitico benzinaio Renato di Forte dei Marmi. Ricordo benissimo in quanto arrivati al Passo del Turchino il pullman forò una gomma ma arrivammo ugualmente in tempo per goderci lo spettacolo della nostra Juve, come sempre vincente. *(Claudio Pelloni)*

Juventus-Fiorentina 3 a 1, maggio 1990 finale Coppa Uefa... contro i viola da sempre odiati... dopo meno di 2 minuti già in gol con Roberto Galia, che da quella partita mi e sempre rimasto nel cuore. *(Simone Pelosi)*

Il mio "battesimo" fu in un Roma-Juventus 1 a 4. Correva l'anno 2005, una meravigliosa Juventus stende i padroni di casa della Roma con una pesante vittoria. Marcatori di quella sera: Nedved, Ibrahimovic e doppietta di Trezeguet, Totti (rigore). Diciamo che il mio incontro con la Juventus fu del tutto casuale, ero piccolo, per la precisione 8 anni e mio padre (per giunta laziale!) mi volle accompagnare allo stadio per farmi vedere una partita... fu l'inizio di una Passione Meravigliosa, di una Malattia che mi colpì diretta al cuore e ancora oggi ne sono totalmente "infetto". Non potevo iniziare in un modo migliore fortunatamente, anche perché dopo per vederne una seconda ho dovuto aspettare ben 4 anni. Però da lì, iniziò una bella carriera di tifoso che dura ancora oggi e durerà finché morte non ci separi! *(Andrea Perticaroli)*

Mio padre è Juventino, lo è sempre stato: ovunque noi fossimo la domenica accendeva la piccola radiolina, girava la manopola fino a che non sentiva la voce di Enrico Ameri, radiocronista di "Tutto il calcio, minuto per minuto". Quando la Juventus metteva a segno un goal, il suo volto diventava sempre più sereno, la tensione veniva meno. Avevo poco più di sette anni e il sabato in parrocchia "si andava a catechismo" e poi insieme a tanti coetanei e al viceparroco ero solito dare calci ad un pallone nel piazzale di fronte alla chiesa. Giocando con gli altri la passione per il calcio crebbe e anch'io iniziai a tifare Juventus come mio padre, ad indossare qualche maglietta bianconera e per gioco a ripetere le formazioni proprio come faceva Ameri: Zoff, Longobucco, Morini,

Salvadore, Marchetti, Furino, Causio, Capello, Altafini, Anastasi, Bettega. Nelle partitelle che giocavamo, in un campo improbabile su un pavimento in mattoni, ero confusionario: correvo da una parte all'altra, talvolta senza logica, anche un po' falloso, e gli amici dicevano che ero il Furino della situazione, quel Furino che in realtà aveva piedi molto più buoni di tanti altri giocatori. Il 5 gennaio del 1975 eravamo a Roma con la famiglia a trovare gli zii e per la befana ci fu un regalo bellissimo per me (e per mio padre). Mio zio aveva acquistato dei biglietti per la partita Lazio-Juventus: i bianconeri venivano da una lunga serie di risultati utili. Speravamo proprio di andare a godere di una vittoria. La schiena di Scirea fu galeotta e la partita, che mi sembrò non avvincente, fu vinta invece dai biancoazzurri. Tornammo a casa delusi, avviliti, preoccupati e soprattutto nella mia mente affiorava l'idea che avremmo potuto perdere lo scudetto. La Juventus tuttavia non si fece condizionare e alla fine vinse anche quel campionato: fu questo a farmi capire che si può cadere ma che ci si può rialzare, che si può segnare un autogol ma si può rimanere leader in campo e nella vita. Scirea da quel giorno fu sempre più il mio eroe, il calciatore intelligente, pacato, preparato, amato dai compagni di squadra e dagli avversari. L'emozione più grande che vissi in quegli anni fu però la doppia sfida con l'Atletico Bilbao, rimasi attaccato allo schermo per tutti e 180 i minuti, ma soprattutto per quegli ultimi 15 della partita di ritorno, dove compresi il significato delle parole caparbietà, grinta, capacità di soffrire, resistenza, parole che oggi costituiscono il patrimonio genetico della Juventus. Le urla di Marco Tardelli, protagonista di quelle finali ma anche di altre ben più note, continueranno a spingermi ogni giorno della mia vita. *(Claudio Pettinari, Rettore UNICAM)*

Era il 24/04/1991 Juve-Barcellona semifinale di Coppa delle Coppe 1 a 0 gol di Roberto Baggio ma non ci bastó per andare in finale... Ricordo benissimo l'emozione che avevo già dalla sera prima pensando di vedere la Juve, la mia amata Juve,dal vivo... ero con il doc Stronati, il figlio Andrea mio caro amico, andammo a prendere i biglietti al palazzo della Fiat e poi subito al Delle Alpi, stadio gremito e partita stupenda e intensa ma purtroppo solo il risultato non fu positivo... il ritorno fu molto triste ma l'emozione e la gioia di aver visto la Juve per la prima volta non la dimenticherò mai. *(Luca Pierlorenzi)*

Vai Montemarciano. Corriera di Juventini guidati da Paolo Paoloni. Io con i miei ragazzi Manuel e Melissa... partiamo per Torino direzione Allianz Stadium... Non è un sogno...Si canta a squarciagola... Juve... Juve... storia di un grande amore... carichi di gioia... Le ore di pullman compensano la grande carica emotiva che ti sommerge quando metti piede all'Allianz Stadium. Ci si tatua lo stemma della Juve sui capelli e sul viso CR7. Mille luci, cori, tutti uniti, si crea un momento magico, il sorriso è talmente tanto grande che sembra non riusciamo a contenerlo, gli occhi sono lucidi, Ronaldo un gran signore, Cuadrado spettacolo, Bonucci grande, Higuain inimitabile, il cuore batte forte e tutti lo sentono. Goal Ronaldo poi il pareggio dì Danilo del Bologna, dalla Tribuna ci arrivano saluti, insulti e mosse strane. Un campione Dybala poi Bernardeschi passa a Ronaldo ma non conclude. Pjanić segna, piove birra, Santander traversa. Matuidì, ancora Santander rovesciata, ma trova Buffon, unico inimitabile, grande uomo. Un muro, come lui nessuno. Si vola felici è tutto reale cavolo, 2 a 1, quanta adrenalina, bellissima partita. Alla prossima Juve! *(Samuela Piersantelli)*

28/04/1996 Roma-Juventus 2 a 2 Delvecchio 4' Moriero 54' Cappioli 62' (autorete su tiro di Lombardo) Padovano 70' (Eurogol da cineteca). Ero in curva Sud con mio cugino ed amico, Luigi Antonucci. Tifosissimo della Roma. Cuore in gola sia per la mia prima volta nel vedere la Juve, che per i "soggetti" giallorossi che mi sedevano vicino. Emozioni fortissime ma un po' represse per motivi di forza maggiore. Partita senza storia che sembrava concludersi in una opacità deludente per i cuori bianconeri, poi ad un certo punto, fulmine a ciel sereno. Mischia in area di Lombardo che tirava in porta. Rimpallo su un giocatore della Roma e la rete si gonfiava. Curva sud ammutolita. Mi scoppiava il cuore ma rimasi seduto contenendo la mia esultanza e reprimendo il mio "testosterone" che ribolliva. La Juve rinvigorita dal goal metteva grinta che prima non aveva. Michele Padovano prendeva palla sulla trequarti si girava, coda dell'occhio guardava la porta e lasciava partire un missile terra-aria incredibile di collo pieno, che toglieva le ragnatele dal set della porta difesa da Cervone. Mi rivolgevo a mio cugino sbiancato "Anvedi quesso che goal che ha fatto" Risata "Carlo sta zitto el capisce tutti che n' sei de la Roma" Finita la partita mi ero appena alzato in piedi e un "omaccione" alto e grosso che non conoscevo, mi rifila una benevola pacca sulle spalle dicendo "E bravo il nostro Gobbo che è venuto a gufà in curva sud" Risata generale nel mio imbarazzo. Seppi dopo che era un capo ultrà della curva. Di quelli intelligenti. Trasversalmente alle fedi calcistiche. Forza Juve. *(Carlo Pirani)*

Finita la partita mi ero appena alzato in piedi e un "omaccione" alto e grosso che non conoscevo, mi rifila una benevola pacca sulle spalle dicendo "E bravo il nostro Gobbo che è venuto a gufà in curva sud"...

4/04/1991. Finalmente era giunto il momento: nonostante una brutta sconfitta al Camp Nou di Barcellona nella gara di andata, io e mio padre avevamo acquistato i biglietti per vedere il ritorno a Torino della semifinale tra la Juve di Maifredi e il Barcellona di Koeman e Hristo Stoichkov, con in panchina un signore di nome Johan Crujff (insomma, una leggenda del football). Una sfida che già dai nomi in campo faceva tremare le gambe: la Juve fino a quel momento aveva disputato una stagione al di sotto delle aspettative, ma era pur sempre la squadra di Roberto Baggio e di Totò Schillaci, i quali alcuni mesi prima erano stati protagonisti assoluti di Italia '90. Partimmo presto quella mattina con i pullman organizzati dal Club Juve di Jesi e dopo un viaggio lungo ma divertente arrivammo nei pressi del "Delle Alpi"; tale impianto fu a lungo criticato per la presenza della pista di atletica (quasi mai utilizzata) e per altri errori di progettazione, eppure io, ancora oggi, ho dei bellissimi ricordi delle grandi battaglie della Juve a cui ho avuto la fortuna di assistere (due su tutte: la pazzesca semifinale del 96 contro l'Ajax e il 3 a 1 al Real Madrid nel 2003, quella sera veramente poco galacticos). Ma torniamo a quel giorno di aprile 1991: il Barcellona aveva vinto all'andata 3 a 1 e veniva da un ciclo di vittorie nella Liga (ciclo che sarebbe poi culminato l'anno dopo con la vittoria della Champions League); la nostra Juve invece navigava in classifica intorno al quinto o sesto posto, lontanissima dalle big della serie A. Entrammo di buon ora all'interno dello stadio e andammo al terzo anello: immediatamente mi mancò il fiato. Avevo già visto partite importanti ad Ascoli Piceno (che a fine anni '80 militava in serie A), ma l'atmosfera del Delle Alpi pieno era tutt'altra cosa. Entrarono le squadre in campo per il riscaldamento e riconobbi subito il mio idolo: il divin codino Roberto Baggio, allora appena ventiquattrenne e quasi imprendibile per tutte le difese. Non avevo mai sentito un simile boato in vita mia; lo stadio, per effetto della struttura costruita rispettando i criteri antisismici, cominciò a ballare... Tutti sapevano che la partita sarebbe stata difficilissima: la Juve doveva recuperare due goal senza prenderne. Eppure si percepiva l'aria della grande impresa. Inizia la partita e la Juve subito aggressiva si fa avanti alla ricerca di un goal. I primi 20 minuti il Barcellona sembra stordito e non esce dalla propria metà campo. Man mano che la Juve aumenta il ritmo, le due immense curve bianconere aumentano l'intensità del tifo (mi ricordo che i primi minuti la nebbia prodotta dai fumogeni rendeva difficile vedere la partita). Baggio è su tutti i palloni, mentre Casiraghi e Schillaci non riescono a concretizzare le occasioni provenienti dalle intuizioni del divin codino. Il Barcellona supera la metà campo nei primi 45 minuti pochissime volte, ma quanto basta per ricordare ai 70.000 tifosi bianconeri che una semplice distrazione in difesa potrebbe essere fatale per l'esito finale della doppia sfida. Il primo tempo finisce 0 a 0, anche se, come si suol dire con una metafora ripresa dal pugilato, ai punti meriterebbe la Juve. Dopo 15 minuti del secondo tempo Schillaci subisce fallo dal limite: Baggio con una punizione magistrale trafigge la rete di Zubizarreta, il quale neanche vede arrivare il pallone che scavalca la barriera. Passano altri 5 minuti e il Barça rimane in 10. Il boato del pubblico per l'espulsione di Amor è paragonabile a quello di un goal. Mancano ancora 25 minuti più recupero e alla Juve, assoluta padrona del campo, manca un goal per ribaltare l'esito della sfida. Ho ancora sotto ai miei occhi le due occasioni non concretizzate da Schillaci e da Baggio mentre tutto il Barcellona era chiuso nella propria metà campo, intento a difendere il risultato. Un goal avrebbe permesso alla Juve di approdare in finale di Coppa delle Coppe per sfidare il Manchester United. Nonostante la vittoria per 1 a 0 la Juve fu eliminata; i giocatori furono ringraziati ugualmente dal pubblico per la splendida partita giocata e per l'impegno. Unico rimpianto della stagione è quello di non aver visto in campionato la Juve determinata come quella sera della sfida al Barça. Certo, avrei preferito un esito diverso quel giorno, eppure per me fu un esperienza bellissima e per anni continuai ad andare a Torino a vedere partite stupende contro le grandi d'Italia e d'Europa. A fine stagione il ciclo di Maifredi si chiuse, tornò per una breve parentesi il Trap (con il quale vincemmo una Coppa Uefa) e poi nel 1994 iniziò il ciclo vincente di Marcello Lippi, probabilmente la Juve più forte che abbia mai visto giocare. *(Luca Polita)*

... in prima fila era seduto accanto a suo padre un bambino di 8 anni, gran tifoso della Juve e che era in possesso della tessera numero 1 del Club: Roberto Mancini...

La mia prima volta allo stadio è stata Juventus-Monaco il primo aprile 1998, avevo 16 anni e mezzo. Mi ricordo che la sera non chiusi occhio, ero agitatissimo, mettere per la prima volta piede al Delle Alpi mi emozionava da morire, per lo più nella partita finale di Champions. A casa mia le partite si sono sempre vissute con molta tensione e carica e questa cosa mi è rimasta tutt'ora. Comunque Orvieto-Torino, 6 ore di viaggio erano infinite, non mi passavano mai, nelle due soste all'autogrill sono dovuto andare in bagno per i mal di pancia da tensione. Il rumore del cuore mentre salivo i gradini della tribuna erano più forti dei tamburi della curva:

il coro "ce ne andiamo ce andiamo ad Amsterdam" credo che l'ho smesso di cantare il giorno prima della finale. Neanche a dirlo la partita finisce 4 a 1 con tripletta di Del Piero e rete di Zidane, i miei due idoli, non potevo chiedere di più. Una cosa che pero ricorderò per sempre furono gli occhi pieni di gioia e lacrime del padre del mio amico ogni volta che la Juve segnava, perché notoriamente è una persona molta seria e distinta e vederlo sciogliersi così mi ha fatto emozionare. Comunque da quel giorno non sono riuscito più a far a meno dello stadio, e spero questa cosa di tramandarla anche a mio figlio.
(Matteo Porcari)

La partita che mi è rimasta impressa è stata quella del 4 dicembre 1994. Juve-Fiorentina al Delle Alpi. Ero allo stadio con il club Bar Bigno di Rimini, all'80esimo la Juve stava perdendo 2 a 0 in una rimonta incredibile fatta con il cuore, ha rimontato finendo 3 a 2 con due gol di Vialli e il terzo di uno strepitoso Alex del Piero. *(Daniele Pozzi)*

Il mio primo impatto con la Juve l'ho avuto da adulto. Si era nei primi anni '70. All'epoca era difficile andare a vedere le partite dal vivo. Mi ricordo che c'erano le radioline che trasmettevano "Tutto il calcio minuto per minuto" per cui anche io con la mia radiolina andavo a vedere l'altra grande passione della mia vita: la Jesina, ma con l'orecchio ero attento a quello che avveniva sui campi della Serie A. Poi nel tardo pomeriggio tutti davanti alla televisione per vedere gli spezzoni delle partite ed un tempo dell'incontro più importante della giornata. Da lì mi è venuta l'idea di costituire a Jesi un Club Juve. Ho scritto alla segreteria della Juve per chiedere informazioni e la stessa mi ha inviato lo Statuto, a quel punto con altri amici abbiamo fondato, a dicembre 1971, il Club ed il consiglio mi ha eletto presidente. A quel punto non mi restava che organizzare una trasferta e quale occasione migliore del derby della stagione sportiva '72/'73 che si sarebbe giocato per la precisione il 5 novembre 1972. Della partita non mi ricordo molto se non la sconfitta per 2 a 1, sconfitta che all'epoca era normale con il Toro. Mi ricordo l'emozione di entrare per la prima volta in uno stadio di serie A, la coreografia dei derby che è sempre qualcosa di speciale, veder giocare alcuni grandi campioni come Haller, Altafini, Salvadore e Pietruzzo Anastasi. Ricordo una cosa particolare che sul pullman in prima fila era seduto accanto a suo padre un bambino di 8 anni, gran tifoso della Juve e che era in possesso della tessera numero 1 del Club: Roberto Mancini. Chi lo avrebbe mai immaginato di trasportare il futuro CT della Nazionale! Per inciso voglio ricordare che con la nascita del Club Juve abbiamo anche formato una squadra di calcio di ragazzini che indossavano con orgoglio i colori bianconeri e il portiere di questa squadra non era altro che Luca Marchegiani. Un ricordo indelebile è l'esperienza vissuta a Villar Perosa. Si era nel 1982, la Nazionale italiana si era appena laureata Campione del Mondo, pertanto decisi con la mia famiglia di passare le ferie d'agosto in ritiro con la Juve. Trovai un albergo a Pinerolo, dove tra l'altro era alloggiato anche un mio collega di lavoro. I giorni li trascorrevi al campo a vedere gli allenamenti, al termine i giocatori se ne tornavano nel loro albergo a piedi e noi li accompagnavamo parlando con loro e facendo delle foto, cosa impensabile oggi e parlo di giocatori campioni del mondo: Zoff, Scirea, Cabrini, Tardelli, Rossi, Gentile più le Roi Michel, Boniek, Bettega, Furino ed altri. La cosa più emozionante è stata la partita con la squadra Primavera che ancora oggi si disputa, ma non ha più il fascino di una volta. La partita non aveva inizio se non arrivava Lui, l'Avvocato. Ad un certo punto si sente il rumore di un elicottero e tutti a guardare con il naso in su e questo elicottero bianco atterrare tra gli alberi della Villa Agnelli che domina Villar. Poco dopo l'Avvocato arriva in macchina con camicia azzurrina, si siede in panchina vicino al presidente Boniperti e a mr. Trapattoni. Tutto il pubblico, penso che le regioni italiane erano tutte rappresentate, applaude le gesta dei suoi campioni e la partita termina regolarmente, non come oggi che deve essere interrotta per l'invasione di campo. Da quando sono stati iniziati i lavori per il nuovo stadio, ho sempre detto: "all'inaugurazione ci sarò" e così è stato. Penso che un'emozione così grande non si possa vivere: entrare nella nostra casa, vedere i giocatori così da vicino che li puoi toccare, sentire le parole del nostro Presidente, del nostro Capitano è stato qualcosa di toccante e sono orgoglioso di essere Juventino e di aver vissuto una tale esperienza e poi al termine tutti in piedi a cantare l'inno della Juve proiettato sugli schermi dello Stadium ed io che sono molto schivo ho pensato: come è possibile che mi metta a cantare con tutti gli altri? (uomini, donne, giovani ed anziani) è certo la passione per la nostra Juve. Per sempre. *(Osvaldo e Roberto Presti)*

Juventus Real Madrid 3/1/2003; in un Delle Alpi al suo nuovo record di incassi arriva il Real Madrid dei Galacticos forte del vantaggio acquisito all'andata, ma non abbastanza forte per quella Juve che con Trezeguet, Del Piero, Nedved (e il rigore parato da Buffon) ribalta il risultato e raggiunge la finale, una serata che non dimenticherò mai. *(Nicholas Profili)*

Era il 13 maggio 2012, avevo l'abbonamento in Tribuna T100 ed ero proprio lì, vicinissimo alla panchina della Juve, con la consapevolezza che sarebbe stata l'ultima partita del capitano Alessandro Del Piero. Essendo nato nel 1983 ho avuto modo di ammirare Del Piero, sin da primo goal con la maglia numero 16, fino all'ultimo goal fatto proprio il 13 maggio contro l'Atalanta. Ero emozionato perché avrei visto giocare il capitano per l'ultima volta e quando Antonio Conte lo ha sostituito ho provato una grande emozione vederlo lì a due passi, vicino a me, in piedi sopra alla panchina della Juve che continuava a ringraziare i tifosi. Ho avuto modo in quel giorno di scambiarci un saluto e gli dissi "Capitano, hai fatto la storia della Juventus" e lui mi rispose "Se l'ho fatto è anche grazie a voi". In quell'anno ero anche Presidente dello Juventus Club di Porto Sant'Elpidio (città che amo) fondato insieme ai miei 3 cari amici Sandro, Diego e Giorgio e ricordo che incontrammo in uno stabilimento balneare una persona straordinaria come Nazzareno Romagnoli. Grazie a loro abbiamo avuto l'onore di dare la possibilità ai cittadini Juventini della nostra città e della provincia di Fermo di rivivere grandissime emozioni osservando le vittorie della nostra Juventus. *(Andrea Putzu)*

MICHELANGELO RAMPULLA

Nato a Patti il 10/08/1962
Nella Juve dal 1992 al 2002 (99 100 presenze con Juve-Torino del 1994 pro alluvionati del Piemonte)
Nello staff tecnico della Juventus dal 2002 al 2010.
4 Scudetti, 2 Supercoppa italiana, 1 Coppa Italia, 1 Coppa UEFA, 1 Champions League, 1 Coppa Intercontinentale, 1 Supercoppa UEFA, 1 Coppa Intertoto UEFA
In Nazionale U-21: 10 presenze

Esordio: JUVENTUS-FIDELIS ANDRIA 4-0 Coppa Italia (Baggio D. 33' - Kohler 49' - Möeller 56' - Baggio R. '76) Stadio Delle Alpi

Vorrei iniziare il mio racconto parlando della mia prima volta da tifoso. Era la stagione 68-69, avevo 5 anni e con mio papà andai al Barbera di Palermo per assistere a Palermo-Juventus. Eravamo nei distinti e per tutta la partita sono stato sulle spalle di mio padre perché si stava tutti in piedi. L'emozione è stata tanta anche se la partita fu poco entusiasmante, conclusa 1 a 1 con autorete di Salvadore e un goal di Haller. La stagione 91-92 fu per me piena di emozioni e di soddisfazioni. Giocavo nella Cremonese ed ero titolare fisso. Qualche mese prima della fine del campionato venni nominato il portiere italiano più forte, complice anche il goal di testa realizzato contro l'Atalanta che rimase un unicum tra i portieri per parecchi anni. Quella stessa estate, ero partito per le vacanze convinto di andare alla Lazio ma in una chiamata, il direttore cremonese Erminio Favalli, mi comunicò che era tutto saltato ma che c'era un'altra società disposta a comprarmi. Secondo Favalli però questa seconda pista non sarebbe stata adatta a me dato che avrei smesso di fare il titolare. Avendo già compreso qualcosa, insistei per farmi dire quale era questa squadra e quando mi comunicò che era proprio la Juve, non ci pensai nemmeno un secondo e decisi di accettare. Mi voleva Trapattoni e io da tifoso

volevo la Juve. Il mio ruolo sarebbe stato quello di fare la riserva di Angelo Peruzzi ma non mi importava perché approdare alla Vecchia Signora era più importante di qualsiasi altra cosa, soprattutto la mia scelta ha fatto felice mio padre, più tifoso di me e di qualsiasi altro.
L'esordio in seria A arrivò il 6 settembre 1992, alla prima giornata di campionato contro il Cagliari perché Peruzzi si era infortunato in un torneo in Cina. A 10 minuti dalla fine rischiai di prendere goal perché cercando di passare la palla a Carrera, dribblai Oliveira e lui mi diede una tacchettata sul ginocchio. Eravamo un bel gruppo forte e coeso. Anche quando ero in panchina, incitavo i miei compagni sentendomi partecipe. In quella squadra ci sentivamo tutti titolari. Nei 10 anni che ho trascorso alla Juve ho vissuto moltissimi momenti belli e partite memorabili. Una di queste è sicuramente la semifinale di ritorno al Parco dei Principi il 22 aprile 1993. In quell'occasione feci alcune importanti parate, due in particolare, una su George Weah e l'altra su Alain Roche. La partita finì 1 a 0 grazie al goal di Roberto Baggio che ci assicurò la finale che poi sappiamo tutti come è finita.
Tra i 4 scudetti vinti, quello del 1995 lo sento più mio perché in quella stagione giocai molte gare. Una che ricordo particolarmente è quella del 29 aprile contro la Fiorentina, vinta 4 a 1, nella quale parai un penalty a Batistuta. Oltretutto quello stesso anno fui titolare nelle due finali di Coppa Italia contro il Parma, la mia rete restò inviolata portando alla vittoria del trofeo.
Un'altra partita che ho vissuto intensamente è stata durante la stagione 98/99: i quarti di finale di Champions contro l'Olympiacos. Avevamo già vinto in casa 2 a 1. Quella ad Atene, non fu una partita particolarmente accesa ma, grazie ad una mia parata e alla rete di Conte che fece ammutolire le 110 mila persone presenti allo stadio, riuscimmo a qualificarci per le semifinali.
Da giocatore e tifoso Juventino, non posso non menzionare tra i ricordi entusiasmanti il 5 maggio 2002. Quella domenica ad Udine nessuno ci credeva. Io ero in panchina ad indicare a Lippi il risultato di Lazio-Inter che giocavano in contemporanea con noi. Il mister da circa un mese ci pressava per dare il meglio perché, a detta sua, dovevamo vincere tutte le partite per arrivare poi ad alzare il nostro ventiseiesimo scudetto e così è stato: festeggiammo come dei pazzi perché avevamo conquistato lo scudetto all'ultima giornata soffiandolo, contro ogni pronostico, ai nerazzurri, nostri più acerrimi nemici sul campo.
Purtroppo non sono riuscito a conoscere Scirea di persona, ho giocato solo una volta contro la sua Juve, ma in quell'occasione Gaetano non scese in campo. L'ho conosciuto però da tifoso, essendo stato abbonato allo stadio per 10 anni. Da vicino l'ho visto solo una volta quando ero in Nazionale U-21. Eravamo nello stesso aereo con la Nazionale maggiore. Vedere tutti quei campioni è stata per me un'emozione grandissima. Il mio mister Azeglio Vicini, notando i miei occhi lucidi, mi chiese chi avessi voluto conoscere. Senza nemmeno pensarci un attimo, feci il nome di Zoff in quanto era il mio idolo e il portiere al quale mi rifacevo. Quando si avvicinò e mi disse che mi conosceva già, mi

è preso un colpo! A mente fredda, per me, Zoff è il portiere più forte. Al suo stesso livello metterei Peruzzi e Buffon.
Se si parla di Juve non si può non ricordare il mitico Avvocato. Lui sapeva tutto di tutti ed era in grado di fare qualsiasi discorso su qualsiasi argomento. Quando ti parlava ti stringeva la mano e, guardandoti negli occhi, ti faceva una domanda. Quando gli rispondevi, passava ad un altro con la stessa identica routine.
Finito il campionato 2001/2002 decisi di ritirarmi. La società bianconera volle tenermi all'interno dello staff tecnico. Rimasi 8 anni, prima da coordinatore dell'allenatore dei portieri poi sotto Dechamps passai ad allenare i portieri della prima squadra e infine, sotto Ranieri, quelli della Primavera.
Quelli alla Juve sono stati anni indimenticabili che mi hanno lasciato moltissime cose che ancora oggi mi porto nella mente e nel cuore.

Michelangelo Rampulla è stato un grande esempio di professionismo, anche perché con le sue indiscusse capacità avrebbe potuto giocare titolare in qualsiasi squadra, ma ha preferito rimanere alla sua amata Juventus.

" Con la Juventus ho imparato a vincere. Non so come è successo, è qualcosa che si respira nell'aria dello spogliatoio, sono concetti che vengono tramandati da giocatore in giocatore, è il sentimento che ti trasmettono milioni di tifosi e non c'è club nel mondo che ti faccia lo stesso effetto."

Edgar Davids

FABRIZIO RAVANELLI

Nato a Perugia l' 11/12/1968
Nella Juve dal 1992 al 1996 (160 presenze, 68 goal)
1 Scudetto, 1 Coppa Italia, 1 Supercoppa Italiana,
1 Coppa UEFA, 1 Champions League
In Nazionale: 22 presenze, 8 goal

Esordio: 27/08/1992 JUVENTUS-FIDELIS ANDRIA 4-0 Coppa Italia (Baggio D. 33' - Kohler '49 - Möeller '56 - Baggio R. '76) Stadio Delle Alpi

La mia prima volta è stata un'emozione incredibile. Ricordo ancora quella volta che sono arrivato all'hotel Principe di Piemonte di Torino e ho dormito lì per poi presentarmi la mattina seguente del 92 allo stadio per la presentazione e per conoscere tutti i miei nuovi compagni.

Ricordo che io e mia moglie non abbiamo dormito granché perché abbiamo passato tutta la notte a parlare di quello che sarebbe accaduto l'indomani quando avrei conosciuto dei grandi campioni come Roberto Baggio, Gianluca Vialli, Kohler, Julio Cesar e tanti altri quindi è stata un'emozione indescrivibile e veramente molto forte. Nel momento in cui sono arrivato allo stadio è scattata una tachicardia incredibile cosa che mi è successa anche la prima volta che ho messo piede a Torino e nell'ufficio della Sisport per firmare il mio contratto. Boniperti mi disse che solo Platini aveva firmato in quell'ufficio e questa cosa mi riempì d'orgoglio. Mi ricordo che nel ritornare a Torino con mio papà e mio fratello ci siamo detti che stavamo vivendo un sogno. Credo che le lacrime di mio papà e la felicità di mio fratello fossero giustificate da una giornata straordinaria.

Posso definire la mia prima volta INDIMENTICABILE, come il mio goal più importante realizzato con la maglia della Juve, quello del maggio del 1996 a Roma nella finale di Champions contro l'Ajax, culminata nella conquista della Coppa regina d'Europa.

Quando Fabrizio Ravanelli arrivò alla Juve, moltissimi lo accostarono a Roberto Bettega, per il colore dei capelli; sembrava che dovesse ricoprire il ruolo di bomber di scorta in una squadra dove gli altri dovevano essere protagonisti. Le prospettive non erano quelle di una maglia sicura ma con la grinta Fabrizio riuscì a conquistare critica e tifosi. Tifoso Juventino sin dai primi passi è riuscito a lasciare un segno "storico" nel cuore di chi soffre per la Vecchia Signora. Attaccante completo, preciso nelle conclusioni, forte nel colpo di testa, era capace di sacrificarsi anche nei recuperi per supportare un attacco forse troppo sbilanciato.

Da quel giorno è nato tutto. Una passione, un amore a prima vista, un qualcosa di eccezionalmente straordinario che mi ha preso talmente tanto che mi ha spinto a fondare un Club nel mio paese...

La mia prima volta faccia a faccia con la Juventus non fu né a casa sua e né a casa mia. Non ci conoscemmo nel nostro salotto di casa bensì in un campo neutro, come avviene per le occasioni formali e ufficiali di un certo spessore diplomatico, come una sorta di G2. Dicevamo di una terra neutrale, e quella terra è stata la città di Bergamo, nel primo pomeriggio dell'11 aprile 1976. Ad oggi, sembra assurdo sentire le parole "Bergamo" e "Neutrale" nella stessa frase per noi Juventini di stadio, ma tant'è. Lo stadio "Atleti Azzurri d'Italia" era stato scelto per sostituire il comunale di Torino, squalificato per un turno poiché il 23 marzo dello stesso anno, durante un derby che perdemmo e che poi riperdemmo nuovamente a tavolino (prima 1 a 2 e poi 0 a 2), il portiere del Torino Castellacci fu colpito da un petardo. Ma che partita era? L'avversario di quel pomeriggio orobico era l'Ascoli, nella 25ma giornata di un campionato che si concluse con la retrocessione dei marchigiani ed un secondo posto nostro (a cui, lo so, non siamo molto abituati). L'allenatore era quel Carlo Parola che avremmo poi rivisto per anni e anni sulle copertine degli album Panini, e la partita si conclude con un 2 a 1 a nostro favore (con primo gol dal vivo della mia vita realizzato da Bettega e raddoppio del subentrato Altafini) che si rivelò essere solo la prima delle tantissime, fortunatamente per noi tutti che leggiamo, vittorie a cui ho assistito dagli spalti. Per un bambino di otto anni dell'epoca, la prima partita allo stadio rappresentava una sorta di traguardo che si attendeva con impazienza ancora prima che tutto ciò fosse ancora in programma di avvenire, e vi lascio solo immaginare la smania che mi pervase quando scoprii che quell'evento avrebbe avuto una data e un luogo precisi. Vedere per la prima volta in carne ed ossa tutti quei campioni (e all'epoca ne avevamo) di cui fino a quel momento potevo immaginarmi le gesta dai racconti alla radio o vederle in qualche fortunato secondo tempo trasmesso dalla RAI. La mancanza di quelle opportunità che oggi sembrano così normali e raggiungibili (grazie ad internet e alle pay-TV, che per fortuna non mi hanno mai convinto ad "accomodarmi" sul divano sacrificando lo stadio) rendeva tutto come circondato da un'ombra di mistero, che lasciava tanto spazio all'immaginazione e alla voglia di vivere emozioni vere e reali. Poi ci sarebbe il giorno della partita, e mai come stavolta l'articolo determinativo risulta quanto mai azzeccato e necessario. Poiché per un bambino malato di Juventus come lo ero io non c'era mai stato, fino ad allora e forse neanche dopo, un giorno più importante. Come tutte le molte altre volte che seguiranno, il viaggio sarebbe stato in pullman con tanti ragazzi, grandi e piccoli ma sempre ragazzi quando si tratta di Juve, con mio papà ad accompagnarmi come in una sorta di rito iniziatico di ogni figlio che sceglie (e come non potrebbe?) la squadra del cuore del genitore. Il Club era quello di Mariano Comense, paese limitrofo al mio e che negli anni sarà punto di riferimento e di collaborazione per quanto riguarderà la crescita della mia passione per lo stadio e l'interesse a creare qualcosa di simile anche per Meda, la mia cittadina. Il resto è fatto da tutto ciò che un bambino potrebbe sognare nelle sue fantasie di calciatore, di Juventino e di appassionato di quello sport che riesce ad andare oltre il lato agonistico per trascendere nella sfera umana, sociale e dell'amicizia più sincera. Lo stadio pieno, il

tifo, l'entusiasmo e la voglia di esserci sono le cose che mi rimasero nella testa fin da subito e che tuttora mi fanno amare la Juventus e gli stadi. Da quel giorno è nato tutto. Una passione, un amore a prima vista, un qualcosa di eccezionalmente straordinario che mi ha preso talmente tanto che mi ha spinto a fondare un Club nel mio paese, che organizza settimanalmente pullman e altro dalla provincia di Monza e Brianza (ex provincia di Milano), eventi e manifestazioni dal 1991, e che è diventato pian piano un punto di riferimento per gli appassionati di Juventus della zona e non solo.
(Romeo Radice)

Eh si, mi ricordo ancora quasi tutto, come se fossero passati dieci giorni, era il 31 ottobre del 1971, avevo 7 anni da compiere, giocavo da centravanti nei pulcini del Milan dove rimasi fino al mio tredicesimo anno di età. Allora abitavo a Milano dove tra l'altro sono anche nato, e mio padre, da fiero Juventino, mi portò a vedere un Milan – Juventus nel tempio del calcio. San Siro, per un bambino che gioca nel Milan e che tifa Juventus. Una giornata indimenticabile! Arrivammo allo stadio, un panino e poi per la prima volta nella mia vita mi sono apparse tutte insieme centinaia di bandiere e di striscioni, bandiere e festa Rossonera, ma tanto tanto cuore Bianconero con bandieroni che sventolavano già due ore prima della partita. Ero rapito ed estasiato, emozionato come se dovessi giocare io, che giornata di festa, ed il bello doveva ancora cominciare. Partita splendida per la mia prima volta, e io piccolo e curioso non capivo perché non c'era la radiocronaca dentro lo stadio, così ero abituato qualcuno mi doveva dire chi fossero i giocatori che toccavano la palla, quelli del Milan, perché quelli della Juve li conoscevo tutti! Mio padre mi spiegò che alla radio ed alla televisione la partita si guarda in un altro modo e si ascolta in un altro modo. Allo stadio si guarda, si capisce e si trema! E così feci guardai il mio idolo Bettega fare una doppietta (e forse tutti si ricordano uno dei due goal che fece ci scommetto, e io l'ho visto dal vivo!), vidi un goal del barone Causio e uno di Pietruzzo Anastasi, in mezzo quello di Bigon, giuro, non lo ricordo proprio. Che altro aggiungere, dopo quella prima volta ci sono state tante altre giornate piene di stadi e di bianconero, alcune indimenticabili per soddisfazione, altre, ma ci sta, indimenticabile per la tristezza. Sono felice di essere nato Juventino e sono felice che questa squadra mi abbia accompagnato per un pezzo di strada, e mi accompagnerà ancora sempre, Fino alla fine... e anche dopo ne sono sicuro! Forza Juve sempre e per sempre!
(Stefano Radicioni)

Abitavo a Torino, 1986, mio padre interista mi fece un regalo e mi portò a vedere Juve-Empoli 3 a 0 Cabrini, Serena, Serena!
(Andrea Raffaelli)

La prima volta che ho visto la Juventus non me lo ricordo, però le 2 partite che ho visto dal vivo e mi sono rimaste nel cuore sono: una a Torino di Coppa Uefa, Juve-Napoli dove giocava: Alemao, Careca e sua Maestà Maradona. La seconda nel 1996 Coppa Campioni, a Roma Juventus-Ajax. *(Loriano Ragni)*

La mia prima "volta"con la Juventus è stata diversi anni fa, precisamente il 28 Novembre 1982 per la partita di campionato contro l'Ascoli, ricordo tutto di quella giornata perché per me si avverava un sogno, io che sono cresciuto con il mito di Roberto Bettega potevo finalmente ammirare dal vero i miei idoli, ricordo ancora la formazione: Zoff - Gentile - Prandelli (Cabrini era infortunato) - Furino - Brio - Scirea - Bettega - Tardelli - Rossi - Platini - Boniek. Siamo partiti la domenica mattina per Ascoli con mio padre ed altri amici con dei pulmini, arrivati ad Ascoli rimasi impressionato dalla grandezza dello stadio Del Duca, era la prima volta che potevo ammirare da vicino uno stadio, entrammo allo stadio alle 12.30 con il canonico pranzo al sacco (panini con fettine fritte e Coca Cola) l'emozione aumentava ogni qualvolta la "nostra"curva intonava un coro, Platini era quello più gettonato insieme a Rossi e Bettega, l'emozione raggiunse il culmine quando i miei eroi entrarono in campo per il riscaldamento, non credevo ai miei occhi, i miei idoli erano a pochi metri da me, sentivo nitidamente il "rumore" di quando calciavano la palla o di quando si chiamavano gli esercizi per il riscaldamento, una ficata vedere da vicino giocatori che hanno fatto la storia del calcio mondiale, l'eleganza di Scirea, la rapidità di Rossi, la grinta dei Furino, Gentile e Brio, lo stacco aereo di Bettega, il mito di Zoff e la classe cristallina e immensa di Platini, cari amici alla fine poco importa se la partita l'abbiamo persa, io la mia l'avevo vinta, finalmente i miei idoli avevano preso forma, li sentivo vicini, insomma il debutto con la "mia" Juve calcisticamente parlando non è stato fortunato ma io quel giorno ho vissuto uno dei giorni più belli della mia vita. Poi nel corso degli anni diventando più grande di possibilità di andare allo stadio ne avute parecchie però se permettete ne vorrei citare due che mi sono rimaste nel cuore in maniera particolare. La data 8 Settembre 2011 vi dice qualcosa? Ho ancora i brividi nel ricordare quel giorno, l'inaugurazione della nostra "CASA," quel giorno è stato un susseguirsi di emozioni, eccitazione, un bagno di Juventinità che mi ha fatto innamorare ancora di più dei colori bianconeri, vedere in campo tutti quei campioni che hanno fatto la "nostra" storia mi ha emozionato a tal punto che non mi vergogno a dirlo ho pianto come un bambino piccolo, il discorso del nostro grande presidente Andrea e poi i due miti che nel cerchio di centrocampo hanno in qualche maniera tenuto a battesimo il nostro favoloso stadio, sto parlando di Boniperti e Del Piero due leggende bianconere, due uomini che con il loro vissuto sportivo incarnano alla perfezione quello che è l'universo bianconero, che dire di Boniperti per lui parla il motto che ha coniato per noi, vincere non è importante è l'unica cosa che conta. Infine il terzo aneddoto che ricordo con piacere è molto recente ed è il 3 a 0 inflitto all'Atletico Madrid, qui la speranza di ribaltare il risultato era sempre viva ma la mia parte razionale mi diceva di andarci piano con gli entusiasmi, ed invece quella magnifica sera il miracolo è riuscito, la famosa partita perfetta, ricordo che ero posizionato in curva sud, primo anello vicino alla bandierina del calcio d'angolo, lo stadio era un vulcano pronto ad esplodere, al terzo gol del "nostro Fenomeno" lo stadio è letteralmente saltato in aria, i decibel erano pari a quelli di un concerto rock pesante, ho visto persone che saltavano da un posto all'altro, uomini e donne di 70 anni con gli occhi pieni di lacrime, un godimento unico che solo la Juve ti può regalare.

(Francesco Regini)

La mia prima volta che vidi la Juve dal vivo fu nell'estate del 1998 in un Juventus-Espanyol, 0 a 1, a San Benedetto del Tronto, sono andato insieme al mio amico Antonio che era in vacanza a casa mia. Siamo partiti con tanto entusiasmo ed emozione; il Riviera delle Palme gremito

Provai un senso di eccitazione, vedendo negli occhi di mio figlio una grande emozione, segno della passione che gli avevo trasmesso nei confronti della nostra squadra del cuore...

per una Juve super con Zidane e Del Piero ed è stato proprio l'amore per Del Piero che ci ha spinto ad andare a vedere la partita, ma dopo solo 35 minuti, Tombolini (protagonista del cazzo!) Lo ha mandato fuori! Mi ricordo che, oltre agli innumerevoli fischi di contestazione, è stato tirato di tutto in campo, con i giocatori che increduli cercavano di calmare gli animi. Purtroppo la Juve ha perso, ma per fortuna solo un'amichevole. Senza internet il ricordo è quello di aver visto una squadra straordinaria con tanti campioni giocare dal vivo.
(Marco Reucci)

Come dimenticarsi la mia prima volta allo stadio, impossibile, dopo Italia 90 dove tutti abbiamo amato la nostra cara Nazionale, viene l'anno di Gigi Maifredi, l'anno di un calcio ridefinito calcio champagne, e allora si andiamo allo stadio e che stadio migliore per iniziare le mie tournée calcistiche di San Siro. Il 30 dicembre 1990 due Serrani DOC partono per una partita altrettanto DOC Milan-Juventus, in una giornata nebbiosa, ma che io dall'emozione neanche percepivo, e allora si va. Milano centro e Stadio San Siro. Un'emozione unica, l'ingresso me la sono fatto tutto di corsa, giro alle torri fino in cima. E poi ecco i miei campioni da Tacconi al divin Codino passando per l'uomo simbolo di Italia novanta il Totò nazionale Totò Schillaci. Giornata stupenda, peccato prima Ancelotti poi Gullit hanno cercato di rovinarmela, però non si cancellerà mai dalla mia mente anche se né ho fatte molte altre di trasferte dopo. Fino alla fine Forza Juventus! *(Giacomo Romagnoli)*

Non studiammo molto perché passai il pomeriggio a parlarle di Juve, di quanto mi emozionavo a guardare le partite, delle capacità e caratteristiche dei giocatori e di quanto avrei voluto andarla a vedere dal vivo al Comunale di Torino per tifare a squarciagola dalle gradinate...

Non ricordo quale è stato il momento nel quale il mio cuore ha iniziato a battere per la Juventus, non ho memoria della partita o del giocatore che mi ha portato a diventare bianconera nel sangue, avendo per altro un padre tifoso del Torino e un fratello interista. Ricordo benissimo però la prima volta che difesi la mia scelta con amore e passione di fronte ad un'altra persona, non perché di fede calcistica avversa, ma semplicemente più "femminile" di me. Successe un giorno nel quale una mia compagna di classe venne a studiare da me ed entrando in camera esclamò "Ma chi è sta gente?". Sopra il mio letto erano orgogliosamente appesi i poster di Cabrini, Scirea, Platini e Paolo Rossi e la cosa, ad una ragazzina adolescente che al posto degli stessi aveva Spandau Ballet e Duran Duran, appariva come una cosa stranissima, quasi incomprensibile. Non studiammo molto perché passai il pomeriggio a parlarle di Juve, di quanto mi emozionavo a guardare le partite, delle capacità e caratteristiche dei giocatori e di quanto avrei voluto andarla a vedere dal vivo al Comunale di Torino per tifare a squarciagola dalle gradinate. Sono certa che sopra al suo letto rimasero comunque Tony Hadley e Simon Le Bon ma quella sera quando mi stesi e guardai i miei quattro beniamini sopra la mia testa, mi sentii una Juventina doc e pensai che, se avessero saputo con quanta passione avevo parlato della mia squadra, sarebbero stati molto orgogliosi di me. *(Lucilla Romanetti)*

La mia prima volta allo Juventus Stadium risale a mercoledì 14 Marzo 2018, giorno in cui si sarebbe disputata la partita Juventus-Atalanta. Speravo fosse un evento speciale, che lasciasse un segno indelebile nella memoria: la prima volta allo "Stadium" con Tommaso, mio figlio di tredici anni. Chiesi ad un amico di procurarmi due biglietti ed arrivò il fatidico giorno. Dopo cinque ore di viaggio, interrotte da un panino all'autogrill e trascorse a fantasticare su come sarebbe stata questa avventura, arrivammo al cancello d'ingresso del parcheggio. Mio figlio, guardandosi intorno sorpreso, mi chiese: "Babbo, ma dove vai, questo è l'ingresso dei giocatori!" ed io risposi: "Aspetta e vedrai!" Era la prima sorpresa che avevo in riserbo per lui, il posto auto riservato. Dopo le foto di rito del nostro amatissimo stadium, passammo i tornelli e ci incamminammo verso l'ingresso del club T100. Provai un senso di eccitazione, vedendo negli occhi di mio figlio una grande emozione, segno della passione che gli avevo trasmesso nei confronti della nostra squadra del cuore. Due ragazze ci accolsero e ci misero dei braccialetti al polso per il riconoscimento del Club T100, ci accompagnarono prima al nostro tavolo riservato in hospitality, poi all'ingresso della tribuna, fino ad arrivare ad una grande vetrata che, come la cornice di un quadro, mostrava il bellissimo manto verde del campo, circondato da un'esplosione di bianco e nero, dovuta ai seggiolini dello stadio. Le ragazze ci scortarono fino alla prima fila, dove era possibile percepire il forte profumo dell'erba: fu allora che realizzammo di essere vicini alla panchina della Juventus e all'ingresso del tunnel dei giocatori. Guardai Tommaso che sorrideva incredulo, i suoi occhi sempre più carichi di stupore e di gioia. Piano piano tutti i settori dello stadio si riempirono, i calciatori uscirono ed iniziarono il riscaldamento; intanto dalla curva si alzò un boato fortissimo. Avevamo la percezione di essere dentro il campo, vedevamo i giocatori così vicini da riuscire a sentire le loro parole. Le urla si amplificarono perché l'adrenalina saliva, realizzai che le mie mani tremavano mentre provavo ad immortalare con il telefono questo momento speciale. Ci guardammo intorno estasiati, tra le bandiere bianconere che sventolavano nell'aria e le urla concitate dei tifosi che osannavano i loro idoli. Mi voltai verso Tommaso, intento a fissare il tunnel da cui uscirono due giocatori, nostri miti, Gianluigi Buffon e Paulo Dybala. Con il fischio d'inizio le azioni si susseguirono senza fiato da una parte all'altra del campo, la tensione si fece subito sentire, fino al 29' in cui, dopo un contropiede, il PIPITA Higuain la "insaccò"alle spalle del portiere avversario. Entusiasmavano le esplosioni di gioia delle curve degli ultras, il boato dei petardi, le fiammate bianco nere delle bandiere, i supporters della squadra ospite, tre o quattro mila, che urlavano a squarciagola rendendo l'atmosfera ancora più calda. E poi le grida del mister Allegri, che da bordo campo gesticolava ai sui giocatori dettando schemi e strategie. All'improvviso, all'81' del secondo tempo ecco arrivare il secondo goal,messo a segno da Matuidì su cross di Dybala. Game over: partita vinta dalla Juventus per 2-0 sull'Atalanta. Sicuramente ci siamo portati a casa, oltre agli acquisti presso lo store dello Stadio, le emozioni e le immagini di un incontro che rimarrà per sempre impresso nei nostri cuori. Aver condiviso questi 90 minuti insieme a mio figlio ha rafforzato il valore di questa vittoria.

(Alessandro e Tommaso Rocchetti)

Anche se l'amore per la Vecchia Signora era sbocciato dal 1977 fu questa la mia prima occasione di vederla dal vivo. Andammo grazie all'aiuto di amici di mio padre che non so come fecero a trovare il biglietto. Mi ricordo tantissima gente, noi ragazzini potemmo assistere proprio a bordo campo. Sembrava un sogno vedere i tuoi idoli lì ad un passo e poterli toccare. Mi fece tantissima impressione

Boniek, si illuminavano gli occhi al vedere il neo acquisto "tale" Michel Platini, ma quelli che mi rimasero più nel cuore e impressi nella mente furono il vecchio Beppe Furino (alla sua ultima stagione in bianconero) Zoff e il più grande di tutti GAETANO SCIREA! Non riuscii a raccogliere autografi tanta la confusione ma ricordo emozioni grandissime e lacrime agli occhi... poi tornato a casa indossai di corsa il completino con maglia di "flanella" a strisce verticali bianche e nere, calzoncini bianchi, calzettoni bianchi con bordo nero e scarpe da calcio nuove di pacca che poco tempo prima mi avevano regalato... e via ad imitare i gesti degli idoli appena visti all'opera sul prato verde! La mia prima volta con "madama"! Bellissimo! *(Daniele Rossolini)*

Non riesco a ricordare la prima volta che sono andata in uno stadio perché ero una bambina, mi portava mio nonno al Carotti a Jesi, non ricordo nulla perché della partita mi importava poco, mio nonno mi comprava le caramelle e io mangiavo quelle. Ricordo molto bene però la mia prima volta allo stadio a Torino a vedere la Juventus. Era il 2003, semifinale di Champions League Juventus-Real Madrid al Delle Alpi. Sembrava una partita proibitiva, il Real era la squadra dei Galacticos, piena di fenomeni, sulla carta imbattibile. Durante il viaggio verso Torino insieme a mio padre e dei suoi amici, non sono riuscita a mangiare niente per l'ansia ma allo stesso tempo ero convinta che la Juventus avrebbe giocato una partita memorabile. Ricordo tutto di quella partita anche se non ho scattato neanche una foto perché pensavo che se andava male, riguardandola avrei provato un dolore immenso. Una partita perfetta, penso la più bella che abbia mai visto giocare dalla Juve, non ho mai visto mio padre allo stadio così scatenato nel tifo. Sono stata travolta dalle emozioni della partita, ho pianto ai nostri gol e non sono riuscita a guardare il rigore di Figo, ho chiuso gli occhi e mi sono tappata le orecchie ma ho sentito un boato e gli spalti tremare, mi sono girata verso mio padre e ho chiesto se Figo aveva tirato fuori invece mio padre mi ha detto che aveva parato Buffon e io giù lacrime. Alla fine della partita mi sono fermata a dormire a casa di mia cugina e tutta la notte i caroselli per tutta la città, ho passato la notte in bianco, avevo la tachicardia e non smettevo di pensare a quanto ero stata fortunata ad aver potuto assistere ad una delle più belle partite della mia vita, anzi la più bella in assoluto. Il ricordo più bello legato alla Juventus, sicuramente. *(Silvia Rosati)*

...ho passato la notte in bianco, avevo la tachicardia e non smettevo di pensare a quanto ero stata fortunata ad aver potuto assistere ad una delle più belle partite della mia vita...

La mia esperienza di Juve è anche la mia esperienza di vita, perché da tifoso, ho sempre vissuto la Juventus con tutto me stesso, forse ho anche il sangue bianconero! Ho ricordi meravigliosi dei tantissimi anni e dei personaggi che ho conosciuto, sia calciatori, allenatori, presidenti, che magazzinieri, fotografi e tutto un mondo di gente unica, speciale e indimenticabile, con cui ancora oggi ho un rapporto di amicizia e stima infinita. Della Juve si parla, si scrive e si pubblica tanto, così voglio ricordare e condividere qualche momento personale, privato. Davvero importante per me è stato e continua anche oggi, il rapporto con il segretario generale Sergio Secco, indimenticabile il primo incontro: il suo ufficio era enorme, così come la sua scrivania piena di documenti, libri, appunti... una mole di lavoro da gestire e che lo rende irraggiungibile. Una persona speciale, che tiene tutti a distanza. Un giorno, però, all'improvviso mi dice: "ma noi, Romagnoli, non è ora che cominciamo a darci del tu?". Così mette fine ad oltre 10 anni di sofferenza, perché noi marchigiani diamo sempre del tu a tutti. Boniperti, poi un giorno mi inviò la squadra in pullman al mio paese e disse con fierezza: "Romagnoli, la Juve si muove solo per cose importanti: è andata alla Ferrari, poi all'Ariston, adesso viene a Sant'Elpidio a Mare alla Mirella!". A volte però anche il paese è andato a Torino, come quella volta che ho portato le giovanili dell'Elpidiense al ritiro della Juve a Villar Perosa, in occasione della partita Juventus-Atalanta e la società è stata così gentile da ospitarli e trattarli come fossero una squadra di serie A. sono stati due giorni di totale ospitalità con tante foto e tanti autografi, grazie al mister Trapattoni che ha mandato i giocatori della Juve a conoscere i nostri ragazzini. Con il mister Trapattoni ho trascorso tante serate a parlare di calcio, senza guardare l'orologio, per ore. I giocatori li ho conosciuti tutti, dagli anni 80 ad oggi. Qui non posso non ricordare Scirea, il più forte e il più umile di tutti. Veniva spesso a trovarmi per vedere le partite da osservatore in zona e le vedevamo insieme. Si fermava in paese a scherzare al Bar del Corso, lui, campione del mondo, alla pari con un "campione di briscola" qualsiasi. Un giorno un interista si presentò con una foto dell'Inter di Herrera e Gaetano lo battezzò subito: "Ma in questo paese andate ancora in giro con i santini in tasca?". Ridevano tutti e lo amavano anche i "nemici". Tutti questi ricordi dimostrano che la Juve è fortissima, in Italia e nel mondo, e allo stesso tempo è umile. Una nobile e affascinante Signora, determinata come una provinciale, nobile e gentile.

(Nazzareno Romagnoli)

Qui non posso non ricordare Scirea, il più forte e il più umile di tutti. Veniva spesso a trovarmi per vedere le partite da osservatore in zona e le vedevamo insieme. Si fermava in paese a scherzare al Bar del Corso, lui, campione del mondo, alla pari con un "campione di briscola" qualsiasi.

La prima volta che ho visto la mia amata Juventus risale a molti anni fa. Parliamo esattamente del 5 maggio 1977 in occasione della finale di andata Coppa UEFA a Torino dove si affrontarono Juventus- Athletic Bilbao. Risultato finale Juventus 1 Athletic Bilbao 0. Marcatore Tardelli con uno colpo di testa in acrobazia. Volevo solo raccontare la trasferta alquanto particolare! I miei compagni di viaggio: mio fratello Rocchetti Sandro (altro storico Juventino) il sottoscritto, Roberto Mancini (attuale Ct della nazionale) e il suo babbo Aldo Mancini che fece da babbo a noi tre monellacci per quella trasferta. Viaggio di andata in treno fino a Torino, visita alla basilica di Superga e, poi allo stadio! Un emozione incredibile a soli 14 anni al mitico Comunale. Ritorno un pochino avventuroso considerando che il treno di ritorno lo perdemmo e fortunatamente una parte di viaggio lo facemmo in pullman con lo Juventus Club di Faenza che aveva dei posti liberi, poi da

...ma quando poi 5 anni fa ho fatto il mio primo ingresso allo Stadium, beh, da li la passione è iniziata a crescere sempre più ed ora si fa fatica a farne a meno...

Faenza rientro in treno fino a Jesi. Per chiudere ricordo una sensazione unica vedere per la prima volta dal vivo la squadra del tuo cuore in un ambiente fantastico e tornata ricca di emozioni e ricordi indelebili. *(Sergio Rocchetti)*

La mia prima volta allo stadio è stata venti anni fa, al Delle Alpi e ricordo ancora l'emozione quando saliti quegli scalini che mi portarono all'ingresso della curva dalla quale si vedeva il campo. Un'emozione indescrivibile. Un Juve-Milan, periodo di contestazione all'allenatore Ancelotti. 5 minuti prima della fine tifosi che iniziano a "caricare" e per protesta a far uscire tutti. Corse su per i gradoni dello stadio, per uscire di fretta, ed io che volevo finire di vedere la partita... Come prima volta direi che non mi sono fatta mancare niente! Ma la passione e l'amore per la Juve è rimasta e cresciuta sempre più. Per tanti anni poi non sono andata allo stadio, ma quando poi 5 anni fa ho fatto il mio primo ingresso allo Stadium, beh, da li la passione è iniziata a crescere sempre più ed ora si fa fatica a farne a meno. Perché lo stadio è vita, la Juve è vita, e quando varchi quei tornelli ogni volta è un'emozione come se fosse la prima volta. Emozione, lacrime e brividi. *(Carmen Rossi)*

SALVATORE SCHILLACI

Nato a Palermo l' 01/12/1964
Nella Juve dal 1989 al 1992 (132 presenze, 36 goal)
1 Coppa Italia, 1 Coppa UEFA
In Nazionale: 16 presenze, 7 goal

Esordio: 23/08/1989 CAGLIARI-JUVENTUS 0-1 Coppa Italia (Zavarov 108') Stadio Sant'Elia

Sono tifoso bianconero fin da bambino, per questo lasciare il Messina nel 1989 e andare alla Juve per me è stato come toccare il cielo con un dito.

Giocai la mia prima partita in serie A il 27 agosto 1989 contro il Bologna (1-1 Marocchi 13' - Poli 40'); partii da titolare perché l'allenatore Dino Zoff era stato soddisfatto dal mio lavoro in Coppa Italia. L'emozione "da prima volta" venne sorpassata dalla concentrazione che dovevo mettere in campo perché sia i tifosi che la critica sportiva, su me e su Casiraghi (che mi sostituì al 58') avevano dei grandi dubbi; infatti la dirigenza fu aspramente criticata per aver puntato su due giovani di serie B pensando che non fossimo esperti e quindi non da Juve. Invece fu una grandissima stagione per questa Juve del tutto nuova, portammo a casa la Coppa Italia vincendo 1 a 0 contro il Milan con goal di Galia e la Coppa UEFA battendo la Fiorentina di Roberto Baggio che nello stesso mese fu acquistato dalla Juventus. Nella mia carriera ritengo di aver giocato con tanti importanti calciatori ma definisco Baggio il più talentuoso perché capace di splendide giocate sia con la maglia della Juve sia con quella della Nazionale. Insomma, un calciatore completo e un professionista eccezionale.

La bella stagione che feci alla Juve mi portò alla convocazione in Nazionale per il Mondiale del '90. Anche se non lo abbiamo vinto, quel Mondiale per me fu fantastico e pieno di soddisfazioni: con 6 goal mi laureai capocannoniere della competizione, vinsi la Scarpa d'Oro e arrivai secondo al Pallone d'Oro soffiatomi dal tedesco Lothar Matthäus. Al Mondiale delle "Notti Magiche" sono molto legato perché per la gente sono diventato, e lo sono ancora, il mitico "Totò Nazionale".

In quella competizione del 1990 Totò Schillaci arrivò come semi-anonima riserva ma poi si prese quasi tutto lo spazio. Alla sua prima apparizione sul terreno di gioco, in sostituzione di Andrea Carnevale, dopo 3 soli minuti siglò il goal decisivo della vittoria contro l'Austria. Da lì è stata un'esplosione in crescendo di affetto da parte del pubblico e di grinta da parte sua. Per chi visse quei momenti, anche solo alla televisione è impossibile dimenticare gli occhi "spiritati" di Totò, quando reclamava un rigore o quando urlava di gioia dopo un goal. Notti Magiche che si spensero nella sfortunata semifinale contro l'Argentina di Maradona.

IN MEMORIA DI

Dalla moglie Mariella Scirea

GAETANO SCIREA (1953-1989)

Nato a Cernusco sul Naviglio il 25/05/1953
Nella Juve dal 1974 al 1988 (552 presenze, 32 goal)
7 Scudetti, 2 Coppa Italia, 1 Coppa UEFA,
1 Coppa delle Coppe, 1 Supercoppa UEFA,
1 Coppa dei Campioni, 1 Coppa Intercontinentale
Nella stagione 1988/89 vice allenatore di Dino Zoff
In Nazionale: 78 presenze, 2 goal

Esordio: 28/08/1974 JUVENTUS-VARESE 4-0 Coppa Italia
(Anastasi 7' - Damiani 39',57' - Bettega 59')
Stadio Comunale

Che dire di Gaetano e della Juventus, sono stati 15 anni di vita vissuta insieme a compagni e dirigenti meravigliosi. Voglio raccontarvi il primissimo giorno, quando Gaetano è arrivato allo stadio Comunale di Torino con una 128 verde, accompagnato dal papà Stefano e dal fratello Paolo. Aveva una paura folle di non essere accettato e di essere troppo giovane, aveva solo 21 anni. Venne letteralmente spinto dentro ai cancelli dal papà e dal fratello e il cuore gli batteva forte forte. Incontrò dei grandissimi campioni, Zoff, Bettega, Furino... e Gaetano era solo un giovane che veniva dall'Atalanta. Il primo con cui legò nello spogliatoio fu proprio Zoff e con Dino divenne subito amico. I due, credo, si siano considerati fratelli, due persone della stessa famiglia. Ancora oggi sento Dino e, quando mi parla di Gaetano, gli si illuminano gli occhi e si commuove.
Iniziò la sua carriera alla Juventus nel 1974 e vinse subito uno scudetto. Quell'anno fu emozionante e lo legò indissolubilmente ai colori bianconeri. Già nel 1974 diceva: "Io non oso immaginarmi con altri colori che quelli della Juventus".
Un altro ricordo che mi rende orgogliosa di Gaetano è il rispetto e l'amore che tutti i tifosi di qualsiasi squadra provavano per lui. Durante una partita contro la Roma io vidi la partita con amici romani proprio in curva e dovetti indossare una sciarpa giallorossa. A 10 minuti dalla fine, Gaetano dovette uscire per infor-

tunio, ma tutto lo stadio si alzò in piedi e lo salutò con un applauso fragoroso. Fu una grande soddisfazione e meraviglia anche, perché non ce lo aspettavamo. Lui sorrise e ringraziò, come sempre, con semplicità e umiltà, perché era questo il suo carattere ed era benvoluto da tutti. A testimonianza del suo amore per la maglia e per la società bianconera posso ricordare quando si andava verso le 17/18 in sede in Galleria San Federico dove si andava anche solo per un caffè o per un aperitivo, spessissimo poi andavamo a cena tutti insieme. Con Boniperti il rapporto era quasi di venerazione, per Gaetano era un secondo padre, il papà di Torino! Il presidente era sempre disponibile per qualsiasi consiglio o confidenza. Tra Boniperti e Scirea il rispetto e l'affetto era reciproco: quando Gaetano ci ha lasciato, è mancato tantissimo alla società e a coloro che lo hanno visto crescere dai 21 ai 36 anni. I ricordi sono tanti, bellissimi, fanno sorridere anche se con un velo di malinconia. Ormai sono passati 31 anni dalla sua scomparsa e proprio oggi, il 28 giugno avremmo festeggiato il 44esimo anniversario di matrimonio. Non nascondo l'amaro in bocca e tanta tristezza, però sono felice ugualmente perché ho un figlio che me lo ricorda, con lo stesso carattere, gli stessi valori e il modo di vedere la vita. Mi ha dato 3 nipotini, tutti maschi, una bella famiglia Scirea numerosa. Grazie per questa opportunità per ricordare ancora una volta il mio Gaetano. Oggi raccoglierò delle roselline dal mio giardino e le porterò a lui. Porterò anche il vostro saluto, gli dirò che lo ricordate e che gli volete ancora bene.

Mariella Scirea

È difficile separare il calciatore Scirea dall'uomo Scirea. Perché Gaetano è stato un campione come sportivo e ancor di più come persona. Chi ha avuto la fortuna di conoscerlo, lo racconta come un leader silenzioso, ma in campo, negli spogliatoi e in tutti gli ambienti, i suoi silenzi facevano tanto RUMORE.
Libero, difensore con caratteristiche da centrocampista dai piedi buoni, non è stato mai espulso, diventando un esempio di lealtà e correttezza anche per le generazioni successive di giovani calciatori. INDIMENTICABILE.

ALESSIO SECCO

Nato a Torino il 5 gennaio 1970
Nello staff Juventino dal 1995. Direttore Sportivo dal 2006 al 2010

Uno dei momenti più emozionanti che ricordo con maggior piacere è accaduto durante l'estate del 2007 a Pinzolo. La squadra era in ritiro ed io mi trovavo a trascorrere qualche giorno con loro.
Una sera ricevetti una telefonata da parte di un numero che non conoscevo. Dall'altra parte del telefono una voce disperata di un uomo che aveva perso il lavoro e si era visto crollare il mondo addosso. Minacciava di suicidarsi ma il suo tifo e amore per la Juventus fecero si che prima di compiere il tragico gesto mi chiamasse. Mi accorsi subito di quanto fosse sconvolto e dopo avergli parlato e aver cercato di calmarlo, gli passai qualche giocatore che era lì con me. Mentre parlava con loro, chiamai i carabinieri e mi feci mettere in contatto con la stazione di competenza territoriale. Spiegai ai militari che cosa stava accadendo e con la consueta rapidità ed efficacia che contraddistingue l'Arma, i militari andarono al domicilio della persona e riuscirono a calmarlo e a rincuorarlo facendolo desistere dal suo intento. Quella è stata una giornata speciale per me, ho forse contributo insieme alle altre persone che si sono impegnate su questo caso a salvare una vita umana e non c'è nulla che possa valere di più. I ricordi dell'avvocato Agnelli rimangono indimenticabili. Le sue visite al Comunale durante gli allenamenti quando appositamente non avvisava nessuno e piombava li tra la sorpresa di tutti. Aveva un modo di fare irripetibile, un'eleganza che non poteva lasciare indifferenti. Ho avuto l'occasione di andare da lui in villa sopra la vecchia sede di piazza Crimea. Una volta con Trezeguet quando lo prendemmo. Glielo portai per presentarglielo. L'avvocato amava conoscere di persona i giocatori e non era raro che appunto li invitasse per un breve incontro a casa sua.

"La Juventus è un po' nel mio DNA,
quindi la conosco bene.
È come un drago a sette teste, gliene
tagli una ma ne spunta
sempre un'altra."
Giovanni Trapattoni

SERGIO SECCO

Ex dirigente Juventus

Il mio ricordo non può andare che a Boniperti. Io provengo dal mondo della banca, alla Juventus mi ha voluto Boniperti. Io lo conoscevo come calciatore, grazie ad Amapane, consigliere della Juventus e nipote del mio direttore di banca, non avevamo difficoltà a trovare i biglietti per seguire la Juventus in trasferta. Quindi andando alla Juventus ho conosciuto un manager, legato alla squadra dal cordone ombelicale del sentimento. Presidente, amministratore delegato, di più il gran capo di tutto. È Boniperti il primo presidente tecnico della storia del calcio. È finita l'epoca dei presidenti che si fondano sulla pratica. È cambiato tutto. Dirige il calcio chi sa di calcio. Il calcio si evolve e io ho avuto la fortuna di assistere a questa evoluzione. È stata una rivoluzione epocale.

" Tifoso della Juventus sin da piccolo, cosa vuol dire poter indossare la maglia bianconera?»

È il coronamento di un sogno. Sin dai primi calci che tiri al pallone sogni di diventare professionista e di indossare quella maglia. Un sogno difficile da realizzare, ma proprio per questa ragione, ancora più emozionante quando si avvera."

Massimo Carrera

PAOLO SIROTI

Nato a Macerata il 26/05/1970
Nella Juve dal 1987 al 1990 (1 presenza)

Esordio: 03/09/1988 HELLAS VERONA-JUVENTUS 2-2 Coppa Italia (Brio (A) 43' - Alessio 46' - Galderisi (R) 52' - Cabrini 64') Stadio Marco Antonio Bentegodi

Giocare con la Juventus è stato un grande onore sia per me che per la mia famiglia.
Nella stagione 87/88 passai dalla Maceratese, formazione di C2 alla Juve che era in serie A, un passo decisamente importante e pesante.
Da tifoso bianconero, indossare la maglia della Juve è stato un sogno divenuto realtà. L'emozione della firma me la ricorderò per tutta la vita, quel giorno insieme a Boniperti c'erano anche il dottor Giuliano e Morini.
Ho indossato la maglia bianconera solo una volta, in Coppa Italia contro il Verona. Sono entrato al posto di Renato Buso.
All'interno dello spogliatoio avevo un buonissimo rapporto con tutti, in particolare con Bonini, Scirea e Cabrini. Quest'ultimo mi accompagnava spesso a casa perché io abitavo vicino alla sede e lui in collina, inoltre mi chiedeva di sformagli le scarpe.
Anche se erano tutti dei campionissimi, erano dotati di enorme semplicità: era un gruppo unito e insieme da parecchio tempo. C'era un clima piacevole, nelle partite di calcio-tennis e nei torelli si scherzava spesso.
In quella Juve c'era Laudrup, era un calciatore dalle incredibili qualità, decisamente fuori dal comune, era difficile negli allenamenti stargli dietro.
Il calcio di allora era diverso da quello odierno, si marcava a uomo quindi bi-

sognava sudare sette camicie durante i vari contrasti. In questo era fortissimo Luciano Favero, in quegli anni era incredibile, purtroppo non è stato valorizzato quanto si sarebbe dovuto.
Un altro personaggio storico di quella Juve è Luciano De Maria che divenne campione del mondo nel 1982 in quanto, oltre ad essere il massaggiatore della Juve, era anche quello della Nazionale.
Dopo il Mondiale di Italia 90, alla Juve fu l'anno della "ricostruzione", io andai a Venezia per uno scambio con Serena nel mercato di riparazione di novembre.

IN MEMORIA DI

Su gentile concessione del figlio Nestor

ENRIQUE OMAR SIVORI (1935-2005)

Nato a San Nicolás de los Arroyos il 02/10/1935
Nella Juve dal 1957 al (257 presenze, 170 goal)
3 Scudetti, 3 Coppa Italia, 1 Coppa delle Alpi
Vincitore del Pallone d'Oro nel 1961

Esordio: 08/09/1957 JUVENTUS-VERONA 3-2
(Boniperti 11' - Sivori 28' - Maccacaro 54'
Charles 58' - Bassetti 64') Stadio Comunale

Sono Juventino da sempre, fin da quando sedicenne nel River Plate, in Argentina, avevo come allenatore Renato Cesarini (quello della zona Cesarini). L'uomo dei cinque scudetti vinti di fila, dal 1930 al 1935. Cesarini ogni giorno mi incantava con i suoi racconti sulla Juventus. Ascoltavo felice i nomi di quei campioni, le loro gloriose imprese e con la bocca spalancata, come un bambino che continuamente risente la sua fiaba preferita, sognavo di poter giocare anche io, un giorno, in questa squadra. E i sogni qualche volta si avverano.
Quando arrivai a Torino alla prima seduta di allenamento c'erano un sacco di tifosi e tutti i dirigenti, gli Agnelli compresi. Mi misi a palleggiare e l'Avvocato Gianni mi fece notare che palleggiavo quasi esclusivamente con il mio piede preferito, il sinistro. Allora presi la palla e feci 4 giri di campo palleggiando senza mai far cadere la palla. Alla fine del 4° giro mi fermai davanti a lui e gli dissi: "Secondo lei cosa ci dovrei fare con il piede destro?"

Enrique Omar Sivori ha cominciato a tirare calci al pallone a tre anni, a piedi nudi e con una palla fatta di stracci. Già all'età di 7 anni diventò un asso nel "baby calcio" giocando nella squadra del suo quartiere, il Barrio Francia. Crescendo ha conosciuto la gloria approdando al River Plate ed entrando nel

Primo Hurrà Juventus, gennaio 1963

mito per il famoso trio d'attacco degli "angeli dalla faccia sporca" insieme a Maschio e Angelillo.
Nel 1957 arrivò alla Juventus dove esordì contro il Verona segnando un goal. L'anno successivo, un altro esordio fortunato: il 24 settembre 1958 contro il Vienna in Coppa Campioni realizzò una splendida tripletta. Sivori è ammirato dai tifosi bianconeri anche per i sei goal segnati contro l'Inter il 10 giugno 1961. Fu un'impresa incredibile che era riuscita solo a Piola nel 1933.
Omar sfidava il mondo a stinchi nudi con i calzettoni sempre abbassati, vantando una classe invidiabile. Il "Cabezon" ad ogni gara dava spettacolo: era fantasioso e provocatore, ubriacava gli avversari con il suo marchio di fabbrica (il tunnel), l'idolo delle folle che sapeva accendere i cuori di tutti che da subito si innamorarono di lui, compreso l'Avvocato che lo definì "più che un fuoriclasse, un vizio: sai che alla lunga non ti farà bene, ma non puoi farne a meno.

GINO STACCHINI

Nato a San Mauro Pascoli il 18/02/1938
Nella Juve dal 1954 al 1967 (285 presenze, 59 goal)
4 Scudetti, 3 Coppa Italia, 1 Coppa delle Alpi
In Nazionale: 6 presenze, 3 goal

Esordio: 01/04/1956 ATALANTA-JUVENTUS 1-1
(Bartolini 17' - Sabbatella 28') Stadio Comunale

Sono stato scelto dalla Juventus dopo un provino quando giocavo nella squadra del mio paese, la San Maurese. La mia prima partita in bianconero segnò anche il mio esordio in serie A. Sapevo che sarei sceso in campo dal sabato sera quando eravamo in ritiro ma onestamente un po' me lo aspettavo perché gli ultimi allenamenti mi facevano pensare che il mio esordio era ormai nell'aria. Quella contro l'Atalanta è stata una gara un po' scialba ma accadde un episodio curioso: il mio amico Piero Aggradi (anche lui esordiva quel giorno) calciò un pallone lungo e molto alto verso l'area della squadra bergamasca, io cercai di colpirla di testa e il portiere avversario Cometti con il pugno. Né io né lui riuscimmo a colpirla. Io fui più rapido a rialzarmi ma a circa 3 metri dalla porta rimasta sguarnita, clamorosamente la misi fuori dallo specchio a causa di uno strano rimbalzo. È stato un episodio che, fino alla fine dei suoi giorni, Aggradi mi ha sempre ricordato rimproverandomi, perché forse quella palla incustodita sarebbe entrata e per lui avrebbe rappresentato uno dei pochi goal segnati. Quella degli anni '50 era una formazione piena di vittorie e campioni come Boniperti, Praest, Viola, Corradi, Manendi e tanti altri. In panchina c'era il veneziano Puppo che devo sinceramente ringraziare perché ha creduto molto nei giovani e mi ha fatto esordire da giovanissimo credendo nelle mie possi-

bilità. In quel periodo di fine anni '50 andava ancora di moda l'ala tradizionale: chi giocava da centrocampo in su, aveva le caratteristiche dell'attaccante puro. Negli anni successivi questo ruolo andò a trasformarsi fino al punto che l'ala doveva tornare a dare aiuto ai centrocampisti e persino ai difensori. Vi assicuro però che il pubblico amava di più il giocatore di fascia funambolico. Loro applaudivano e noi ci esaltavamo, era diciamo un modo di auto caricarsi. Nei miei 14 anni alla Juve la figura di Boniperti è stata essenziale. Con lui mi confrontavo spesso, a volte chiedendo suggerimenti se mi fosse convenuto andare a giocare anche in altri clubs ma lui, bianconero fino al midollo, mi ha sempre consigliato di restare a dispetto anche dei miei pensieri che a volte mi portavano verso altri lidi. Del mio periodo Juventino, ricordo con piacere una partita in particolare nel gennaio 1960 a San Siro contro il Milan che terminò 0 a 2. Per me fu una gara dalla doppia valenza, infatti oltre a giocarci lo scudetto, io e Castano ci contendevamo la possibilità di essere convocati in Nazionale. Negli spogliatoi io e Tino Castano stabilimmo un patto, gli dissi che se lui mi avrebbe aiutato a non far calciare Giancarlo Danova, io avrei fatto ammattire il difensore Alfio Fontana anche loro in odor di Nazionale. La supremazia della Juve era netta. Il primo goal fu il mio e il secondo fu realizzato da Sergio Cervato, lo specialista dei calci piazzati. Andò bene la partita e l'indomani arrivò pure la convocazione. Questo mio goal è stato il primissimo ad essere raccontato dalla storica trasmissione radiofonica "Tutto il calcio minuto per minuto" che inizialmente trasmetteva soltanto il secondo tempo.
Quella domenica di 60 anni fa, il primo collegamento è con lo stadio San Siro, Milan-Juve.

"Gentili ascoltatori buongiorno. Qui è Niccolò Carosio
che vi parla e vi saluta. Stacchini ha portato in vantaggio
la Juventus al 5' del primo tempo"

Il fatto più curioso è che giocammo con un bellissimo completo nero, per me inconsueto. Fu un'idea di qualche dirigente che scovò il ricordo di una Juve in maglia tutta nera. Una scelta fortunata. Al Santiago Bernabeu era la prima volta per me e per molti miei compagni. Ci avevano detto che l'impatto con lo stadio sarebbe stato da paura. A me mancò il fiato tanto ero intimorito. Per i tifosi del Real noi eravamo il toro della corrida, la vittima designata. Invece trionfammo alla grande con un goal di Omar Sivori.

Stacchini ha iniziato con Praest e Boniperti, e maturato con Charles e Sivori, ha chiuso con Zigoni e Cinesinho. Quasi sempre con l'11 sulle spalle. Lo stesso numero che aveva la sera del 21 febbraio 1962 nella partita di ritorno dei quarti di finale della Coppa dei Campioni contro il Real Madrid. Sono passati più di 50 anni da quella serata.

La "mia prima volta" che voglio raccontare risale al giorno 14/05/2016, il giorno della festa per il 5°scudetto consecutivo, si giocava allo "Juventus Stadium" (non era ancora l'Allianz Stadium), la partita era Juventus-Sampdoria con risultato finale 5-0. Lo Stadium era pieno, la curva sud uno spettacolo di bandiere colorate verde-bianco-rosso intervallate al centro da un bandierone con stampato un vecchio pallone di cuoio circondato da 5 scudetti con le date di quelli degli anni trenta e quelle attuali. Sopra e sotto due striscioni componevano la scritta: "poche squadre sono entrate nella storia una sola è leggenda", uno spettacolo di assoluta bellezza, roba da brividi che ancora oggi nel ricordarlo e scriverlo sto provando come allora. In realtà non era la mia prima volta, ero già stato allo Stadium, al Delle Alpi (anche da abbonato), all'Olimpico, in trasferta a Milano, a Roma, a Bologna, a Verona ecc., ma era la prima volta che portavo mio figlio Federico. All'epoca aveva 7 anni, era la "nostra prima volta insieme" e per un padre Juventino come me era motivo d'orgoglio misto a felicità, sensazioni uniche, sicuramente una delle cose più belle vissute con mio figlio fino ad oggi! Iniziò tutto la mattina presto, per la particolare occasione decisi di andare in auto, io e Federico da soli, la volevo vivere a pieno, eravamo accompagnati da due zainetti e due vassoi di Vincesgrassi per il pranzo che nonna Marisa aveva preparato la mattina stessa. Partiamo per il lungo viaggio Jesi-Torino (circa 5h e 1/2) vestiti con i colori bianconeri, io con la maglia ufficiale del periodo e sciarpa con rifiniture rosa al collo e Federico con la T-shirt del giorno, nera con dicitura "Campioni d'Italia" e manona stampata al centro bianca rossa e verde. Ricordo che Federico diceva: "babbo pensa se Dybala segna e poi viene sotto da noi...", "... ma Pogba gioca?",... "babbo, ma..." ecc. Lungo il tragitto iniziavamo a superare ad uno ad uno i pullman organizzati dai vari club, era bellissimo superarli e raccontargli mille storie vissute, suonare con la sciarpa fuori dal finestrino e ricevere il saluto, "babbo guarda ci salutano", "babbo guarda ce n'è un altro, babbo suona, dai babbo suona". L'adrenalina iniziava a salire e ancora dovevamo arrivare, brividi che mentre scrivo tornano ad attraversare la schiena. Poco dopo esserci fermati in autogrill per il pranzo arriviamo a Torino, lasciamo l'autostrada ed in lontananza dopo il curvone a destra inizia vedersi lo stadio, "Guarda Chicco si vede lo stadio, guarda la..."; intanto indico con il dito e i suoi occhi erano incantati, era in estasi, ancora dovevamo arrivare ma aveva già vissuto tante di quelle emozioni e visto tante di quelle cose che tutti i racconti vissuti fino a quel giorno si trasformavano in realtà, in emozioni vere miste a felicità, spettacolo. Con circa 2/3 ore di anticipo iniziamo a girare il perimetro intorno allo stadio, le bancarelle, le persone, il movimento, aveva gli occhi dappertutto, "... babbo, babbo, guarda quel signore che cappello", "...babbo, babbo, mi compri la bandiera...", "...babbo, babbo, quelli sono i tuoi amici...". Erano Cristian e Tromby, non me ne

Lungo il tragitto iniziavamo a superare ad uno ad uno i pullman organizzati dai vari club, era bellissimo superarli e raccontargli mille storie vissute, suonare con la sciarpa fuori dal finestrino e ricevere il saluto, "babbo guarda ci salutano", "babbo guarda ce n'è un altro, babbo suona, dai babbo suona". L'adrenalina iniziava a salire...

ero accorto, c'erano anche loro (sempre presenti!). Ancora c'era tempo e tra foto, selfie, riprese, ci avviciniamo allo Juve Store, quello vicino al J-Medical, al Museum. Entriamo, è stato come entrare nel mondo dei balocchi, avrebbe comprato tutto, ricordo che gli comprai la maglia nera quella con le scritte dorate e un peluche. Era così contento che no si teneva più, io ero così felice al limite della commozione. Arriva l'ora di entrare, apertura dei cancelli andiamo all'ingresso tribuna Est, 1° anello e subito siamo dentro, due hostess gli regalano una sciarpa e gliela mettono al collo; l'adrenalina a 1000, i brividi cominciano ad essere tremore, mi sembrava di essere una coppia di attori principali di un film. Ancora non c'erano molte persone, a centrocampo un gonfiabile gigante a forma di mano e lui inizia a guardarsi intorno in un silenzio quasi assurdo, stava guardando la bellezza dello stadio e poi esclama "Babbo è bello munto be'..." Man mano lo stadio si riempie, inizia la musica, ci scateniamo a cantare"... il più grande spettacolo dopo il big bang siamo noi.... Juve alé, il più grande spettacolo dopo il big bang siamo noi Juuuveeee aleeeeee..." Entrano le squadre, "...Babbo guarda quello è Dybala...", "...quello è Pogba...". Il mio orgoglio di genitore è alle stelle con difficoltà trattengo l'emozione! Inizia la partita, si canta, si salta, lo Stadium ci trasposta, arriva subito il 1°goal (Evra), più tardi il 2°(Dybala), ci abbracciamo tra di noi, con le persone vicine, poi arriva il 3° (Dybala), siamo in trance, trasportati da tutto quello che ci circonda.

Quando viene messo l'inno i brividi ti scorrono in corpo e ti senti carico come non mai, canti a squarciagola perché ti viene naturale, non puoi fare altrimenti...

Arriva il 4° e poi il 5°, oramai siamo ubriachi di Juve! Termina la partita, inizia la premiazione, il giro di campo, Cuadrado appoggia la coppa a terra proprio davanti a noi e tutta la squadra fa una scivolata, Federico canta, salta, oramai va da solo, sembra un tifoso veterano, uno di quelli che è lì da una vita quasi come il signore anziano di Asti che avevamo vicino, tifoso speciale di come lo chiamava lui "Mariolone", per tutti noi Mandzukic. Io gongolo di gioia nel vederlo così e nel vivere quel momento speciale, l'ho fatto felice! Ad essere sinceri forse è più lui che ha fatto felice me! È bello essere Juventini, è unico, è motivo di orgoglio, è speciale, è la cosa più bella che c'è!
(Andrea e Federico Sabbatini)

La prima volta non si scorda mai? Si, è esattamente così. Uscii da scuola 1 ora prima con papà, direzione Stadio San Siro, 4 ore di autostrada volate via in un secondo, una trasferta che aspettavo da una vita. Freddo glaciale, papà per coprirmi mi mette la sciarpa con scritto "fino alla fine". Poi si entra, ci mettiamo seduti, il tempo di fare qualche foto a Camoranesi, Del Piero, Trezeguet e Nedved e si comincia. Una partita con poche emozioni, un palo di Trezeguet che mi fa alzare dal seggiolino come se avessi preso una scossa, ma la vera scossa l'avevo già sentita quando ero entrato allo stadio e vedevo davanti a me Buffon, Del Piero, Camoranesi, Nedved, Trezeguet, gli eroi che rimasero nonostante la serie b... altri tempi..! Fino alla fine, forza Juventus. *(Diego Sabbatini)*

La mia prima volta, cara Juve mia, iniziò il 17 febbraio 1974 allo Stadio Olimpico di Roma. Ero un ragazzino di 16 anni, e mi accompagnò mio zio Anelio Juventino anche lui. Non stavo nella pelle, già solo il pensare che avrei visto i miei idoli dal vivo mi veniva la pelle d'oca, una sensazione unica. Ero in curva, tutti appiccicati gli uni agli altri, mischiati Juventini e laziali, altri tempi. Ricordo che vedevo a mala pena, lo stadio era pieno all'inverosimile, ma la gioia era tanta che non m'importava di niente. Poi il momento tanto atteso, le squadre che entravano in campo, cominciai ad urlare a squarciagola "Juve, Juve", non capivo più niente... ricordo solo una voce dall'alto rivolta a me: "a morè ammazza che voce!" Finalmente vedevo la Juve, la mia Juve dal vivo, quei colori che già da diversi anni portavo nel mio cuore! Quel giorno perdemmo per 3 a 1, contro la Lazio di Chinaglia e Maestrelli che poi vinsero il loro primo scudetto. Ma quel giorno la sconfitta passò in secondo piano.... poi in futuro mi rifeci con gli interessi. Di anni da quel lontano 1974 ne sono passati e il mio amore verso di Te è rimasto intatto, sei bellissima Juve mia! Grazie di esistere, senza di Te non è Vita! *(Guido Sama)*

Era il 29 Aprile del lontano 1984, una domenica fantastica nella città di Milano dove stavo svolgendo il servizio di leva (casualmente ad 1 km dallo stadio di San Siro) e l'acquisto del biglietto per la partita Inter-Juventus si stava tramutando nell'ingresso allo stadio. Avevo già visto diverse partite dell'Inter o del Milan, ma non avevo mai visto allo stadio la mia Juventus, e quindi mai occasione poteva essere più propizia che andarla a vedere con i miei occhi addirittura in un cosiddetto Derby d'Italia. Approfittando anche dello sconto militari (in voga all'epoca) mi ritrovai seduto in un buon posto al secondo anello (distinti lato tribune d'onore) della Scala del Calcio, uno stadio non ancora provvisto della copertura e del terzo anello introdotti solo pochi anni dopo in occasione dei mondiali italiani del 1990; la giornata è perfetta, lo stadio è stracolmo e l'attesa è trepidante. L'Inter in porta ha il ragno nero Zenga, ha Hansi Muller, ha "Spillo" Altobelli, ha Aldo Serena e tanti altri fortissimi... ma la Juve di quell'annata non ne aveva per nessuno... la formazione era semplicemente questa: Tacconi, Gentile, Cabrini, Bonini, Brio, Scirea, Vignola, Prandelli, Rossi, Platini, Boniek, Allenatore: G. Trapattoni. La partita comincia! La Juventus attaccava da sinistra verso destra, e guardavo quasi in religioso silenzio i miei beniamini, quei giocatori che fino a prima avevo solamente visto alla TV, ma con la stessa trepidazione di un ragazzo abituato all'epoca a seguire la domenica pomeriggio alla radio la trasmissione "Tutto il calcio Minuto per Minuto" senza perdersi neanche una frase di quei favolosi radiocronisti come Ameri, Ciotti, Bortoluzzi, Provenzali, ecc. Verso la metà del primo tempo già la prima grande gioia... Platini vedeva Vignola inserirsi di fronte all'area avversaria servendogli il pallone, a spalle girate Vignola iniziava un palleggio irritante culminato con lo scarico della palla indietro per l'accorrente Cabrini, il quale con una rasoiata da fuori area faceva secco Zenga sulla sua sinistra... il tripudio, San Siro era per metà bianconero, e solo allora mi era diventato chiaro quanto fosse amata la Juventus in tutta Italia, persino nella tana di una delle sue più acerrime nemiche. La Juve sembrava sempre padrona del campo nonostante il blasone degli avversari e le dichiarazioni belliche del prepartita da parte di mister Radice e dei suoi giocatori; il suggello arrivava un quarto d'ora più tardi quando Boniek, quasi alla cieca, serviva un pallone tra l'innocuo e il sapiente verso il centro della difesa avversaria, dove sbucava Platini che dopo il primo controllo appoggiava in rete con un tocco beffardo il pallone dello 0 a 2, sempre sulla sinistra dell'esterrefatto portierone nerazzurro... chi avevo attorno erano tutti, ma proprio tutti impazziti

Non lo avevo mai visto così elettrizzato e preso da qualcosa. Tutto quello stupore mi ha fatto ricordare come fossi identico a lui il giorno della mia prima volta allo stadio...

per la Juve! Solo un rigore decisamente inventato allo scadere del primo tempo (realizzato da Altobelli) restituiva all'Inter un po di forza per affrontare il secondo tempo e provare a mettere in difficoltà la Juventus, ma alla fine il risultato non cambiava più e il popolo bianconero sfilava via dallo stadio col sorriso sulle labbra, consci di aver visto la propria Juventus dominare con la sua classe, il suo stile e il suo modo perfetto di gestire le partite. In un colpo solo vidi per la prima volta la Juve dal vivo allo stadio, la vidi vincere contro una "odiata" avversaria, vidi giocare "le Roi" Platini e anche tanti protagonisti del mondiale vinto in Spagna nel 1982. Direi proprio... indimenticabile!
(Fabrizio Sampaolesi)

La mia prima volta allo stadio è avvenuta a 27 anni, un po' tardino per un ragazzo che vive di calcio ed è un grande tifoso della Juve. Il clima all'interno dello stadio è pazzesco, ti avvolge, ti fa sentire vivo; il tempo non viene più percepito perché a dire che vola è ben poco. Quando viene messo l'inno i brividi ti scorrono in corpo e ti senti carico come non mai, canti a squarciagola perché ti viene naturale, non puoi fare altrimenti. Insomma la mia prima volta allo stadio è stata fantastica, quello che vivi all'interno è unico e me lo porterò dietro per il resto della mia vita. *(Matteo Santoni)*

10/4/88 Ascoli Juve 1 a 1. (Giovannelli, Ian Rush). La mia prima volta era in maglia gialla, (di certo non la più bella) ma ero già innamorato. Era una Juve orfana di Le Roi Michel, Ian Rush la nostra speranza, non fu una partita memorabile. Ma ancora è in me indelebile (allora un quindicenne che indossava la maglia n° 6) il ricordo e l'emozione di trovarmi a pochi centimetri da Gaetano Scirea, campione d'Italia, campione intercontinentale campione del Mondo, per me un Mito, venuto vicino alla gradinata per salutarci (a fine stagione si ritirerà). *(Marco Sartini)*

Le gioie non sono genuine finché non le condividiamo con qualcuno. Ed essendo il Calcio e la Juve le mie più grandi passioni, non ho capito quanto fossero importanti per me finché non le ho condivise con una persona a me volto vicina: mio cugino Edoardo. L'ho tenuto sulle spine per un'intera settimana, ma alla fine è riuscito a scoprire cosa avessi in serbo per lui come regalo della Cresima: due biglietti per la partita Juventus-Napoli allo Stadium del primo aprile 2012. Siamo partiti in una corriera piena di tifosi veterani e grandi fan amanti della Vecchia Signora. Appena arrivati a Torino, ancora prima della partita, l'ho portato alla sede dei Drughi dove gli ho comprato la sua prima bandiera della Juve, la più grande disponibile. Edo aveva appena tredici anni, non era mai stato all'interno di un ambiente simile ed era già pienamente eccitato all'idea di parlare con gente che sapesse a memoria formazioni, momenti salienti e condizioni atmosferiche delle partite che lui aveva solo visto registrate o sentito alla radio. Ma la bellezza vera doveva ancora avvenire: il suo arrivo allo Stadium, i cori, l'ingresso della Squadra. Non lo avevo mai visto così elettrizzato e preso da qualcosa. Tutto quello stupore mi ha fatto ricordare come fossi

identico a lui il giorno della mia prima volta allo stadio, risalente a tanti anni prima. E, fortunatamente, quel match del primo aprile fu indimenticabile anche per me: un primo tempo serratissimo, un testa a testa col Napoli che ci ha mandato tutti al manicomio. Poi, all'ottavo del secondo tempo, ecco che Bonucci prende completamente (e per fortuna) a caso la palla dopo l'assist di Vucinic, spiazza totalmente De Sanctis e segna l'1 a 0. Poi c'è stato verso l'ottantesimo l'incredibile azione di Vidal con finta-controfinta-gol. Gli occhi di tutti si sono infine fissati sull'impresa titanica che Quagliarella è quasi riuscito a realizzare con un gol da centrocampo, mancato per un soffio. Poco male però, visto che ha segnato il 3 a 0 qualche minuto dopo e sancito la vittoria della Juve. Siamo usciti dallo Stadium completamente privi di voce e di forze, ma con una soddisfazione mai avuta prima. Edo è diventato un assiduo frequentatore di stadi e tutt'ora riesce ad andare a qualche partita in casa, nonostante la distanza e gli studi. Per quanto mi riguarda, invece, quella partita del primo aprile è stato l'evento che mi ha fatto capire quanto sia entusiasmante prender parte al mondo del calcio anche e soprattutto da tifoso, e che finché non entri nello stadio della tua squadra del cuore ad assistere a un match fantastico difficilmente puoi affermare di tifare davvero una squadra. Auguro a chiunque di vivere, prima o poi, un'esperienza come quella che abbiamo avuto io e mio cugino quel giorno. Ancora una volta, fino alla fine, forza Juve.
(Stefano Scalella)

La mia prima volta è stata voluta e desiderata intensamente e nel lontano1984, a soli 15 anni, sono riuscito a convincere mio padre che finalmente mi dette il permesso di andare a Torino per vedere la mia amata Juventus. Tramite alcuni amici più grandi di me riuscimmo a contattare un Club della zona e ad acquistare biglietto e viaggio per Juventus-Torino, non una normale partita di campionato ma il derby! Il 26/02/1984 il grande giorno! Alle 5 di mattina partimmo in pullman da Cesena, adrenalina alle stelle, ricordo tutto il viaggio come fosse ora, ragazzi che cantavano i vari inni e io che volevo impararli a memoria, la lotteria con tutti i desiderati gadget della Juventus. In quel viaggio si respirava solo bianconero. Arrivammo a Torino e il capo pullman comincia a dare le indicazioni per l'ingresso allo stadio, il vecchio ma meraviglioso Stadio Comunale di Torino. Entro a pochi minuti dall'inizio, lo stadio è una vera e propria bolgia da una parte e dall'altra, finalmente scendono in campo le squadre e comincia la partita, che diventerà meravigliosa. Al 55° minuto il Torino passa in vantaggio, ma anziché demoralizzarsi, magicamente i tifosi della Juventus aumentano il tifo e le Roi Michel Platini sale in cattedra mettendo a segno 2 reti in 10 minuti ribaltando il risultato, SPETTACOLO! È stata una giornata indimenticabile e da quel giorno non ho più smesso di seguire la mia amata Juventus. Fino alla Fine.
(Gianni Scarpellini)

Quello che sto per raccontare oltre a suscitare emozione interiore fa capire perché l'amore per questi colori non avrà mai fine. Tempo fa, sfogliando casualmente l'album dei ricordi di mio figlio Pierfrancesco, mi soffermai su alcune fotografie raffiguranti un bimbo con una sciarpa bianconera sul prato del vecchio Comunale di Torino, era mio figlio bambino. La mia attenzione fu presa oltre che dalle foto principalmente dalle parole che esplicavano quelle immagini. L'inizio cominciava testualmente così: tutto è iniziato quel giorno del lontano 27 aprile del 1986. Dopo aver consumato un veloce pranzo al

Da allora la Juventus è la mia compagna di vita a cui non faccio mancare la mia presenza sia in Italia che all'estero. Io ho capito che l'amore per la Juventus da quando ti infiamma il cuore te lo porti per tutta la vita...

sacco siamo pronti ad entrare nello stadio Comunale, si gioca Juventus-Milan mentre la Roma gioca in casa contro il Lecce. C'è in ballo lo scudetto. Entrano le squadre, lo stadio è stracolmo 60.000 Juventini incitano la Vecchia Signora. Da Roma arrivano la notizia che il Lecce sta vincendo, ma al Comunale il risultato non si sblocca finché all'88° minuto Laudrup segna, lo stadio esplode di gioia, le persone si abbracciano, è la vittoria del 22° scudetto. Entro nel prato verde dove poco prima i giocatori bianconeri hanno speso le loro energie per raggiungere l'agognato scudetto. La mia prima volta è stato scudetto. Da allora la Juventus è la mia compagna di vita a cui non faccio mancare la mia presenza sia in Italia che all'estero. Io ho capito che l'amore per la Juventus da quando ti infiamma il cuore te lo porti per tutta la vita." Ovviamente per me padre che gli ho fatto conoscere la Juventus in quel lontano 1986 le suddette parole mi hanno inorgoglito. Termino con un altro particolare. Pierfrancesco prima di diventare padre mi confessò che il suo bambino si sarebbe chiamato come il suo idolo bianconero Alessandro Del Piero, Anche Alessandro in piccola età ha cominciato a seguire la Juventus all'Allianz Stadium. In conclusione la tradizione Juventina si tramanda dal padre al figlio ed al nipote e questo spiega l'eternità della Juventus. *(Antonio Schirò sul figlio Pierfrancesco)*

Prima partita. Ricordo solo lo stadio e da lì grazie alla rete ci sono arrivato, fu un Ancona-Juve 0 a 4, amichevole a San Benedetto del 12/08/1987. Segue un Cesena-Juve 1 a 2 26/02/1989, campionato, doppietta di Rui Barros. Ma la vera partita che veramente ricordo con emozione fu in casa; e che casa il Comunale! Ultime battute di quello stadio 21/03/1990, Juve-Amburgo 1 a 2, quarti coppa UEFA, ma ci qualificammo grazie allo 0 a 2 dell'andata. Partiamo dall'inizio, vado grazie a un cugino di fiducia più grande altrimenti mio padre non mi avrebbe mandato da solo sedicenne. Si va con un pullman organizzato da Fortunato, un intrallazzato dell'epoca che arrivava allo stadio nel primo pomeriggio (partita serale) solo per mercanteggiare. Ricordo che ho trascorso del tempo al campo Combi lì davanti dove di solito si allenava la squadra e poi finalmente siamo entrati. Ricordo i gradoni ripidissimi, tipo il Bernabeu, stadio stracolmo, un tifo che solo se lo avessimo ora all'Allianz faremmo cagare sotto gli avversari perché carico di passione. Non ricordo tanto della partita, ma non è la cosa importante da ricordare! Ora come allora FINO ALLA FINE. *(Michele Serpilli)*

Anche se l'affermazione "la prima volta non si scorda mai" è sempre molto scontata, nel mio caso è anche molto veritiera. Avevo 7 anni quando la Juventus venne a Falconara per una amichevole con l'Anconitana. Mio padre, Juventino DOC, prese subito i biglietti, ma io ebbi la fortuna di fare il raccattapalle (andai lì dal mattino presto per assicurarmi il posto). Ebbi così la possibilità di vedere Zoff, Furino, Anastasi, Causio ecc. a pochi metri, e ogni volta che prendevo il pallone per riconsegnarlo a loro, avrei voluto abbracciarli e saltargli addosso. Ho resistito, ma a fine partita ho recuperato alla grande, anche aiutato dalla disponibilità di tutti i giocatori che mi avevano letto nel pensiero. Fu quella la mia prima volta, un tripudio di emozioni e lacrime di gioia che per un bambino non si dimentica mai. Sono trascorsi quasi 50 anni e le emozioni sono le stesse di quando avevo 7 anni. Fino alla fine. *(Stefano Signoretti)*

Dato che la mia prima partita vista ero troppo piccolo per ricordarmela, credo che fosse un Perugia-Juventus 1980 avevo 6 anni, racconto la mia prima volta a Torino a vedere la mia amata. Avevo 15 anni ed era la finale di coppa UEFA Juve-Fiorentina del 2 maggio 1990. Sono partito con il bus organizzato dal mitico Juventus Club Città di Castello, ai quei tempi splendidamente gestito da Roberto Scarscelli. Sarò sempre riconoscente a lui dato che si è fatto carico di me bambino con i miei genitori, grande responsabilità anche perché la partita era contro l'odiata Fiorentina i cui tifosi diedero il peggio di se dentro lo stadio. Ricordo che per entrare al vecchio Comunale, tra l'altro era l'ultima partita che si sarebbe giocata lì perché poi il seguente anno ci saremmo spostati al nuovo delle Alpi, mi presero sulle spalle perché la calca era notevole e io di statura un po' minuta e bambino, avrei corso il pericolo di essere schiacciato all'apertura dei cancelli. Una volta entrato dentro lo stadio non scorderò mai l'emozione vissuta per aver assistito a quell'incontro ed essere stato partecipe a una parte della storia della Juventus! La sensazione bella e strana era che mi sentissi come fossi tornato a "casa mia" nonostante fosse la mia prima volta in quello stadio! E posso anche dire grazie, a quella volta che sono riuscito a vedere tutti e 4 gli stadi in cui la Juventus ha giocato! Tra l'altro la partita andò bene perché vincemmo 3 a 1 e al ritorno conquistammo la coppa UEFA! *(Riccardo Splendorini)*

Juventini si nasce o si diventa, poco importa, essere Juventino è già una fortuna in quanto la storia insegna che la vittoria finale nelle competizioni spesso veste dei colori bianconeri, e noi possiamo godere più di altri per le vittorie conseguite sul campo. Per trovare il periodo o il campione per cui personalmente m'innamorai di quei colori, dobbiamo andare indietro nel tempo ai periodi di Omar Sivori, dribbling, estro, fantasia e grinta in campo faceva innamorare le folle, il Cabezon argentino. Parliamo degli anni '60, ma per raggiungere il sogno di vedere una partita della Signora del calcio dobbiamo arrivare al campionato 1971/1972. 15 anni, ancora minorenne per potermi muovere da solo, fu così, che con i miei cugini Mino, che purtroppo rimpiango in quanto ci ha lasciato e Maurizio, anche loro con lo stesso vizio della Juve, decidemmo di convincere il padre milanista nonché mio zio, di accompagnarci a Bologna in macchina partendo il giorno prima ospiti in casa di un altro zio a Bologna che ci procurò anche i biglietti. Non stavamo nella pelle, Mino di qualche anno più grande, ci aveva plasmato bene nel tempo della sua Juventinità, sfidando nel corso degli anni il padre milanista. Mattinata visita alla città, pomeriggio di corsa allo Stadio. Siamo alla sesta giornata del girone di andata incontra in trasferta il Bologna e vinciamo per 1 a 2. Ricordo che erano tante le bandiere bianconere nel vecchio Stadio di Bologna e che ha battuto il record d'incassi, eravamo in tanti tifosi bianconeri, avevamo avuto l'impressione di giocare in casa, ha ripagato i suoi tifosi giocando una prima mezz'ora scintillante, la prima rete porta la firma di Bettega, che sfrutta con un ottima scelta di tempo le indecisioni dei difensori del Bologna, con un illuminata regia di Capello e la forza di propulsione di Causio, la squadra bianconera gioca a tutto campo e il Bologna in chiara difficoltà, arriva così la seconda rete a distanza di 10 minuti dalla prima, ed è Capello che arriva puntuale su un tiro di punizione mentre la difesa del Bologna rimane inspiegabilmente ferma, la Juventus è pronta a ripetere una clamorosa impresa di San Siro di sette giorni prima, sotto un tripudio, di bandiere e tifo bianconero, ma è il Bologna che sul finire del primo tempo all'ultimo minuto su tiro di Rizzo di punizione con l'intervento finale di Savoldi riesce a dimezzare il distacco, il risultato non cambierà alla fine. Rientrammo il giorno dopo a casa soddisfatti e felici. Come prima volta niente male. Nel 1971/72 la Juventus di Cestmir Vycpalek vinse lo scudetto. Formazione tipo: Carmignani, Spinosi, Marchetti, Furino, Morini, Salvadore, Causio, Haller, Capello, Anastasi, Bettega. *(Michele Sorrentino)*

Ogni adolescente con la passione del calcio si prende a cuore una squadra, un idolo che poi diverrà passione vera. Tutto ebbe inizio nel lontano 1985 in un Verona-Juve. Mio padre amante del calcio, ma senza una squadra del cuore per cui tifare decise di portarmi a vedere dal vivo la squadra per cui io provavo simpatia. Entrando al "Bentegodi" una forte emozione mi avvolse nel vedere le maglie Bianconere durante il riscaldamento, lì capii che la Juve per me, era più che una squadra di calcio per cui tifare e nonostante la sconfitta prevalse l'emozione di vedere Platini e compagni giocare. Il vero battesimo fu il primo maggio 1988 al comunale di Torino in occasione del Derby della Mole. Partenza da Mantova con il treno io e un amico, un viaggio snervante di ben 6 ore con cambio a Milano, arrivati a Torino senza biglietto, ci affidammo al primo che passò con la sciarpa bianconera che vedendo 2 ragazzetti spaesati ci portò da una persona la quale ci regalò i biglietti della Filadelfia. Entrati a curva stracolma iniziammo a incitare i ragazzi e l'adrenalina iniziò a salire. A fine partita vedere la Tua squadra del cuore a pochi metri di distanza è stata un'emozione impagabile. Da quel momento divenne una ragione di vita, ogni stadio Italiano e Europeo sempre presente a seguire quei colori che divennero come una seconda pelle... contro tutti: la famiglia, fidanzata, lavoro... i mercoledì e la domenica erano esclusivamente per la "SIGNORA". Chi non prova certe emozioni non può capire. La Juve e i suoi tifosi saranno sempre i più odiati perché lo stile, il fascino e la gloria appartengono solo ai colori bianconeri. Fiero di essere nato Gobbo.
(Cristian Sogliani)

Il bello venne nel secondo tempo: al cambio di campo Peruzzi viene verso di noi e si piazza tra i pali, io raccolgo tutto il fiato in petto ed urlo a squarciagola "Angelooo!", e lui si gira e saluta...

La mia prima volta con la Juve dal vivo fu il 30/3/1996, al vecchio Delle Alpi contro il Parma. Avevo 15 anni ricordo nitidamente l'emozione come fosse ora, contavo i minuti da giorni. Era l'epoca della mascotte Alex e di Idris in campo nel pre-partita. Fu un viaggio stupendo con amici di famiglia, tutti gobbi ovviamente, e mentre entravamo io facevo già i conti con una grossa delusione: il mio idolo da ragazzino, Fabrizio Ravanelli, quel giorno non sarebbe stato in campo. Riuscii solo ad intravederlo in tribuna. Eravamo al primo anello della Nord, e sebbene mi trovassi ad ammirare la Juve che da lì a due mesi sarebbe diventata campione d'Europa, la partita si rivelò parecchio avara di emozioni. Il bello venne nel secondo tempo: al cambio di campo Peruzzi viene verso di noi e si piazza tra i pali, io raccolgo tutto il fiato in petto ed urlo a squarciagola "ANGELOO-OO!", e lui si gira e saluta. Indimenticabile. E poi via di nuovo con la partita, fino all'esplosione del 18' quando Bucci si trascina in porta, pur bloccandola, una punizione di Del Piero. La mia prima Juve dal vivo, e già ero di fronte ad una delle infinite, ridicole polemiche. Comunque, fu un esordio con vittoria per 1 a 0. La prima volta nella Sud dello Stadium invece fu "spirituale". La prima Juventus-Inter nel nuovo stadio, una partita bellissima in una atmosfera a dir poco esaltante, e poi l'apice: il gol di Del Piero, proprio sotto di noi, a pochi metri, il primo nel campionato di quell'anno. Fu una vera e propria esplosione, in pochi attimi mi ritrovai a diversi metri dal mio posto. Un goal pesante, dal giocatore più amato, contro i più odiati: quel momento non potevo lasciarlo svanire, e l'esultanza di Alex dopo quel goal ora è impressa sulla mia pelle per sempre. E destino volle che mi tatuai in convention a Firenze proprio il 3/11/2012, e quella sera si giocò... Juve-Inter, e fu la sera in cui vedemmo il nostro stadio violato per la prima volta. Ve lo immaginate guardare quella partita circondato da Fiorentini? Aggiungeteci il dolore del tatuaggio fresco... Fu una enorme amarezza, ma lo considero tuttora lo scotto da pagare, imposto dal destino, per avere per sempre addosso il momento del gol di Alex di pochi mesi prima. E ciliegina sulla torta, il mattino dopo mentre aspettavo di ripartire verso casa, incontrai pure il grande Pietro Wierchowod, e la sua signora si prestò a scattarci una foto. Il destino fa giri strani, ma resta sempre a tinte bianconere. *(Roby Sopranzi)*

La passione per la Juve risale a quando, da bambino, andavo con mio zio Pietro a vedere la Juve giocare allo Stadio Del Duca ad Ascoli Piceno. Emozioni indimenticabili che ho voluto far rivivere ai miei due figli Emma e Matteo allo Juventus Stadium a ottobre 2018 in occasione della partita Juve-Genova. Ho potuto scoprire meglio la grande famiglia Juventus quando nel 2017, in seguito ad un infortunio che mi ha causato la rottura del femore, ho seguito un percorso riabilitativo presso il centro J Medical di Torino. Sono stato assistito dallo staff nutrizionale del professor Angelini e mi è stata prescritta una dieta a basso contenuto di carboidrati, identica a quella prevista per il recupero degli atleti. Poiché per gli sportivi le uova sono un must, ho pensato di inventare noi stessi una nuova pasta all'uovo low-carb. E così è stato". Sono nate le Fettuccine Zero+. Il percorso riabilitativo presso il J Medical non poteva che concludersi con un bel giro di campo dello Juventus Stadium e una visita indimenticabile negli spogliatoi, tra i giocatori, alla fine della partita Juve-Genoa. *(Marco Spinosi)*

Corre indietro il tempo. L'annata 78/79 segna la mia prima volta dal vivo, con il babbo che mi accompagna in auto (rigorosamente parcheggiata nel garage di un amico, vista la targa AN... ad Ascoli sempre mal vista e a rischio incendio...). L'orario è quello classico delle 15,30, orario cambiato da poco e Juve in divisa da trasferta, blu con strisce leggerissime in bianconero solo sui bordi delle maniche, già corte. È una Juve spaziale, Zoff, Gentile, Cabrini, Scirea, Bettega, solo per citarne alcuni, ma non basta. Sono in curva tifosi locali non vedo proprio nulla, un accidenti di nulla, se non l'esultanza post goal ascolano (Moro) che segnerà l'esito della partita, perché lanciato in aria come un missile, ad appena 7 anni, da un ultrà ascolano. Non fu proprio un bell'impatto, ma la prima volta al Comunale e correva l'anno 1983 non fu altrettanto fortunata, ma straordinaria comunque, nell'andamento del risultato, nella cornice di pubblico e nella giornata, speciale e indimenticabile. Sempre accompagnato da mio padre, ancora minorenne, anche lui gobbissimo da sempre. In campo Juve Roma e sfilata di stelle mondiali: Conti Cerezo, Nela, Di Bartolomei, Falcao e Pruzzo da una parte, in panca il barone Nils Liedholm, leggenda vivente... segna Nela, pareggia Roi Michel, Penzo in quell'anno di passaggio dall'Hellas sembra firmare la vittoria finale ed a nostro favore. Invece, al 44' del secondo tempo, la magia di Pruzzo, preceduta da un sombrero di Chierico, ancora impressa davanti ai miei occhi, 2 a 2 suggellato da una rovesciata dove il buon Tacconi frattura sul palo la falange di un dito, prodezza ahimè preludio del fenomeno CR7 alla quale assistetti dopo 30 anni, altrettanto attonito e stupito. Ora posso dirlo, c'ero anche io, in entrambe le occasioni. *(Roberto Stacchiotti)*

ALESSIO TACCHINARDI

Nato a Crema il 23/07/1975
Nella Juve dal 1994 al 2005 (404 presenze, 15 goal)
6 Scudetti, 1 Coppa Italia, 4 Supercoppa Italiana,
1 Champions League, 1 Coppa Intercontinentale,
1 Supercoppa UEFA, 1 Coppa Intertoto
In Nazionale: 13 presenze

Esordio: 24/07/1994 BUOCHS-JUVENTUS 1-6 Amichevole (Ravanelli 13' - Dechamps 24',32' - Vialli 34' - Lotscher 41' - Del Piero 81' - Tacchinardi 86') Sportplatz Seefeld

"Potrei benissimo raccontare il mio esordio in campionato, però devo ammettere che non è stata quella l'emozione più grande. Quella più pesante è stata la prima amichevole svoltasi in Svizzera nel ritiro di Buochs.
Sono arrivato alla Juve nella stagione 94-95 insieme a Lippi, Ferrara e Dechamps. L'anno precedente avevo giocato contro la Juventus mentre ero all'Atalanta; quel giorno giocammo bene ma perdemmo a causa di due goal di Baggio. Essendo tifoso della Vecchia Signora, giocarci contro mi fece una forte impressione, perciò quando mi hanno riferito che avrei fatto parte della mia squadra del cuore ero super emozionato.
Indossando per la prima volta la maglia bianconera con il numero 14 stampato dietro, mi sentivo come portare in spalla una lavatrice, talmente era bella ma carica di responsabilità. Sono entrato nel secondo tempo al posto di Paulo Sousa e verso il finale sono riuscito anche a segnare. Paradossalmente è stata emotivamente più pesante questa amichevole che l'esordio in serie A (avvenuto poi a Brescia il 4 settembre), forse perché sapevo di dover fare solo il ritiro pre-campionato per poi andare alla Sampdoria, quindi in Svizzera avevo tantissima pressione addosso. Si dice che la prima volta non si scorda mai, per me è stato come toccare il cielo con un dito tanta era la gioia.

Nei miei 11 anni di Juve, posso affermare di aver vissuto momenti brutti ma anche molti momenti belli. Uno di questi è lo storico 5 maggio 2002.
Due anni prima c'era stata la famosa pioggia di Perugia dove è accaduto qualcosa di incredibile: abbiamo iniziato l'allenamento con il sole ma improvvisamente è arrivato un temporale che ci ha messo in estrema difficoltà facendoci perdere lo scudetto all'ultima giornata a favore della Lazio. Quella bella mazzata è stata decisamente ripagata quell'incredibile domenica di maggio. In quella stagione l'Inter era in vantaggio di parecchi punti, noi eravamo stanchissimi e l'unico che credeva nella vittoria dello scudetto era mister Lippi che ci martellava per non farci perdere la concentrazione e in questo era supportato dalla società. Nel corso del campionato l'Inter ha iniziato a perdere qualche punto e in noi è nata una fiamma di speranza anche se sapevamo che l'ultima partita dei neroazzurri sarebbe stata contro la Lazio con la quale c'era una gemellanza tra tifoserie. Tutti erano già a Roma pronti per festeggiare. Noi giocavamo ad Udine in uno stadio letteralmente diviso a metà, ad ogni goal che facevamo esultava metà tifoseria, segnava l'Inter e festeggiava l'altra metà, quella domenica è stata pazzesca, non ci si capiva più nulla: quando è passata in vantaggio la Lazio abbiamo sentito gli Juventini esplodere. Sul 4 a 2 della Lazio ricordo perfettamente Lippi che si gira verso di me che ero in panchina e mi fa: "Ma veramente vince la Lazio?", sorpreso anche lui da questa cosa. Nessuno si aspettava la vittoria della Lazio e invece, a fine partita, siamo stati noi a festeggiare il nostro ventiseiesimo titolo strappandolo all'Inter proprio all'ultima giornata.
Una delle cose che mi piace ricordare è il gesto delle cuffie fatto con Del Piero perché è stata una delle prime esultanze fatte dai calciatori. In quel periodo c'era Ravanelli che faceva l'uomo mascherato ma poi non gliel'hanno più fatta fare perché reo di pubblicità occulta. Il nostro gesto è nato in modo particolare: io e Alex eravamo in stanza insieme e, guardando un film su un giocatore di football americano con Tom Cruise che faceva uno dei primi procuratori sportivi, ci rimase impresso uno sketch in cui gli attori facevano un balletto. Allora mi sono girato verso di lui e gli ho detto: "Alex al tuo prossimo goal, lo facciamo anche noi!". Quell'esultanza ottenne un grande successo e, ancora oggi, in tanti mi fermano per chiedermi il titolo del film.
Un personaggio emblematico della Juve è sicuramente l'Avvocato con il quale ho avuto un primo incontro particolare. Nella prima amichevole a Villar Perosa ci dissero che voleva conoscere tutti i nuovi acquisti, quindi andammo nella sua villa. Si presentarono tutti e io, che ero il più pigro, mi presentai per ultimo. Lui mi guardò e mi disse "Mi raccomando che ultimamente dall'Atalanta non sono arrivati dei grandi giocatori, spero che tu non sia un bidone". Avevo 18 anni e una battuta del genere mi lasciò di stucco. Era una persona clamorosa e carismatica. Quando ci allenavamo al Comunale, mi ricordo che dal parcheggio agli spogliatoi c'era un sottopassaggio di circa 100 metri. Quando le sue guardie del corpo venivano ad avvisarci che sarebbe arriva-

to, il sangue iniziava a ribollire soprattutto se la sua visita capitava dopo una sconfitta. Era capace di farti delle battute che ti tagliavano la testa, ma con il tempo ho capito che lo faceva per spronarci a dare il meglio, proprio come comanda lo stile Juve.
Per quanto riguarda la mia prima volta ne ho una anche da tifoso. Quando avevo 12 o 13 anni, mio padre mi portò a Torino per la prima volta a vedere la mia squadra preferita. Era un Juventus-Sampdoria, ricordo ancora l'emozione per la cornice di folla del Comunale e per il fatto di poter vedere giocare i miei idoli. Fu una bellissima partita decisa da uno straordinario goal di Platini. Cosa potevo pretendere di più?"

Il nome di Alessio Tacchinardi fa parte delle 50 stelle del firmamento che hanno fatto la storia della nostra gloriosa società. E questo è il riconoscimento di tutti i tifosi Juventini che l'hanno sempre considerato un giocatore di classe e temperamento, capace di ricoprire diversi ruoli nello scacchiere della squadra bianconera.

"La Juventus non deve temere nessuno, devono essere gli avversari a temerla. Lo impone il nome, il peso della maglia bianconera non ha eguali nel mondo."

Stefano Tacconi

"Quando indosso i colori bianconeri sento delle sensazioni positive, mi dà la carica e sento di voler sempre difendere questa squadra."

Carlos Tévez

STEFANO TACCONI

Nato a Perugia il 13/05/1957
Nella Juve dal 1983 al 1992 (377 presenze)
2 Scudetti, 1 Coppa delle Coppe, 1 Supercoppa UEFA, 1 Coppa dei Campioni, 1 Coppa UEFA, 1 Coppa Intercontinentale

Esordio: 21/08/1983 PERUGIA-JUVENTUS 1-0
Coppa Italia (Mauti 42')
Stadio Renato Curi

I 3 anni che ho passato con l'Avellino mi hanno fatto emergere in serie A, tant'è che nel 1983 ero ad un passo dall'essere ceduto al Napoli. Dico "ero" perché nell'estate dello stesso anno, il presidente avellinese Antonio Sibilia mi comunicò il forte interesse della Juventus nei miei confronti. Alla fine il club bianconero ebbe la meglio e, ad essere sincero, se mi avessero chiesto di fare una scelta, avrei proprio optato per la Juve.

Durante le partite estive, la società nutriva una certa fiducia in me, ma questa stessa fiducia era incompleta in quanto mi sentivo continuamente sotto esame a causa della pesante eredità lasciata dal grande Dino Zoff. Il mio esordio in campionato è stato il 12 settembre 1983 al Comunale contro l'Ascoli. Vincemmo per 7-0 (Rossi 11'-25', Penzo 34'-'90, Platini '43-'51(R), Boniek '82). In quell'occasione i miei impegni furono pochi ma parai un rigore a Walter de Vecchi. E questo fu il mio punto di partenza: da lì in poi, infatti, la società ha iniziato a darmi sempre più fiducia, vincendo la resistenza di una critica poco benevola da parte della stampa che poi sono riuscito a conquistare. Con poca presunzione mi posso ritenere uno dei calciatori più titolati essendo arrivato a vincere tutte le competizioni sia in Italia che in Europa. Sono sempre stato l' amico di tutti, ma il compagno di squadra che ricordo con affetto smisurato è l'indimenticabile GAETANO SCIREA. Gli

sarò sempre grato perchè è stato uno di quelli che mi hanno aiutato di più nel periodo nero in cui ero finito in panchina, mi diceva di insistere e di impegnarmi, ed alla fine mi sono ripreso il posto; come al solito aveva ragione lui.
Il mio rapporto con la Nazionale fu diverso da quello con la Juventus. Non riuscii ad ottenere un posto da titolare poiché mi battagliavo il ruolo con l'interista Walter Zenga al quale feci da riserva sia nel Campionato Europeo dell' '88 in cui raggiungemmo la semifinale, sia nel Mondiale di Italia '90 concluso con un terzo posto.
Mi azzardo nel pensare che in quella partita a Napoli contro l'Argentina di Maradona, ci fosse stato Stefano Tacconi in porta, l'Italia del pallone poteva vantare un titolo mondiale in più. Ma così non è stato, e mi accontento lo stesso, del resto della mia gloriosa carriera non mi posso lamentare.

Tacconi, forgiato nel settore giovanile dell'Inter che un po' più tardi scelse Zenga per difendere la loro porta, divenne negli anni Juventino doc entrando a far parte del club dei nove calciatori in grado di imporsi in Coppa dei Campioni, Coppa delle Coppe e Coppa UEFA.
Stefano ha vinto tutte le finali giocate figurando sempre come protagonista assoluto e palesando, oltre alle caratteristiche tecniche, una capacità di domare la pressione, difficilmente riscontrabile nella stragrande maggioranza dei portieri.

MORENO TORRICELLI

Nato a Erba il 23/01/1970
Nella Juve dal 1992 al 1998 (230 presenze, 3 goal)
3 Scudetti, 1 Coppa Italia, 2 Supercoppa Italiana,
1 Coppa UEFA, 1 Champions League,
1 Coppa Intercontinentale, 1 Supercoppa UEFA
In Nazionale: 10 presenze

Esordio: 27/08/1992 JUVENTUS-FIDELIS ANDRIA 4-0
Coppa Italia
(Baggio D. 33' - Kohler 49' - Moeller '56 - Baggio R. '76)
Stadio Delle Alpi

Agli inizi degli anni '90 giocavo a calcio come passatempo militando nella Caratese, una squadra di serie D. La mia vita cambiò quando alla Juventus servivano dei giocatori per delle amichevoli con delle squadre di categorie inferiori (una di queste si giocò in Ancona per festeggiare la promozione in serie A della squadra marchigiana) e il dirigente della Caratese fece il mio nome. In occasione di una di queste amichevoli il direttore sportivo del Lecco, Claudio Gentile, si accorse di me e mi suggerì a Trapattoni il quale accolse il suggerimento e mi prese per un breve periodo di prova al termine del quale Trapattoni fu talmente colpito dalle mie giocate che convinse la dirigenza a prendermi definitivamente. Avevo fatto un provino per il Verona, infine sembravo destinato al Lecce. Poi arrivata l'occasione delle due amichevoli estive con la Juventus. Non potevo fare una scelta diversa. La Juventus, mica una squadra qualsiasi. Da lì è cominciata la favola di Moreno Torricelli. La sua storia ha dell'incredibile; si può dire che interpreta la fiaba di Cenerentola ambientata nel mondo del calcio. Torricelli lavorava come magazziniere in una fabbrica di mobili in Brianza e giocava a calcio quasi per hobby nella Caratese. "Un salto dalla serie D alla serie A è difficile da "digerire". Informandomi penso che ci sia riuscito un certo Robertson in Scozia, e credo Di Lorenzo che attualmente gioca al Napoli.

La mia prima partita ufficiale dopo l'acquisto fu all'Olympiastadion di Monaco per un'amichevole in occasione dell'addio al calcio di Klaus Augenthaler che vincemmo 4 a 1. Il battesimo in serie A arrivò il 13 settembre 1992 al Delle Alpi contro l'Atalanta che vincemmo 4 a 1 (Kohler 23'- Möeller 41',83'- Ganz '54 - Vialli '76). Partii dalla seconda di campionato perché dovetti scontare la squalifica ottenuta la stagione precedente in serie D.
Mettere la maglia della Juve, da titolare e in casa mi metteva un'ansia altissima: ero piuttosto emozionato ma grazie ai consigli di Trapattoni e, soprattutto del mio grande amico Gianluca Vialli, riuscì a battere le emozioni e a catapultarmi nel gioco. Dopo la prima partita sono riuscito pian piano ad ottenere il ruolo di titolare fisso riuscendo a conquistare sia tifosi che compagni di squadra.
La mia prima stagione si concluse alzando un trofeo molto prestigioso: la Coppa UEFA vinta in finale contro i tedeschi del Borussia Dortmund.
Per me la vittoria più esaltante è stata quella in finale di Champions League contro l'Ajax a Roma nel maggio del '96. Quella partita mi ha dato una scossa di adrenalina incredibile. Ma anche il campionato e l'Intercontinentale sono due conquiste eccezionali. Quella dello scudetto è una vittoria particolare, la gusti un po' alla volta mentre prende forma la classifica. A Tokyo fu tutto molto strano. Solo dopo il ritorno in Italia mi sono davvero reso conto di quello che avevamo fatto. Il mio modo di esultare con la maglia al contrario? È stata un gesto spontaneo, senza pensarci troppo però in quel modo i tifosi potevano vedere il mio nome e il numero mentre esplodevo di gioia.
Per quanto riguarda la Nazionale, avrei sicuramente potuto fare di più. In 3 anni ho totalizzato soltanto 10 presenze. Il 24 gennaio 1996 fu la mia prima partita contro il Galles, giocammo a Terni e vincemmo 3 a 0 con i goal di Del Piero, Ravanelli e Casiraghi. Sempre nel '96 ho partecipato all'Europeo in Inghilterra dove fummo eliminati dalla Germania. Purtroppo non riuscii a brillare particolarmente perché quando c'era Sacchi, lui preferiva Roberto Mussi mentre Cesare Maldini privilegiò Christian Panucci.
Pensando alle cose veramente importanti, devo dire che lo sport insegna molto. Ed adesso che sono diventato un allenatore vorrei trasmettere ai miei ragazzi che nello sport si trova la forza per superare gli ostacoli e per mantenere l'equilibrio.

Torricelli è stato sempre un giocatore volitivo e dalla grande grinta. Ha occupato indifferentemente tutti i ruoli della difesa Juventina anche se preferiva giocare sulla fascia destra. Proprio per la sua generosità, per la sua voglia di lottare e per la sua determinazione, diventò ben presto l'idolo dei tifosi Juventini. Si può affermare che se la sua carriera fosse il titolo di un film sarebbe senza dubbio "La classe operaia va in Paradiso".
Una carriera costellata di successi, quella di "Geppetto" come venne affettuosamente soprannonimato da Roberto Baggio.

GIOVANNA TRILLINI

Nata a Jesi il 17/05/1970
Ex schermitrice specializzata nel fioretto
Una delle atlete più titolate della scherma italiana
(8 medaglie olimpiche, tra cui 4 ori, trionfi in 9 mondiali e 2 europei)
Attuale allenatrice della Federazione Italiana Scherma

Sono Juventina dalla nascita per tradizione familiare, passione trasmessa soprattutto da mio padre.
La prima volta che sono andata allo stadio è un ricordo lontano, quindi sbiadito, di un viaggio insieme a mio papà e mio fratello maggiore Ezio fino allo stadio di San Siro per un Inter-Juve terminata in parità. Purtroppo ero molto piccola per ricordarmi altri dettagli.
Le emozioni più vive, e che ancora ho impresse nella mente, riguardano una partita contro il Palermo dell'aprile 2016 alla quale ho assistito da invitata dalla stessa società bianconera. Insieme a me c'erano altri medaglisti olimpici di fede Juventina tra cui Giulia Quintavalle, tifosa doc e il nuotatore Luca Marin. In quella stessa occasione abbiamo anche partecipato a "Quelli che il calcio". Ricordo anche che il giorno precedente della partita contro i rosanero, sono stata ospitata al J-Museum al quale ho donato il mio giubbetto elettrico usato all'Olimpiade di Pechino 2008, emozionatissima alla notizia che la società Juventus aveva assicurato questo mio indumento sportivo.
Non era la prima volta che venivo invitata dalla Juventus. Mi era capitato in uno Juve-Milan terminato 3 a 1 al vecchio Comunale.
A fine 2018 sono tornata allo Stadium con tutta la mia famiglia per assistere a

Juventus-Sampdoria finita 2 a 1 con doppietta di Cristiano Ronaldo e un rigore dell'ex Quagliarella.
Il giocatore bianconero al quale sono più legata è Claudio Marchisio per grinta, sacrificio e la sua esagerata Juventinità.
In questo periodo di straordinaria anormalità, auguro a tutto lo sport italiano una ripresa in grande stile e alla Juventus in particolare la conquista di quella agognata Coppa dei Campioni.

Avevo 14 anni era il 3 novembre del 1982. Ricordo perfettamente quella giornata. Era la Juve dei campioni del mondo dell'82. Forse quella che almeno per me resterà per sempre la formazione della Juve del mio cuore. Quella che: Zoff, Gentile, Cabrini... Ricordo perfettamente che quella stagione non sembrava come tutte le altre già dalle premesse. L'Italia era diventata campione del mondo in Spagna nella sorpresa generale, ma con pieno merito e i maggiori protagonisti di quell'impresa erano stati soprattutto i nostri beniamini. Il mitico Zoff che alzò la coppa e poi Tardelli che, esultanza della finale a parte, disputò un mondiale fantastico. E poi Gentile che non fece toccare palla a Zico e Maradona; poi c'era Pablito Rossi capocannoniere del mondiale. Insomma anche in quell'occasione la maglia azzurra aveva un bel po' di bianconero. Inoltre dal calciomercato il mitico presidente Boniperti diede al Trap due protagonisti del calibro di Boniek e Platini. Improvvisamente la Juventus passò dall'essere quella che veniva eliminata dall'Anderlecht o dal Widzew Lodz a top club favorita per la Coppa dei Campioni. Il popolo bianconero era al settimo cielo. Ricordo che anche mio padre quell'anno aveva un ritrovato entusiasmo per quella coppa che aveva visto perdere una decina di anni prima a Belgrado in finale. E poi c'ero io che fremevo per quella maglia. Tutte le domeniche attaccato alla radiolina ad ascoltare Ameri o Ciotti. Per cui, con mia grande sorpresa, mi annunciò che mio zio aveva trovato i biglietti per noi tre per Juventus-Standard Liegi per gli ottavi di coppa. Beh, fu una giornata che non potrò mai dimenticare. Anche oggi che sono passati trentotto anni mi sembra di riviverla ora che la sto raccontando. Conservo ancora il biglietto ovviamente. Eravamo nei distinti al Comunale. Ricordo che andammo in pullman. Partimmo la mattina prestissimo perché anche se la partita era la sera bisognava mettersi in fila davanti ai cancelli molto presto al pomeriggio per prendere i posti migliori. Ricordo che mio padre prima di entrare mi comprò una sciarpa, la mia prima sciarpa, che ora fa bella mostra di se appesa nel mio studio a casa. Ma l'emozione più grande fu entrare allo stadio, per me che al massimo ero andato a vedere l'Anconitana al Dorico. Era enorme e anche se tutti dicevano che era brutto e vecchio a me sembrava bellissimo. E poi ricordo il tifo e le bandiere e la partita. Era il ritorno degli ottavi o secondo turno come si chiamava allora. In Belgio avevamo pareggiato 1 a 1. Un buon risultato ma non rassicurante. Per fortuna ci penso Paolo Rossi a farci passare una serata tranquilla con una doppietta nella prima mezz'ora. Finì 2 a 0 e fu solo l'inizio di un rapporto mai finito fra me e la mia Juve. *(Gianluca Taccalite)*

Anche oggi che sono passati trentotto anni mi sembra di riviverla ora che la sto raccontando. Conservo ancora il biglietto ovviamente...

Avevo 13 anni quando andai per la prima volta allo stadio a vedere la Juventus. Questo avvenne grazie a mia zia Dina che abitava a Milano in Piazzale Lima 3. Infatti andavo spesso a trovarla con i miei genitori e, dopo varie mie insistenze, mi procurò 2 biglietti per andare a San Siro a vedere Milan-Juventus del 09/02/1975. Da anni aspettavo quel momento perché ero innamorato dei colori bianconeri già da bambino. Fu mio cugino Giorgio a trasmettermi l'amore per la Juve perché da bambini ci trovavamo spesso alla domenica con zii e cugini nella casa della nonna Gianna a Bologna. Mentre la nonna esibiva la sua arte culinaria preparando tagliatelle, lasagne, tortellini e crescentine indimenticabili, noi cuginetti parlavamo di calcio giocando con le mitiche figurine Panini. Quella domenica di tanti anni fa mio cugino Giorgio andò a fare la cacca e io presi il vasetto seguendolo da solo nel bagno della nonna. Fu proprio in quel giorno che lui mi disse: "Se vuoi che ti voglio bene per sempre, devi tifare per la Juventus". Come potevo disattendere la richiesta del mio cugino preferito? Fu così che nel giro di poco tempo iniziai a leggere Tuttosport e Hurrà Juventus passando dalle gesta della Juventus di Heriberto Herrera, Helmut Haller e il giovane Pietro Anastasi appena arrivato da Varese, alla squadra che giocò quel giorno del mio esordio allo stadio. In quella Juventus giocavano Zoff, Gentile, Cuccureddu, Furino, Morini, Scirea, Damiani, Causio, Anastasi, Capello e Bettega. Solo a scrivere quella formazione mi vengono i brividi dall'emozione. Emozione che rasentò la tachicardia quando mi trovai davanti quell'enorme costruzione soprannominata allora la "Scala del Calcio". Nella zona adiacente a San Siro c'era tanta gente e io mi sentivo parecchio a disagio con quel cappellino della Juventus in testa e la sciarpa bianconera al collo perché attorno a me tutto era rossonero. Mio padre, tifoso del Bologna, mi rassicurava tenendomi per mano. La tensione fuori dallo stadio era palpabile. Mentre parecchia gente senza biglietto provava a scavalcare i cancelli, gruppi di ultras rossoneri cercavano i sostenitori della Juventus. Poco lontano da noi un gruppo di ragazzi con il passamontagna assalì un papà con un bambino più piccolo di me che teneva orgogliosamente in mano una bandierina della Juventus. Ancora non posso dimenticare quel momento e quel coro intonato dagli assalitori mentre il bambino piangeva dalla paura: "Juve, Juve, vaffanculo!" Rimasi disgustato dagli applausi che questi ultras ricevettero dalle persone che assistevano immobili a quella vile aggressione. Fu in quel momento che per tranquillizzare mio padre nascosi cappellino e sciarpa nel giubbotto. Arrivati dentro allo stadio mi accorsi che c'erano altri tifosi della Juve in borghese come me perché dopo al gol di Bigon, esultarono al pareggio di Bettega. Iniziarono così i primi tafferugli dentro allo stadio che si trasformarono in una vera e propria caccia al tifoso bianconero subito dopo la trasformazione di Damiani del contestato rigore assegnato alla Juve. Dopo l'1-2 San Siro si trasformò in un campo di battaglia. Da tutto lo stadio e in particolare dal settore dei Commandos Tigre venivano lanciati bottiglie, razzi e petardi verso i giocatori della Juventus. Un petardo scoppiò vicino al volto di Pietro Anastasi facendolo svenire. Fu in quel momento che mio padre mi convinse a uscire dallo stadio. Appena fuori dagli spalti dall'alto ci gettarono un gavettone pieno di acqua e probabilmente piscio che si schiantò fortunatamente a pochi passi da noi. Quel giorno mi resi conto quanto erano odiati quei colori bianconeri che tanto amavo. *(Massimo Tadolini)*

Ricordo benissimo, allora ero un quindicenne e per convincere i miei genitori ad andare allo stadio ci ho messo un po' di tempo. Era esattamente il 9 gennaio 1966 e ci fu Bologna-Juventus a Bologna. Partimmo da Modena verso le 10 in Vespa con un mio amico sedicenne con un freddo bestiale, ma la voglia

Partimmo da Modena verso le 10 in Vespa con un mio amico sedicenne con un freddo bestiale ma la voglia era tanta di vedere la squadra del mio cuore e i campioni di allora che il freddo passava in secondo luogo...

era tanta di vedere la squadra del mio cuore e i campioni di allora che il freddo passava in secondo piano. Arrivati a Bologna siamo entrati subito allo stadio in curva. Eravamo mischiati in mezzo ai bolognesi, ma non ci fu nessun incidente. Non ti dico l'emozione che provai quando le squadre entrarono in campo. Il campo era ghiacciato e in molte zone innevato però il freddo passava in secondo piano. Fu una bella partita e anche il Bologna qualche volta ci ha messi in difficoltà, ma alla fine uscimmo vincitori con un gol di Chinesinho. Avevo una gioia dentro di me che non mi faceva stare più nella pelle; ero riuscito a vedere la Juventus la prima volta della mia vita.
(Sauro Tagliazucchi)

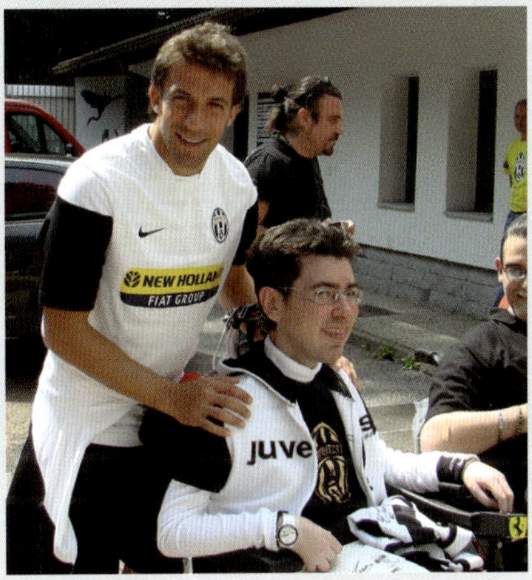

La storia di Mirko e del suo rapporto con la sua squadra del cuore, oltre che della sua amicizia con Alessandro Del Piero rappresentano davvero la storia di un grande amore. Di un grande amore per la vita anzitutto, a cui Mirko si è aggrappato per tutta la sua esistenza, senza mai mollare e senza mai lamentarsi, nonostante la sua grave malattia. E poi la storia di un grande amore per una squadra che gli ha fornito energia per lottare e ha regalato delle gioie che lo portavano lontano dai pensieri di una vita a volte difficile. Mirko è stato fin da piccolo tifoso della Juve, la sua casa era ed è rimasta tappezzata da cimeli, sciarpe, maglie, bandiere bianconere e foto. Anche il suo abbigliamento era caratterizzato dall'abbinamento di questi due colori. Ciò che segnerà per Mirko l'inizio di una rapporto speciale con la squadra e con il suo idolo indiscusso Alessandro Del Piero, fu l'esperienza, che egli poté vedere dal vivo, la vittoria della finale di Coppa dei Campioni a Roma contro l'Ajax. La passione di Mirko per la maglia zebrata porta tutta la famiglia a diventare tifosa sfegatata dei bianconeri. E così, le emozioni dei goal, delle vittorie, dalle partite viste dal vivo e delle foto con i giocatori, portano Mirko a voler sempre più avvicinarsi alla Juve, fino a passare una settimana ai ritiri di Pinzolo nel 2009, momenti in cui il suo rapporto con Del Piero verrà consolidato e continuerà per molti anni tramite un fitto scambio di lettere e mail. Mirko, così scriveva nelle sue lettere, riusciva a trarre la forza per andare avanti dalle magie di Alex e dagli indimenticabili momenti di gloria, come il goal contro il Rivel Plate nella finale per la Coppa Intercontinentale e il goal contro la Germania nella semifinale della Coppa del Mondo nel 2006. Purtroppo l'ostacolo dato della malattia degenerativa non gli consentivano di soddisfare a pieno questi suoi desideri. A ciò si sommerà nel 2010 la malattia del padre Franco, che ha dedicato la sua intera vita al lavoro ed alla cura del figlio. Sarà proprio nell'estate 2010, quando Mirko dovrà con rammarico rinunciare a partecipare ai ritiri, che Alex Del Piero gli invierà la sua maglietta con dedica per un augurio di pronta guarigione al padre Franco. La sensibilità di Del Piero si rivela davvero emozionante e l'amore di Mirko per la squadra sempre più consolidato. Mirko stesso vorrà sugellare questa amicizia acquistano una stella d'argento allo Juventus Stadium proprio accanto alla stella dedicata ad Alessandro Del Piero. La se-

Se al Del Conero è stato splendido, allo Stadium è stato magico, l'atmosfera che si respira lì dentro è qualcosa di incredibile, tutto sa di Juve e di passione... quella che solo la Juventus è in grado di farti provare.

rata di inaugurazione dello stadio a cui Mirko poté partecipare dal vivo, fu segnata da gioia e da tanta commozione. Questa è una storia di voglia di vivere ed è anche la storia del senso più profondo del calcio, quello dato dalle emozioni di una vittoria e dalla passione per una maglia. Vivere una vita potendo sorridere nonostante tutto, buttando il cuore oltre l'ostacolo, dove nessuno pensava si potesse arrivare. *(Francesco Tentella per il fratello Mirko)*

La prima volta che ho potuto ammirare la Vecchia Signora dal vivo è stato il 18 ottobre 2003. La Juve giocava contro l'Ancona e come potevo perdermela quando i miei idoli bianconeri erano ad un passo da me? Lo Juventus Club di Jesi aveva organizzato questa breve trasferta e, insieme ad un mio amico, presi il pullman. Arrivati nei pressi dello stadio ci siamo dovuti fermare perché sulla strada c'erano gli ultras dell'Ancona, quindi per evitare scontri siamo rimasti bloccati per un po'. Scesi dal pullman, dato che eravamo leggermente in anticipo, abbiamo approfittato del tempo in più per acquistare alcune cose dalle bancarelle fuori dallo stadio per portarci a casa un ricordo materiale di quella giornata. Io ho acquistato una sciarpa che raffigurava Nedved, la "Furia Ceca", uno dei miei preferiti (questa stessa sciarpa l'ho data a mia figlia la seconda volta che è andata allo stadio, ma purtroppo le è stata sfilata alla fine della partita). Ricordo che lo stadio era strapieno di tifosi bianconeri e io ero strafelice di poter vedere finalmente dal vivo gli stessi calciatori che ammiravo in televisione. Eravamo in Curva Sud insieme agli ultras che incitavano la Vecchia Signora a suon di cori. È stata una partita emozionante che ha visto la Juventus vincere 3 a 2 con doppietta di Miccoli e un goal di Zambrotta. In seguito a questa bellissima serata, ho avuto l'occasione di andare a Torino allo Juventus Stadium insieme a mia figlia alla quale ho trasmesso l'amore per la squadra bianconera. Se al Del Conero è stato splendido, allo Stadium è stato magico, l'atmosfera che si respira lì dentro è qualcosa di incredibile, tutto sa di Juve e di passione... quella che solo la Juventus è in grado di farti provare. *(Maurizio Tittarelli)*

La Juventus ha sempre fatto parte della mia vita. E per questo devo ringraziare mio padre che mi ha trasmesso l'amore e la passione per i colori bianconeri. Fin da piccolissima, infatti adoravo giocare con il pallone, rigorosamente con addosso la maglia della Juventus. I miei genitori mi raccontano spesso che una delle mie prime frasi di senso compiuto è stata proprio "Ha vinto la Juve". Insieme a mio papà mi divertivo a collezionare le figurine dei miei beniamini e guardavo le partite in tv saltando sul divano in seguito ad ogni goal chiedendogli in continuazione quando finalmente mi avrebbe portato allo stadio per vedere la Vecchia Signora dal vivo. La mia prima volta sarebbe potuta capitare nel 2003 quando la Juve venne a giocare contro l'Ancona. Avevo 8 anni ed ero felicissima perché mio padre aveva trovato due biglietti. Purtroppo scoprii che il secondo non era destinato a me, bensì ad un suo amico perché, a detta dei miei genitori (specialmente mia madre), ero troppo piccola per andare allo stadio, quindi dovetti ingoiare questo enorme rospo e rimanere a casa a guardarla in televisione. Ero devastata ma la tristezza passò quando mio padre tornò a casa e mi mostrò la sciarpa che aveva acquistato fuori dallo stadio e mi disse che l'avrei indossata quando sarei andata allo stadio anche io. Cinque anni dopo, grazie al presidente dello Juventus club 2 Stelle di Jesi Paolo Paoloni, il mio desiderio di andare allo stadio si è finalmente avverato. Mi accompagnò proprio lui che è anche un mio vicino di casa quindi i miei genitori si lasciarono convincere anche per la fiducia che riponevano in lui. Era l'11 maggio 2008. All'Olimpico di Torino si giocava Juventus-Catania. Risultato finale: 1 a 1 (Goal di Martínez all'inizio del secondo tempo e all'89esimo goal di Del Piero). A quasi 13 anni vedere dal vivo icone come Trezegol, Sissoko, Nedved, Camoranesi e naturalmente Alex (che avevo solo nel mio album delle figurine e nei poster in cameretta) era un sogno che si avverava. Ricordo ancora la notte precedente passata in bianco in preda all'eccitazione e l'ora prima della partenza passata a controllare 1000 volte lo zainetto che avevo preparato. Il viaggio in pullman è stato infinito, non si arrivava mai, ma una volta giunti davanti allo stadio la stanchezza è sparita e migliaia di emozioni hanno preso il suo posto. Lo stadio, l'inno, le "sciarpate", i cori, le bellissime giocate e infine l'esplosione di tutti i tifosi (me compresa) al goal di Pinturicchio al penultimo minuto. Emozioni indescrivibili che rimarranno sempre impresse nel mio cuore e nella mia mente. Qualche anno dopo è arrivato lo Stadium e ho avuto modo di realizzare un altro desiderio: quello di vedere la Juve insieme a mio padre e condividere con lui le gioie della trasferta. Abbiamo soprannominato il nuovo stadio l'"Astronave" per la sua forma e perché le sensazioni che provi lì dentro sono fuori dall'ordinario. L'amore per la Vecchia Signora è cresciuto insieme a me e, sempre grazie a Paolo, ho avuto modo di vivere esperienze indimenticabili come incontrare alcuni calciatori in occasione delle varie cene del club e del "Terzo Tempo" organizzato dalla società per i membri dei Club Doc. Ogni volta che torno allo stadio per me è come se fosse sempre la prima volta, le emozioni che provo sono sempre le stesse. "La Juve non è soltanto la squadra del mio cuore. È il mio cuore" – disse Boniperti –, penso che non esista frase più giusta di questa perché la Juve regala emozioni e continuerà a farlo per sempre... fino alla fine. *(Annalisa Tittarelli)*

La prima volta che ho visto la Juve dal vivo allo stadio è stata la partita Bologna-Juventus del 07/01/1990 allo stadio Renato dall'Ara di Bologna alle ore 14:30. La partita finì 1 a 1, marcatori: Waas al 28° per il Bologna e pareggio della Juve su autogoal di Ivano Bonetti al 56°. Sono andato a vedere questa partita all'età di 16 anni con mio padre, mio fratello di 14 anni ed altri 2 amici di famiglia. Andammo a Bologna in macchina, partendo di buon mattino per incontrare degli amici che ci avevano acquistato i biglietti per andare alla partita. Ricordo che per me è stata un'emozione grandissima! Innanzitutto perché convinsi mio padre ad accompagnarmi a Bologna per vedere la Juve dal vivo; era la prima volta anche per lui! Tutta la mia famiglia è da sempre rigorosamente Juventina! Vedere la Juve dal vivo per la prima volta è stata una cosa indimenticabile, che aspettavo con ansia e grande eccitazione! Sulla nostra panchina come allenatore c'era il grande Dino Zoff e in campo tutti i nostri campioni dell'epoca: Tacconi, Casiraghi, Schillaci, Rui Barros, Marocchi, la colonia russa con Alejnikov e Zavarov ecc. Avrei voluto che la partita non finisse mai! *(Gianluca Tombari)*

5 dicembre 1971. 19 anni compiuti da poco. In possesso di una 500 L nera nuova fiammante. Parto alla mattina prestissimo da Faenza (RA) alla volta di Torino per andare al mitico Comunale a vedere la mia prima partita dal vivo della Juve: il derby con il Torino. Non mi ricordo come fossi riuscita a comprare il biglietto. Mi ricordo solo che era costato tantissimo ed era un posto di parterre di tribuna ed io credevo che da quel posto avrei avuto una visuale magnifica del campo e dei giocatori. Allora tutte le partite cominciavano alle 14,30. Si poteva entrare con le bandiere, sciarpe, ecc., senza alcun controllo, eccetto per armi di ogni tipo, mortaretti, bengala, ecc. Il viaggio di andata fu un'avventura, credo fosse durato 6 ore circa, sulla via Emilia fino a Piacenza e poi sulla statale che portava a Torino, ma lo ricordo con piacere perché per la prima volta mi sentivo libera di fare quello che volevo, con tutta la vita davanti per vivere altre avventure come quella. Entrai allo stadio verso le 13,30, dopo aver mangiato un panino. Ero emozionatissima... avrei visto Bettega, Anastasi, magari anche segnare un goal! In realtà feci fatica a vedere i giocatori che, dopo l'uscita dagli spogliatoi, si mettevano in fila davanti alla tribuna e si facevano scattare la foto di rito. Io ero alta circa 165 cm e tutto intorno a me le persone più basse erano sui 175 cm. Conclusione: stretta come una sardina in uno spazio infinitamente piccolo, facendo fatica a recuperare l'aria per respirare, mi sentivo come una bestia in un serraglio. Anche perché allora, se in occasione di una partita così importante in una zona dello stadio ci sarebbero dovute stare 2000 persone, in realtà eravamo almeno 500 in più. Non vidi assolutamente niente. Quello che so è che la Juve vinse il Derby: goal di Anastasi, che io adoravo perché era un ragazzo che dal niente era diventato una celebrità, poi subito dopo pareggiò il Toro su una papera della barriera che colse impreparato Carmignani (così mi dissero) nel secondo tempo, più o meno verso il 20°, segnò Capello, e nonostante i tentativi di pareggiare del Toro il risultato finale fu 2 a 1. Poiché arrivai a casa in serata inoltrata, non riuscii nemmeno a vedere la domenica sportiva. Quindi ero andata a Torino per la prima volta nella mia vita, la Juve aveva vinto, quell'anno vincemmo lo scudetto, ma della partita non mi ricordo praticamente nulla se non le esplosioni di gioia in occasione dei goal, il rimbombo del comunale che era strapieno, l'emozione di appartenere al gruppo degli Juventini e l'inebriatezza che avevo sperimentato nel fare quel viaggio epico da sola per vedere la mia squadra. I goal di quella partita li ho visti su youtube qualche anno fa e non mi hanno molto entusiasmato perché quelli che si vedono oggi sono generalmente più spettacolari, Anastasi non c'è più, io ho raggiunto la maturità soddisfatta di quello che ho ottenuto. Con l'emergenza COVID le partite non le vediamo più e sono in astinenza, ma quello che importa è che la Juve è sempre nel mio cuore e nel cuore di tutti noi. *(Domenica Tonelli)*

... Attenti al freddo, non si prende l'autostrada che costa troppo, il panino con la fettina fritta, che è buona anche fredda, attenti a dove si parcheggia che siamo targati...

Per un ragazzino di 14 anni di un piccolo paesino di campagna verso la fine degli anni '70

andare a vedere una partita di serie A vi posso assicurare che era un evento più importante del matrimonio di un fratello o di una sorella. Andare a vedere la Juve, con i miei 2 fratelli più grandi, era per mesi argomento di dialoghi con i compagni di scuola, in quegli anni, andare a Pescara (150 km scarsi da dove abitavo) era una trasferta da programmare con un paio di mesi di anticipo! Io avevo i fratelli grandi, sentivo quel pizzico di invidia dei miei compagni di scuola, mi faceva stare bene! L'8 gennaio del '78 il giorno dopo si tornava a scuola dopo le vacanze di Natale, in quegli anni non c'era da mostrare i regali ma io avrei avuto da raccontare e un biglietto come prova da incollare sul diario, persino tornare a scuola sarebbe stato piacevole! Ricordo la notte completamente insonne in attesa della partenza programmata alle 9 di mattina. La partita iniziava alle 14,30! Attenti al freddo, non si prende l'autostrada che costa troppo, il panino con la fettina fritta, che è buona anche fredda, attenti a dove si parcheggia che siamo targati Ancona i tifosi locali sanno che siamo lì per la Juve e non per il Pescara. Contendersi il cannocchiale per vedere da vicino. Grande collezionista di figurine Panini, conoscevo i giocatori di tutte le squadre per settimane li avevo immaginati sbucare dagli spogliatoi, per settimane avevo immaginato Zoff, Causio, Bettega, Tardelli mi piacevano sempre di più i "nuovi" anche dal passato importante, Benetti, Boninsegna.. non giocò Boninsegna, il Trap fece giocare Fanna che segnò il gol del 2 a 1 per la Juve, della partita non mi ricordo niente, non ho visto quasi niente, tutti in piedi, eravamo lontani, qualche sbirciata con il cannocchiale, i miei fratelli me l'avevano cantata a lungo "se segna la Juve non esultare che ci menano". Non un grande spettacolo in verità ma a me era bastato vedere le maglie bianconere muoversi sul prato, sperare in qualche calcio d'angolo per vedere un po' più da vicino, consapevole che ero veramente vicino ai quei campioni che vedevo qualche volta alla televisione, la domenica sera alle 19,15 prima del Telegiornale, e che osservavo in ogni particolare stampati sulle figurine Panini. Che giornata fantastica, stravolto dalla stanchezza cerco di stare sveglio per vedere il servizio alla Domenica Sportiva, "ecco noi eravamo proprio lì dietro" – dicevano i miei fratelli –, boh mi pareva tutto diverso da quello che avevo visto in quei due minuti alla televisione . Domani si torna a scuola, i compiti delle vacanze, fino a Pasqua niente più feste. Racconterò qualche particolare in più ai miei compagni, di fantasia, io c'ero! Da quel giorno ero più Juventino!
(Daniele Torbidoni)

Torino, 20 marzo 1996. Quarti di finale di ritorno Coppa dei Campioni 1995-96. Juventus-Real Madrid (andata al Bernabeu: Real 1 Juventus 0, con Peruzzi che ha miracoleggiato più volte). Cinque minuti prima dell'inizio del match. Dopo due ore di coda in tangenziale sto salendo trafelato gli ultimi gradini della scala che si apre sulla tribuna del "Delle Alpi". Tengo per mano mio figlio Gabriele, che non ha ancora nove anni e per lui è la prima volta della Juve allo stadio. Per me non è la prima volta, ma è come se lo fosse: sono 11 anni che non riesco a rimettere piede in uno stadio di calcio. Esattamente dal 29 Maggio del 1985, dalla maledetta notte dell'Heysel. Sono preso da un turbinio di emozioni e dal ricordo ancora vivo (come oggi del resto) della tragedia a cui ho assistito, incredulo ed impotente, da poche decine di metri di distanza. Mio figlio, che nel 1985 non era ancora nato, cresciuto "a pane e Juventus", mi aveva sempre fatto molte domande su quel tragico evento. E poi, inevitabilmente, aveva con discrezione iniziato a chiedermi di poter vedere la nostra Juve dal vivo. Dopo un periodo di comprensibili tentennamenti, finalmente lo accontento, e siamo qui! Quando arriviamo in cima alla scala ci si apre davanti lo spettacolo del Delle Alpi gremito,con settantamila che cantano "We are the champions" all'unisono con la musica dei Queen e la mitica voce di Freddie Mercury diffusa dagli altoparlanti. Per un attimo, sento la mano di Gabriele come bloccarsi ed avere un lieve fremito e anch'io sento dentro di me uno strano brivido. Ma ci sediamo subito in tribuna perché la partita inizia... Il resto è apoteosi e cronaca ben conosciuta da tutti noi bianconeri: due a zero (Alex Del Piero magica punizione al 19' del primo tempo e raddoppio di Padovano su assist di Gianluca Vialli al 9' del secondo tempo). Real a casa eliminato, e noi che ci avviamo a vincere la nostra seconda Coppa dei Campioni. TUTTO INDELEBILE! *(Sandro Torelli)*

20 marzo 1996. Juventus-Real Madrid 2-0, quarti di ritorno della UEFA Champions League. Stadio Delle Alpi. Marcatori: Del Piero 17' pt; Padovano 9' st. Pochi giorni dopo avrei compiuto 9 anni. I ricordi sono in parte sfocati, ma è nitida la tensione nel viso di un padre – il mio – che era presente alle Heysel, e tornava 11 anni dopo in uno stadio per assistere ad una partita di Coppa dei Campioni, assieme al figlio. Come a dire, la passione generazionale è più forte della paura. Ma, soprattutto, non dimenticherò mai quel tremore alle gambe che, mentre papà mi teneva la mano, mi paralizzò e mi fece spalancare la bocca quando, senza preavviso, si presentò prepotentemente davanti ai miei occhi quella marea bianca e nera di persone – mai viste così tante insieme – e un rumore nuovo. Ecco, per me la prima volta con la Juve è proprio quell'attimo, che auguro di provare ad ogni piccolo tifoso: capire che la passione per i colori ci può regalare una realtà diversa da quella che vediamo ogni giorno. Il resto della serata è Storia, ed il fatto che il successivo 22 maggio ci sarebbe stato il nostro ultimo trionfo (ad ora!) mi fa pensare che quel 20 marzo 1996 io dovevo essere dov'ero. *(Gabriele Torelli)*

01/4/2012 Juventus-Napoli 3-0. La prima volta allo Juventus Stadium è davvero complicata da riportare per iscritto, perché le emozioni che si provano sono molte, forse anche troppe e sono difficili da trasmettere in un testo. È un insieme di adrenalina, ansia, eccitazione e voglia di varcare quei cancelli per poter entrare e vedere la tua squadra ed i tuoi beniamini a pochi passi da te. Si, è proprio cosi, il tutto inizia già da fuori quando vedi lo stadio davanti ai tuoi occhi e già inizi ad immaginarti come bello può essere dentro ed inizi ad avvicinarti, ti appresti ai controlli del biglietto, del documento, inizi a cercare il tuo settore ti avvicini al varco di ingresso e sei dentro. Per cinque secondi intorno a te si blocca tutto e ti focalizzi solo a guardare il campo e la bellezza dello stadio e pensi che sia il giorno più bello della tua vita ma il bello ancora deve venire. Il momento più magico infatti è l'ingresso in campo dei calciatori nel riscaldamento, caricato da uno spettacolo di luci, cori e musica che accompagna l'ingresso dei tuoi eroi sportivi: PURA MAGIA. Poi ti siedi al tuo posto aspettando il fischio d'inizio nel mentre guardi la tua squadra allenarsi a pochi passi da te e ti sembra il tutto davvero irreale, ma sei li ed è tutto vero. Arriva il fischio d'inizio e la partita comincia e ti concentri aspettando un goal che quel giorno arrivò, e furono anche più di uno e rende il tutto perfetto come uno se lo immaginava. Quel giorno sarà davvero difficile da dimenticare per tutte le sensazioni ed emozioni che ho provato che resteranno per sempre dentro di me. *(Alessandro Torresi)*

Prima partita vista, Ascoli-Juve 0 a 5. 19/10/ 1986. Fu il mio regalo di compleanno. Briaschi, Vignola, il giovanissimo Buso, Bonetti ed un missile da 30 mt di Leroy Michel Platini.Che giocatore Platini, mai dimenticato. *(Yuri Tozzi)*

La mia prima partita della Juve non la dimenticherò mai, era il 10 aprile 1985 non avevo ancora compiuto 16 anni e mi apprestavo ad andare a vedere giocare la mia Juve in una partita dal vero, e che partita Juve-Bordeaux semifinale di Coppa Campioni, ero emozionatissimo. Ero in compagnia di alcuni amici, avevamo i biglietti della curva Filadelfia, la Juve vinse 3 a 0, ricordo benissimo ancora oggi il primo gol, lancio millimetrico di Platini e gol di Boniek; fu una giornata fantastica. Rimarrà per sempre il mio ricordo più bello. *(Andrea Traferri)*

Era il 12 dicembre del 2010. Come ogni anni mi trovavo con la mia famiglia a Torino per far visita a dei nostri amici prima di Natale. Questa volta però, ne abbiamo approfittato per andare a vedere una partita della Juventus al vecchio Comunale. Sono stato sempre Juventino per via di mio fratello che mi ha messo sulla retta via, però non avevo mai assistito ad una partita dal vivo. In realtà una partita l'avevo vista, un Cambogia-Uzbekistan, una partita di qualificazione per i mondiali del 1998, ma avevo solamente un anno quindi non ricordavo niente. Per questo non vedevo l'ora di entrare allo stadio, ero molto emozionato. Dopo essere arrivati allo stadio in tram, finalmente arriva il momento di entrare. Scalino dopo scalino, mi si apre davanti un mare di tifosi che cantavano per la Juventus. Mi è salito un brivido per tutto il corpo e avevo un sorriso a 46 denti stampato in faccia, aspettavo quel giorno da una vita. Inizia la partita e io non stacco lo sguardo dal campo, tranne quando gli ultras intonavano cori sbandierando i loro striscioni. La partita si è rivelata molto noiosa, solo uno scialbo 1 a 1 senza troppe emozioni. Con l'avvicinarsi del novantesimo, abbiamo iniziato ad alzarci per partire. Stavamo per uscire dagli spalti quando, al 94esimo, all'improvviso arriva lui, la furia serba, Milos Krasic, che con un guizzo beffa la difesa della Lazio e insacca alle spalle di Muslera. 2 a 1. Caos. Ho festeggiato abbracciando mio fratello e anche qualche sconosciuto. Nonostante la partita sia stata piatta per 90 minuti, alla fine la mia Juve è riuscita a farmi saltare di gioia e provare emozioni forti. Sono proprio soddisfatto della mia prima volta allo stadio. *(Luca Urbani)*

... alla fine la mia Juve è riuscita a farmi saltare di gioia e provare emozioni forti. Sono proprio soddisfatto della mia prima volta allo stadio...

"La Juventus mi ha dato tutto.
Qui ho acquistato la mia mentalità
vincente, quella che ti fa dire che ogni
partita è una battaglia. Ho imparato
ad essere esigente con me stesso e
come affrontare e superare
le difficoltà."

Pavel Nedved

GIANLUCA VIALLI

Nato a Cremona il 09/07/1964
Nella Juve dal 1992 al 1996 (147 presenze, 53 goal)
1 Scudetto, 1 Coppa Italia, 1 Superoppa Italiana,
1 Coppa UEFA, 1 Champions League
In Nazionale: 59 presenze, 16 goal

Esordio: 02/09/1992 FIDELIS ANDRIA-JUVENTUS 1-1
Coppa Italia (Baggio 55' - Insanguine 90')
Stadio San Nicola

Giocare nella Juve è un onore, e un onere. Senti il peso della maglia, il dovere di riconsegnarla piegandola per bene e riponendola un po' più in alto di dove l'avevi presa.

Il mio avversario è sempre stata la sconfitta, ecco perché giocavo sempre per VINCERE.

Il primo Vialli Juventino è un giocatore che ha subìto una cocente delusione, quella di aver perso la finale di Coppa dei Campioni a Wembley contro il Barcellona, dopo una battaglia di 120 minuti.
A Torino Gianluca diventa subito un leader, più di tutti. Il primo anno fra alti e bassi gli regala comunque la conquista della Coppa UEFA contro i tedeschi del Borussia Dortmund. La seconda stagione costellata di infortuni e sfortune, lo vede triste e stanco. Ma poi con l'arrivo di mister Lippi sulla panchina, il suo periodo bianconero ridiventa favola pura.

Gianluca stupisce tutti e ritorna ad essere il leader tosto ed il cannoniere decisivo che i tifosi si aspettavano. E poi diventa leggenda regalando nell'ultima sua apparizione con la maglia bianconera (di colore blu, per l'occasione) la realizzazione di quel sogno che tutto il mondo Juve aspettava da tempo: il 22 maggio 1996 allo Stadio Olimpico di Roma la banda di Marcello Lippi batte ai rigori gli olandesi dell'Ajax e si laurea Campione d'Europa con Vialli capitano.

Si trasferisce a Londra per giocare con il Chelsea, dove diventa anche allenatore. Ma nessuno di noi tifosi può dimenticare le lacrime di Gianluca in quella magica notte romana. L'emozione di un campione guerriero che al termine dell'ultima partita, salutava il suo pubblico festante .

BENIAMINO VIGNOLA

Nato a Verona il 12/06/1959
Nella Juve dal 1983 al 1988 (128 presenze, 18 goal)
1 Scudetto, 1 Coppa delle Coppe, 1 Supercoppa UEFA, 1 Coppa dei Campioni
In Nazionale U-21: 5 presenze, 2 goal

Esordio: 21/08/1983 PERUGIA-JUVENTUS 1-0
Coppa Italia (Mauti 42')
Stadio Renato Curi

Da piccolo ero milanista perché innamorato del golden boy Gianni Rivera al quale mi rifacevo nelle mie prime mosse da calciatore. Certo però che la chiamata della Juve nell'estate dell'83, mi destò non poche emozioni. La maglia bianconera è piena di storia e la Juve va oltre ogni cosa, persino oltre il tifo da bambino.
Dopo 3 anni passati all'Avellino io e Tacconi, approdammo alla Juventus con l'arduo compito di sostituire i grandi Roberto Bettega e Dino Zoff. Mi trovai in una Juve stellare che comprendeva i campioni del mondiale dell' 82 e due degli stranieri più forti d'Europa: Michel Platini e Zbigniew Boniek.
Il ritiro estivo a Villar Perosa mi diede subito l'idea e mi fece comprendere gli importanti obiettivi di questa grande società.
L'esordio con la maglia Juventina arrivò in Coppa Italia contro il Perugia dove fummo sconfitti 1 a 0. Dopo questa partita la stampa italiana scrisse che ero la riserva naturale di Platini, per questo non sarebbe stato facile per me trovare uno spazio. Invece con mia grande sorpresa, soprattutto nel girone di ritorno, ho giocato quasi sempre da titolare con il numero 7 sulle spalle riuscendo a ricavarmi un piccolo ma importante ruolo in quella squadra piena zeppa di campioni. Il ricordo più bello in assoluto è legato alla finale della Coppa delle Coppe contro il Porto giocata a Basilea il 16 maggio 1984. In quella partita fui

protagonista con un goal al 13' e l'assist a Boniek che portò alla nostra vittoria. La mia maglia numero 7 indossata proprio in quell'occasione è esposta al J-Museum. Quando il direttore Garimberti me la chiese, mi disse che doveva essere mostrata a tutti perché quel goal e quella maglia fanno parte della storia della Juve poi, scherzando, aggiunse "resterà qui, almeno fin quando un altro numero 7 della Juve non realizzerà un goal decisivo in qualche altra finale". Beh, adesso che è arrivato CR7, devo dire che ho un po' paura che questo mio "record" passi in secondo piano. Se ciò accadesse sarei contentissimo per la squadra che arricchirebbe ancora di più la sua gloriosa storia.

Nell'estate del 1983 la Juve batte una nutrita concorrenza, per assicurarsi le prestazioni di un centrocampista dai piedi buoni dall'Avellino. Beniamino Vignola è dotato di classe limpidissima e di un tiro preciso e potente e nella Juventus è riuscito a conquistarsi la sua fetta di gloria, con modestia e determinazione, pur dovendo sgomitare vista la grande concorrenza nei ruoli di centrocampo, dove vi erano campioni assoluti come Marco Tardelli, campione del mondo e il francese Michel Platini senza dubbio un fuoriclasse assoluto. Proprio con Michel, Beniamino istaurò un'intesa che a molti addetti ai lavori sembrava impossibile, i due parlavano lo stesso linguaggio e costruivano fraseggi spettacolari al tempo stesso essenziali; Vignola nelle poche volte che Platini saltava la partita per infortunio lo sostituiva degnamente anche sui calci di punizione e sui calci di rigore, risultando molto spesso uomo partita. Beniamino, di nome e di fatto.

Correva l'anno 1975 ed assieme ad un gruppo di amici aprimmo nel nostro paesino di 4.500 anime lo Juventus Club Torrice (FR). All'interno dei locali avevamo diverse distrazioni per i giovani e meno giovani, biliardino, ping-pong, carte e il campo per il gioco delle bocce, non poteva mancare l'angolo del ristoro, un bar molto ben attrezzato. Andare a Torino a vedere dal vivo i nostri eroi domenicali non era una cosa semplice, per cui le uniche possibilità per vederli erano le partite contro le squadre della capitale. Uscito il calendario delle partite per quel campionato (1975/76), decidemmo di organizzare la nostra prima trasferta: Roma-Juventus che si sarebbe svolta l'11/01/1976. Arrivò il fatidico giorno ed armati (non di pistole) di bandiere e sciarpe arrivammo intorno alle ore 12 allo Stadio Olimpico. Prendemmo posto nella curva ospiti ed alle 14 e 30 iniziò la partita e con lei iniziò ad abbassarsi la nostra voce per il troppo gridare per incitare i nostri. La partita scivolava piacevole e il risultato restava ancorato sullo 0 a 0, quando in una azione travolgente al 90' il nostro Capeza Blanca (Bettega) infilò la porta giallorossa difesa da Conti. La sconfitta infastidiva molto anche perchè giunta ad una manciata di secondi dal termine; cosicchè dalla curva giallorossa iniziò un lancio di arance e la polizia reagì prontamente con un lancio eccessivo di fumogeni. E qui il fattaccio che non potremo mai dimenticare! Nell'uscire dal campo per raggiungere il pullman, un fumogeno della polizia oltrepassò la curva e finì la sua corsa nella strada che all'esterno dello stadio portava ai parcheggi e dove noi ci trovavamo, uno dei nostri venne colpito alla spalla dal fumogeno. Il ritorno, seppur vittoriosi, non fu molto piacevole date le condizioni del nostro iscritto che appena giunti al paese si recò dal proprio medico. Quel famoso 11/01/1976 giurai che, a vedere la Juventus a Roma contro i giallorossi non sarei più andato... e così è stato. Ma ho fatto indigestione di partite della Juventus andando a Torino! SEMPRE FORZA Juve *(Antonio Vona)*

La mia "prima volta" allo stadio con la mia amata Signora, fu il 28 marzo 1993. Mio zio (milanista), conoscendo la mia passione sviscerata per la Juve, decise di regalarmi un biglietto di tribuna centrale al Del Conero, avversario l'Ancona. Squadra di casa neopromossa e a marzo praticamente retrocessa. Le emozioni del prepartita sono difficili da spiegare e le può capire solo un tifoso vero. Ricordo i brividi all'ingresso in campo dei giocatori e il batticuore al primo coro: "Olè Olè Olè Oleeè Juvee Juveee" che partiva dal settore ospiti strapieno di tifosi bianconeri. La delusione più grande fu al momento della lettura delle formazioni dello speacker: Baggio (il mio idolo da ragazzino) non era nemmeno convocato. La Juve comunque aveva una buona squadra; allenatore il Trap e l'ossatura era composta da giocatori come Peruzzi, Carrera, Torricelli, Conte, Vialli, Ravanelli, che di lì a poco ci avrebbero portato a vincere tutto in Italia e in Europa. La partita non fu esaltante, poche occasioni da ambo le parti. L'Ancona tirò fuori il meglio, come spesso capita alle nostre avversarie e si dimostrò squadra gagliarda, mentre noi soffrivamo la carenza di fantasia per l'assenza del divin codino. Ricordo la sofferenza quasi fisica che mi provocarono gli insulti dei tifosi dorici all'indirizzo della mia amata... mi pareva assurdo, pensavo che la Signora si potesse solo amare e comunque mai odiare. Il momento della rivincita arrivò al minuto 79, quando su cross dalla destra di Di Canio, Julio Cesar con uno stacco imperioso spedì il pallone alle spalle del portiere dorico. La tensione accumulata per tutto il match si sciolse in un urlo liberatorio che coinvolse

... Sono bastati pochi minuti per capire che rispecchia esattamente la squadra che lo rappresenta. Sarà per la sua storia affascinante, per gli occhi della gente o ancor di più per la grinta dei ragazzi in campo, ma questa squadra mi ha conquistata da subito...

per mia sorpresa almeno metà dello Stadio Del Conero, che scoprii essere Gobbo! La Juve vinse 1 a 0 con tanta sofferenza e un pizzico di fortuna, ma io ero comunque entusiasta. Da quella "prima volta", capii che ci sarebbero state tante altre volte e che insieme avremmo sofferto, lottato e vinto... FINO ALLA FINE! *(Cristiano Vaccarini)*

La mia prima volta allo stadio risale a dicembre 2018, Juventus-Roma. Ricordo che tutto è iniziato un po' per curiosità. Mi ero sempre chiesta come fosse vedere dal vivo questa squadra così tanto amata, quanto odiata. Una volta arrivati in quel bellissimo stadio, rimasi subito colpita dalla sua maestosità ma allo stesso tempo raffinatezza. Sono bastati pochi minuti per capire che rispecchia esattamente la squadra che lo rappresenta. Sarà per la sua storia affascinante, per gli occhi della gente o ancor di più per la grinta dei ragazzi in campo, ma questa squadra mi ha conquistata da subito. Da quel giorno ho capito che quando una cosa è irraggiungibile, se ne può solo parlare. Se la Juventus è abituata a vincere è semplicemente perché sa come si fa.
(Alessia Vallario)

MASSIMILIANO ZAZZETTA

Nato a San Benedetto del Tronto il 10/101/1979
Nella Juve dal 1993 al 1998 (settore giovanile)
Attuale allenatore della A.C.D. Sangiustese Juniores

La mia esperienza alla Juve inizia nel 1993 grazie a Furino. Da allora ho giocato in tutte le squadre giovanili sino alla primavera e per 5 anni ho accumulato moltissimi ricordi che mi emozionano ancora. Ne ricordo un paio in particolare, dove ho avuto il piacere e l'onore di misurarmi con campionissimi.

Il primo riguarda una partita mischiata prima squadra e primavera, quando partecipo ad un'azione pazzesca in velocità con Conte e Baggio e modestamente, ho avuto la tecnica e il tempismo giusto per fare la mia parte. Il secondo ricordo è dolce e amaro, perché poteva segnare il mio esordio in prima squadra, durante un Juventus-Piacenza del 1998. Avevo già completato il riscaldamento ed ero pronto a bordo campo. Purtroppo, pochi istanti prima del mio ingresso, arriva il pareggio degli avversari e quindi il mister Lippi non mi concede l'ingresso, peccato! Sicuramente la mia esperienza alla Juve mi ha formato sia come giocatore che come uomo: terminata la carriera da calciatore, continuo nei campi di calcio come allenatore e provo ogni giorno a trasmettere gli insegnamenti, lo stile e le emozioni della Juventus ai miei ragazzi.

Prima partita, 22 febbraio 1998, un triste Fiorentina-Juve 3 a 0, goal Firicano, Oliveira e Robbiati (che avevo al Fantacalcio) ricordo che sono stato catapultato dentro lo stadio con un'irruzione. Unica magra consolazione mi è rimasto il biglietto intero senza essere strappato. Ricordo ancora la notte passata in bianco (e nero) per l'adrenalina e l'emozione che provavo all'idea di andare allo stadio a vedere la mia amata Signora.
(Francesco Zandri)

1 a 0, gol di Alessandro Del Piero di testa su cross di Di Livio. Fantastica stagione che terminò con la vittoria della nostra ultima Coppa dei Campioni.
(Mirko Zandri)

La mia prima volta allo stadio successe all'età di 11 anni grazie allo zio di un mio amico, presidente del Club Juve 2 Stelle di Jesi che mi trovò il biglietto e organizzò il viaggio. Partendo da Jesi verso Torino. Si inizia da un interminabile viaggio in autobus percorrendo mezza Italia ad una media di 70 km/h; fino ad allora non mi ero mai reso conto di quanto potesse essere lungo questo paese. Il vecchio Delle Alpi era un gigante e dal terzo anello i giocatori erano indistinguibili; a quella distanza ti poteva sfuggire alla vista anche un goal o un fallo da rigore. Ci pensava il boato del pubblico gremito a guidarti durante la partita e ogni volta era da pelle d'oca. Era un Juve-Palermo del 2005-06 e finì, che lo devo dire a fare, con la nostra vittoria.
(Kun Zhan)

A.I.C.U.
Associazione Italiana Carlo Urbani

aicu
associazione
italiana
carlo urbani
onlus

Ringrazio i promotori di questa iniziativa per la decisione di dedicarla alla memoria di Carlo Urbani. La difficile stagione che stiamo vivendo ha purtroppo riportato al centro dell'attenzione dell'opinione pubblica alcuni temi importanti ai quali mio padre ha dedicato la vita e sui quali, da 17 anni, lavora l'Aicu.

Scopo principale dell'Associazione è ricordare e onorare la figura di mio padre, percorrendo la sua strada. La sua vita è stata dedicata all'accesso ai farmaci essenziali, da parte delle popolazioni più fragili. Così noi sosteniamo progetti per la cura e prevenzione delle malattie infettive e parassitarie che colpiscono le popolazioni più vulnerabili.

Così, promuoviamo corsi di formazione destinati ad operatori sanitari impegnati nella ricerca e cura di queste malattie. Dal 2015 è stato istituito il Premio Carlo Urbani che sostiene giovani professionisti sanitari tramite l'erogazione di borse di studio.

Inoltre organizziamo manifestazioni, mostre, convegni, con lo scopo di sensibilizzare l'opinione pubblica sul tema dell'accesso ai farmaci e alle cure essenziali da parte delle popolazioni più diseredate.

Insieme alla Regione Marche e al Comune di Castelplanio stiamo lavorando alla realizzazione di un museo che speriamo possa vedere la luce entro il prossimo anno. Vorremmo, con tutte queste iniziative, che il mondo diventasse più sensibile ai temi della solidarietà e dello sviluppo sostenibile. Ancora grazie per il vostro aiuto.

Tommaso Urbani
Presidente Aicu

“Sono cresciuto inseguendo i sogni e ora credo di esserci riuscito. Non so come ringraziare Dio per ciò che mi ha concesso.”

La prima volta di...

Finito di stampare nel mese di luglio 2020 in Italia, per conto di
agenzia NFC di Amedeo Bartolini & C. sas
www.agenzianfc.com - www.nfcedizioni.com